问责制的理论与实践

邱曼丽　编著

人民交通出版社股份有限公司
北　京

内 容 提 要

本书为全国交通运输行业干部培训系列教材。为了便于广大公职人员特别是党员领导干部掌握问责制的理论精髓、制度要义和实施概况，本书从理论、制度、实践三个维度对问责制度做了较为全面的阐述。在对"责任""问责"等基本范畴清晰界定的基础上，系统论述问责制的理论基础和制度演进。本书重点对我国的主要问责形式，即政治问责、行政问责、党内问责分章阐释，厘定其概念、特点，基本原则、内容；同时，将理论与实践相结合，对问责实践中存在的问题、积累的经验做了延展分析，并在相关章节后附录典型问责案例作为深化理论学习、强化制度运用的辅助材料。

本书主要供交通运输行业干部培训使用，也可供交通运输行业从业人员学习参考。

图书在版编目(CIP)数据

问责制的理论与实践/邱曼丽编著.—北京:人民交通出版社股份有限公司,2022.7

ISBN 978-7-114-17933-4

Ⅰ.①问… Ⅱ.①邱… Ⅲ.①领导干部—责任制—中国—干部教育—教材 Ⅳ.①D630.3

中国版本图书馆 CIP 数据核字(2022)第 069080 号

书　　名:问责制的理论与实践
著 作 者:邱曼丽
责任编辑:张一梅
责任校对:刘　芹
责任印制:刘高彤
出版发行:人民交通出版社股份有限公司
地　　址:(100011)北京市朝阳区安定门外外馆斜街 3 号
网　　址:http://www.ccpcl.com.cn
销售电话:(010)59757973
总 经 销:人民交通出版社股份有限公司发行部
经　　销:各地新华书店
印　　刷:北京虎彩文化传播有限公司
开　　本:787×1092　1/16
印　　张:12.25
字　　数:280 千
版　　次:2022 年 7 月　第 1 版
印　　次:2022 年 7 月　第 1 次印刷
书　　号:ISBN 978-7-114-17933-4
定　　价:39.00 元

前言
PREFACE

党的十八大以来，“党政领导干部问责”已成为党和国家管党治党、治国理政的重要抓手。所谓“动员千遍，不如问责一次”，“有责必问、问责必严”逐步实现了常态化、制度化。在既有问责制度的基础上，2016 年 7 月，中共中央印发了《中国共产党问责条例》，并于2019 年9 月予以全面修订，这部法规已成为党内问责的龙头法。2018 年 4 月，中共中央办公厅、国务院办公厅印发的《地方党政领导干部安全生产责任制规定》明确了“安全生产领域党政领导干部的职责边界和责任追究”；2019 年5 月，国务院公布的《重大行政决策程序暂行条例》对行政决策问责作出了规范。2021 年 3 月，中华人民共和国第十三届全国人民代表大会第四次会议通过了《全国人民代表大会关于修改〈中华人民共和国全国人民代表大会组织法〉的决定》《全国人民代表大会关于修改〈中华人民共和国全国人民代表大会议事规则〉的决定》，将监察机关纳入政治问责范围。上述制度的新进展，进一步补充和完善了我国的问责制度体系。问责制一方面对公职人员特别是党员领导干部的责任担当提出了更高要求，另一方面对严格问责作出了明确规范。对问责制度予以全面的梳理和阐释，既是落实问责制的客观要求，也是党员领导干部强化责任意识、明确问责边界的必要举措。为便于广大党员领导干部加深对“问责制的范畴边界、理论基础、历史沿革”的理解和认识，掌握我国政治问责、行政问责、党内问责的核心要义、制度构成、实践概况，进而在工作中切实履职尽责，规范权力运行，严守行为底线，特别撰写了本书，希望能够对落实问责制提供切实的便利和帮助。

本书除发展演变部分涉及不同时期的制度外，对当前问责制的阐述均援引最新版本的法律法规（截至2021 年6 月1 日）。由于作者水平有限，不足之处在所难免，敬请读者批评指正。

作　者

2022 年 5 月

目录
CONTENTS

第一章 问责制概述

现代民主政治奠基于责任基石之上，责任就是对人民负责。对人民负责既包括正当履职，也包括不当履职予以追究责任。问责即包含追究责任之意，问责制度已经成为当代民主制度的重要组成部分。我国人民民主专政的政权以实现“人民当家作主”为己任，“对人民负责”是一切权力运行的起点和目标。失职失责必须追责，要“有责必问、问责必严”，这是落实各项责任的重要抓手。

第一节 责任与公职人员担当的责任

责任是具有一定道德性的范畴。党政责任虽然会带有各自领域的特点，但不可避免地要以“责任”的基本内涵和特点为基础。考察责任的起源和界定，有助于理解党政领域公职人员所肩负的责任。

一、责任

（一）责任的起源

责任起源，需要从三个层面展开分析；一是人性起源。责任产生离不开作为主体的人，向内在理性探求、从人性角度挖掘责任的自律性，这是责任价值性之所在；二是社会起源。人是社会关系的产物，向外在社会现实追问责任的起源，这是责任的合理性之所在；三是语义起源。作为语义学词汇，确定责任的语义，为责任的实践运用奠定语言基础，这是责任的规定性之所在。

1. 责任的人性起源

从人性观的视角无论是中国的“心性”论，还是西方的“理性”说，都在追寻一种“普遍的理想人格”，寻找“超凡入圣”或者“超凡入神”的途径。这种对于“有限自我”的超越性价值追求，是道德责任产生的最初动因。

（1）中国传统人性观中责任的起源及演进

儒家学说蕴含着丰富的责任思想，形成了比较完善的责任伦理体系。其内核生成于天人合一基础上的“责任心”、修身以德基础上的“责任感”、升华为对自身、他人、社会和国家的“责任担当”，以及进一步外化为调节社会关系的“责任伦理”。所以，有学说指出，儒家思想本质上是一种责任思想，注重由内及外、由近及远的递进性[1]。儒家

---

[1] 廖启云、张玉书：《先秦儒家责任思想对大学生责任意识培养的启示》，《山西高等学校社会科学学报》2016 年第 7 期。

的责任伦理是以人性善为基础的。“性善论”的内涵是“仁”。孔子认为“仁即是性,即是天道”❶,是源自先验的本然之善。“仁”之核心为“爱人”,它涵盖了恭、宽、信、敏、惠诸德,是中国伦理道德的价值统领,也是其他道德条目的总纲。“仁”的核心就是对自身、他人、社会、国家应尽的责任。在“修身”的基础上,进而要实现“齐家、治国、平天下”的人生目标。在儒家看来,“独善其身”的自我小善,只是一个人生起点;道德修为上能够“以德配天”,在政治上实现“修齐治平”进而“兼善天下”才是至高追求。即由“内圣而外王”。所以,政治上居于最高地位的君王,就是德行上最高境界的君子,这是“以德配天”的预设所决定的。所谓“政者,正也。子帅以正,孰敢不正?”❷既然最高统治者也是道德上最贤德的人,那么他的一切律令都应得到遵守,因为他具有保证决断正确的品德和智慧,这是其中暗含的逻辑。儒家责任伦理为君王设定了很多政治上的道德责任,如君王治理国家,应当起到君亲师的作用,做到“作之君,作之亲,作之师”❸;如“古之为政,爱人为大,所以治。爱人,礼为大,所以治”❹等。传统儒学将个人的至善追求与国家的政治追求视为同一道德形态,表现为责任意识由内而外的扩展。

(2)西方人性论中责任的起源与演进

在西方文明中,责任的深层起源仍然要以人性作为起点。

西方人性论的主流观点认为,人性中既有感性、欲望的成分,也有理性、智慧的成分。但从理性的角度,人性向善是共同趋势,以此为基点,形成了源远流长的以理性人性观为预设的责任观。

在《国家篇》中,柏拉图将人的灵魂分为理性、激情、欲望三部分,“正义”就是灵魂各个部分履行其适当的和既定的职责。❺

亚里士多德发展了柏拉图“善”的理念,将其提升为社会共同体的“至善”。“每一个城邦(城市)各是某一种类的社会团体,一切社会团体的建立,其目的总是为了完成某些善业。”❻而“善”的标准就是以公共利益为依归,这即是“正义”。社会公共利益应置于个人之上。“公民”,作为“城邦中的人”,必须承担起自身的责任。这些责任的践行将通往人类的幸福和至善。

作为对希腊城邦制度解体后的反思与回应,“理性”在斯多葛学派的观念里异化为制约人的、具有更神圣地位的精神实体,即“自然法”。人作为“理性动物”,应当“按照理性的要求去生活”。“有责任的行为是理性指导我们去做的行为。不负责任的行

---

❶ 牟宗三:《名家与荀子》第三讲,吉林出版集团有限责任公司2010年,第135页,转引自曾振宇:《寻求至善:儒家“仁”论成为中国自由主义伦理基础是否可能——儒家仁学起源、演进与道德形而上学建构》,收于《孔庙国子监论丛》(2014),中国社会科学出版社2014年版。

❷ 《论语·颜渊》。

❸ 《史记》,转引自李东霖采访:《中华文化的真实义》,世界知识出版社2017年版,第41页。

❹ 《礼记·衰公问》。

❺ [美]阿拉斯代尔·麦金太尔:《伦理学简史》,龚群译,商务印书馆2003年版,第39-40页。

❻ [古希腊]亚里士多德:《政治学》,吴寿彭译,商务印书馆1965年版,第2页。

为是为理性所贬斥的行为。”[1]遵守体现万物理性的自然法和实在法，是每个公民应尽的责任。

古罗马政治家西塞罗[2]将责任思想在政治领域做了进一步阐发，使责任的触角从社会领域全面延伸到了政治生活领域。“通过伦理达到良善的公共生活是早期西方责任政治观念的核心要旨，这一观念奠定了责任政治的道德基础。”[3]

进入近代，康德是责任学说的集大成者。他认为，人作为一个生命个体，最为重要的能力是理性能力并具有责任能力，有能力承担罪责。在理性驱动下，才会产生出无条件的善良意志。责任正是来源于善良意志，康德的学说是“靠实践理性为道德立法，来履行自己的责任道德”[4]。因为责任“就是善良意志的体现”“是由于尊重规律而产生的行为必要性（notigung）”[5]。纯粹性、先验性、普遍性是康德责任概念的特点[6]，这说明康德语境下的责任普适于一切有理性的东西。因为“道德行为不能出于爱好，只能出于责任”[7]。

康德的责任论走向了理性追求的极致，责任正当性与一切他律无关，是“为了责任而责任”。但对于政治责任，康德考虑到政治权力斗争的复杂性，承认为达到一定政治目的的政治考量是必要的，“但是道德要求的纯粹性、抽象性和政治运用的现实性、妥协性之间的矛盾……政治价值和信念价值的冲突是理性和价值的矛盾在政治领域的具体体现”[8]，对于如何化解矛盾，康德的学说并没有给予一个圆满的回答。韦伯敏锐地捕捉到了时代呼声，并在理论上作了回应。

韦伯完成了责任理论向政治伦理演化的理论论证。韦伯的学术框架以“理性”为基石。他将人的行为区分为“工具合理性”和“价值合理性”两类。在“价值合理性（理性）”的基础上，韦伯提出了“信念伦理”（gesinnungs-ethik）的概念；在工具理性的基础上，韦伯提出了“责任伦理”（verantwortungsethik）的范畴。“信念伦理”信奉“信念之火”的支撑力量，追求自由意志的善。

但单纯依靠“信念伦理”不仅在理论上显得苍白，其超脱性也难以适应现实社会的功利追求，韦伯寻求的出路就是通过“责任伦理”的预设，从而为信念伦理寻求现实之基。责任伦理意味着依据心中的信念行动，也要运用理性充分考虑行为的可预见后果，并为之承担相应的责任。“具备责任感的政治家在实施行动时就不会把自己的意

---

[1] The Loeb Classieal Library Diogenens Laertius: Lives of eminent philosophers. Vol. 2, VII. p. 105.

[2] 严格地讲，西塞罗是斯多葛派晚期的一位代表人物。

[3] 张贤明、张力伟：《责任政治的伦理基础：早期西方责任政治观念分析》，《思想战线》2017 年第 6 期。

[4] 王倩倩：《试析康德“责任伦理”对〈新教伦理与资本主义精神〉的影响》，《云南师范大学思想政治理论课教育教学研究与理论探索》，云南大学出版社 2010 年版，第 417-423 页。

[5] ［德］康德：《道德形而上学原理》，苗力田译，上海人民出版社 2012 年版，第 21 页。

[6] ［德］康德：《道德形而上学原理》，苗力田译，上海人民出版社 2002 年版，第 15-16 页。

[7] ［德］康德：《道德形而上学原理》，苗力田译，上海人民出版社 2002 年版，第 12 页、第 15 页。

[8] 王海龙、岳志勇：《权力政治与责任伦理——马克思·韦伯论政治和道德的关系研究》，《社会科学家》2003 年第 1 期。

志完全依附于任何外在的强制或内在的情感，而是基于对行为的信念和后果作综合权衡之上。”❶在韦伯看来，一个真正的政治家一定是一个结合了既有信念，又对结果负责的人。所以韦伯的责任理论既关涉内在的信念因素，也需要考虑可预见性的后果。

从古至今的责任理论，都不可避免地谈及政治生活中的责任问题。伦理性是人类早期政治责任的主要属性。古希腊、罗马的哲学家是从道德伦理角度论证政治责任，以期构建公共生活的基本价值准则。个人与城邦、个人与国家的政治责任以伦理方式呈现，这种责任观念影响深远。康德对道德责任的形式化论证应理解为涵盖政治责任。区别在于古代罗马哲学家对政治责任只是概括论及，并未形成系统化的理论成果；康德构建了责任的理论体系，但政治责任仍然强调其信念层面，对手段、结果等行为层面关注不足。其提出的法权责任又限定于法律范围，不足以直接阐释政治责任现象。从道德伦理视角阐释政治责任，其制约性在于政治责任的内容不清晰，难以评估；对于不担当责任行为的约束力也很有限。随着社会政治发展的民主化、复杂化，社会结构呈现出浓厚的利益色彩，建立在理性基础上的责任理论难以解释社会关系中的责任现象。政治责任开始由内在的伦理世界走向现实世界。马克斯·韦伯对此做出了重要的学术贡献。“信念伦理”和“责任伦理”的结合，为现代政治责任观念的形成开辟了道路。

2. 责任的社会起源

如果说从人性视角剖析人的本质、挖掘责任的起源，是侧重于责任内在的道德要求，那么从社会关系视角挖掘责任外在的伦理规范，更注重责任的角色要求。

（1）我国传统人伦关系中责任的起源

冯友兰说：“凡社会的分子，在其社会中，都必有其伦与职。”❷所谓“伦”，即人伦关系；“职”，即职责要求。中国儒家学说提供了调整这两类关系的道德和伦理规范。一方面是对个体与其他个体的关系，提出了人伦责任；另一方面对具有职位或者特殊身份的人员，特别是官员提出了职责责任。

在儒家学说的体系构架中，“仁”代表道德范畴，而“礼”代表伦理范畴。李泽厚说：“仁的主体内容是这种社会性的交往需求和相互责任。”❸所以，个体对“仁”的修养，必须外化为扎根于社会关系中的“礼”，才能实现伦理秩序。伦理是作为整体的个体所遵循的伦之“礼”，构建起符合伦理精神和伦理规范的人伦关系，目的即是“安伦尽分”，按照各自伦分角色的要求，恪尽自己的本分（责任）。此后儒学的发展，延续了这一思路，孟子提出“五伦”与“四德”，汉朝董仲舒提出的“三纲五常”，宋代儒学的“仁包五常”，都是伦理与道德的不同表达方式❹。但通过“修身践行道德并实现伦理

---

❶ 王海龙、岳志勇：《权力政治与责任伦理——马克思·韦伯论政治和道德的关系研究》，《社会科学家》2003 年第 1 期。

❷ 冯友兰：《三松堂全集》第 4 卷，河南人民出版社 2001 年版，第 546 页。

❸ 李泽厚：《中国古代思想史论》，天津社会科学出版社 2008 年版，第 25 页。

❹ 樊浩：《〈论语〉伦理道德思想的精神哲学诠释》，《中国社会科学》2013 年第 3 期。

要求"实现二者统一,其哲学本质是一致的。

中国传统儒家伦理道德体系以血缘亲情关系为基础,以"孝悌"为核心,以家族为本位,将"礼义"由己及人,由家及国,建立了以君臣、父子、兄弟、朋友、夫妇为"五伦"[1]的不同的人伦关系,并确立了不同的角色责任,张载说:"大君者,吾父母宗子;其大臣,宗子之家相也。尊高年,所以长其长;慈孤弱,所以幼其幼。"[2]把君臣、老弱、鳏寡等一切社会关系都包含于亲族伦理之中。对伦理的恪守,就能实现社会的和谐有序。

在儒家学说中,不但帝王要对臣民担当起应有的责任,官吏同样要有所担当。孟子对此的论述是:"吾闻之也:有官守者,不得其职则去;有言责者,不得其言则去。我无官守,我无言责也,则吾进退岂不绰绰然有余裕哉?"[3]孟子的语境中,从职责视角解读,有官职的人员承担责任的政治和道德内涵,即肩负职责的人,不能擅离职守;只有没有公职的人,才能进退自由。此后,宋明理学的代表顾炎武提出了"在上位者之责"和"在下位者之责"[4]的命题。这说明除了"生命儒学","政治儒学"[5]也是传统儒学的重要组成部分。

(2)西方责任观的社会起源

西方责任理论的萌动与演化固然执着于理性的光辉,但是西方思想家们并没有忽视责任存在的现实空间。在这个伦理空间中,每个人都有一个角色定位,责任总是和社会角色联系在一起。社会角色的确立有两个层面:一是功能意义上的。麦金太尔指出:"处于古典的亚里士多德传统中的道德论证——不论在其古希腊形式中还是在其中世纪形式中——都至少包含一个功能性概念,即被理解为具有其本质特性和本质目的或功能的人这一概念。"[6]这说明,个体一生中所担当的角色如家庭成员、公民、战士、哲学家等,都有其自身的特征和目的[7]。及至近代社会分工的细化,更加剧了这一趋势,分化出更加多元化的具有抽象意义的社会角色,如教师、公司各级职员、政府各类官员等。但这些概念是功能意义上的社会角色,脱离于具体社会关系,只是社会分工的符号,具有一定的独立性和抽象性。二是具体社会关系层面。只有从具体社会关系角度论述政治责任,才能涉及明确的责任内容,才会产生对他人(或社会)的责任问题。从这个意义上,社会角色是由社会关系所确立的。没有社会关系的存在,社会角色就成了无源之水,无本之木。

---

[1] 廖启云、张玉书:《先秦儒家责任思想对大学生责任意识培养的启示》《山西高等学校社会科学学报》2016年第7期。

[2] 王夫之:《乾称篇上》,张子正蒙注,中华书局1975年版,第121页、第316-317页。

[3] 《孟子·公孙丑下》。

[4] 《日知录校释·卷二十一·直言》。

[5] 蒋庆:《政治儒学——当代儒学的转向、特质与发展》,生活·读书·新知三联书店2003年版,第11页。

[6] [美]A.麦金太尔:《德性之后》,龚群等译,中国社会科学出版社1995年版,第75页。

[7] 方杲、刘力贺:《论麦金太尔缝合"是"与"应该"之间的鸿沟及其理论困惑》,《哲学基础理论研究》2016年第2期。

资产阶级启蒙思想家将社会关系中产生的责任演绎为社会契约的产物。“这种责任是人对作为人类理性产物的外在社会结构负责。在这种理性所构造的社会结构中,人的角色及职责受制于结构本身的功能,成为一种客观责任。但责任的客观性同样需要人主动接纳作为条件,所以某个个体的具体责任,就兼有主观与客观的双重属性。我们将这种责任称之为‘类理性责任’。”❶在将人作为独立原子,以个人自由为本位、个人利益为核心的前提之下,通过契约构建政治及社会关系,明确政府及官员应承担的责任。霍布斯是社会契约论的奠基人,洛克做了进一步发展,卢梭形成了成熟的社会契约论理论。契约论是国家(国王)与人民之间的协议书,从理论上对政府及官员的责任做出了论证。卢梭在《社会契约论》中强调“政治结合的目的都在于保存人的自然的和不可动摇的权利。”“整个主权的本原是国民。任何的个人都不得行使主权未授予的权力。”公民的自由不得滥用,否则“应对滥用此项自由承担责任……”

美国政治哲学家罗尔斯在其正义论思想中,引入了契约论。罗尔斯认为,责任的分配取决于社会制度的正义性。罗尔斯的责任体系包括了国家对公民所承担的责任和公民对国家所承担的责任。罗尔斯通过“公平游戏原则”和“正义的自然责任原则”完成了责任体系的构建。他说,正是“它们确定了我们与制度联系和人际之间相互负有责任的方式”❷。

中西方责任的社会起源及演进,是通过实践审视的视角予以考察的。不难发现,中国在社会关系的基础上确立的角色责任,具有浓厚的以血缘、地缘、等级为基础的人伦色彩。而西方责任的社会起源则奠基于契约关系,表现出从洛克等人“尊崇自然法”的政治契约走向了罗尔斯“政治契约与道德契约并重”的演进路径。契约论为责任的产生奠定了现实背景,使责任与人类社会、政治生活有机结合起来,为政治责任提供了有力的理论支撑。

3. 责任的语义起源

“责任”一词产生的历史源远流长。中西方“责任”产生的基础存在差异,但语义却有共通之处。

(1)中国古代责任的词源及语义分析

准确把握责任的基础含义,再寻找其内涵的演变脉络,分析运用情境的差异,才能正本清源。

我国“责任”的基本语义可于《说文解字》中探寻。其中对“责”与“任”的基本含义分别做了解释。“责,求也。”“任,止也,符也。从人,壬声。”“任”通“壬”❸。根据《辞海》的解释,在古代汉语中,“责”同“责任”,其意义有:①求,索取。②诘斥,非难。

❶ 郑富兴:《从习俗伦理责任到道德责任——西方责任伦理思想的现代性变迁》,《伦理学研究》2011 年第 3 期。

❷ [美]约翰·罗尔斯:《正义论》,何怀宏等译,中国社会科学出版社 1988 年版,第 116 页。

❸ [东汉]许慎:《说文解字》,九州出版社 2006 年版,第 510 页、第 651 页。

③义务。④处罚,处理。⑤债[1]。在古代早期的经典子集中,多用"责"或"任"单字表示职责、使命、问责等含义,将"责任"合并使用,见于宋代以后的文献中[2]。如"观太宗之责任也,谋斯从,言斯听,才斯奋,洞然不疑"[3],《新唐书·王珪薛收等传赞》所说的"所愧者圣恩深厚,责任至重。"[4]此处的"责任"是指分内应承担的职责。

传统典籍中,"责"所表达的责任、罪责、职责等义项与"任"包含的担任、负担、担当、任务、责任、职责、使命、追责等内涵,"责任"所表达的"职责"等内涵,与现代"责任"范畴所包含的蕴意基本是一致的。总体上,在中国传统文化语境下,更侧重于职责、尽责、任务、使命等内涵。及至现代,根据《汉语大词典》,责任主要指三种含义:①使人担当起某种职务和职责。②分内应做的事。③做不好分内应做的事,因而应该承担的过失。责任在当代通常从积极和消极两个层面来理解:一是指"分内应做之事",就是我们通常所说的"应尽的责任";二是由于没有履行职责、完成任务等而应承担的不利后果,就是通常所说的"应追究的责任"或者"结果责任"。实际上,在实践中对"责任"的运用,有时也会突破上述含义,会在更高的使命、目标层面使用。

(2)西方"责任"词源与语义演化

波兰籍学者罗曼英加登详细考察了责任概念的拉丁语源头,指出"责任"在拉丁语中的表达是"respondeo",其基本意思来自"交互的保证",是指"许诺或发给一物,作为对别物的回报或归还他物的替代品"[5]。这说明在基本语义上,中西方是相同的。

在西方英文语境下,人们一般用 responsibility 来对应责任。responsibility 可以解释为以下几种含义:①the condition or quality of being responsible,即一种尽责的状态或者品质。②the quality of being sen-sible and trustworthy,即一种责任感或可信赖性。③something for which one is responsible,即对某事的责任担当。④do something without being told or officially allowed to,即自行负责地做某事。根据布莱克维尔政治学百科全书解释,责任(responsibility)在政治活动和公共管理(应该有所区分)中最普通的含义,是指与某个特定的职位或机构相联系的职责。《罗贝尔法汉词典》对 responsabilite(责任)的解释:一是责任;二是(对行为后果的)责任;三是负责。德语 responsabel Adj(责任)是法语词源,《新编德汉词典》对其的解释:负责的,负有责任的。在德国本族语中的 Verantwortlichkeit(责任),《新编德汉词典》对其的解释:一是责任、职责;二是责任心、责任感。《日语汉字辞典》关于 seki(责)的解释:一是责备;二是责任;而 sekinin(责任)的意思为责任、职责。

总结上述不同国家关于责任语义的表达,主要有:①职务和职责;②自行做好分内应做的事;③做不好分内应做的事,因而应该承担的过失;④负责;⑤责任心、责

[1] 《辞海》(缩印本),上海辞书出版社 1980 年版,第 1220 页。

[2] 涂可国:《儒家责任伦理考辨》,《哲学研究》2017 年第 12 期。

[3] 《新唐书·王珪薛收等传赞》。

[4] [宋]司马光:《谏西征疏》。

[5] 荀明俐、苗壮:《责任概念的语义与特质疏解及其公共性价值》,《学术交流》2016 年第 3 期。

任感;⑥责备。上述责任的不同语义是责任人性(理性)起源中的道德因素、社会起源中的职责角色定位等因素不同视角的表达,所有语义的总和才能完整体现责任的内涵。

通过对责任的人性、社会、语义三个方面的起源和演进的分析表明,人性中的理性探索、社会关系的角色定位、语义的变迁演进,勾勒了责任起源的生动轮廓;人性的自由追求、社会关系的现实支撑和语义的思想承载构成了责任的三大基础。责任从强调所承载的内在道德或理性追求,向更侧重于内在信念与外在的行为(结果)双向结合的转化。从思想史的角度追寻责任观念的生成与演化,能够全面把握责任的发展脉络,而这正是现代责任观念的思想之源,否则对责任的认知就成为无源之水、无本之木。因此,对责任的科学界定也必须建立在全面认知责任前世今生的基础之上。

(二)责任的界定

立足于人性、社会、语义三个不同方面的全面审视,同时结合现代学者对责任的解读,在进行分析和扬弃的基础上,对责任的内涵和外延作出立体、全面的分析和界定。

1. 责任的内涵

纵观现代学界,对责任内涵的界定并没有超越人性、社会或者语义框架,大体侧重于某一方面或者以其中的某一方面为基础,来阐释责任的内涵。

对责任的界定应从人性本质、社会定位、语义分析三个维度综合考察,才能做出全面严谨的界定。第一,从人性视角分析,中国古代思想家对责任并未做出直接的界定,但围绕"仁"这一核心范畴,演化出了一系列道德要求。通过人性中具有的"责任心",反求诸己,实现人生目标。西方形成了源远流长的以理性人性观为预设的责任观。西方古代哲学家侧重从主观理性的视角,推断责任内涵源于理性,责任外延表现为从自我负责,到对国家(城邦)的责任;从客观理性的角度,对自然法的遵从就是应尽的责任,并从自我、他人、国家等多个层次做出划分。虽然古今中外的哲学家、思想家对责任的论述很多,但真正使责任的论证成为一门独立的学说,对责任做出清晰界定者,是康德。他是近代哲学家中的代表人物,对责任的界定是"责任就是服从客观普遍原则的行为必要性";延至现代,韦伯提出了"政治责任"的内涵,将责任在道德和政治领域分别区分为信念伦理和责任伦理,但并没有偏执于一端,而是将二者相结合。政治家所信奉的责任伦理,意味着要依据心中的信念行动,也要运用理性充分考虑行为可预见的后果,并为之承担相应的责任。第二,从社会关系的视角分析,中国传统儒家伦理道德体系没有对"责任"做出明确的定义,但形成了丰富的角色责任思想。中国儒家传统强调"安伦尽分",颇具有中国特色的"分"字,具有"分内之事"的内涵,形成了角色化的责任要求,要求人们在各种伦理关系中承担应尽的人伦本分,这就是恪尽自己的责任❶。西方近代以来,通过契约构建政治及社会关系,明确应承担的责任。这种

---

❶ 廖启云、张玉书:《先秦儒家责任思想对大学生责任意识培养的启示》,《山西高等学校社会科学学报》2016年第7期。

责任以自由保障为己任,以行为作为约束对象,是一种外向型的契约型责任。现代哲学家罗尔斯沿着契约论和康德的思路,追求责任的正义。他认为,责任是为了实现社会正义,负有公职的人基于道德高尚的要求,享受他人提供利益的同时,肩负相应的责任;自由公民基于人性善而接受对个人的限制。第三,从语义分析,责任主要常见的有以下几种含义:职务和职责、分内的事、失责应承担的不利后果、负责等。理性或心性(德性)是责任的价值内核;社会关系是责任的现实依据;语义表达是责任的外在形式。

根据上述分析,对责任做如下界定:责任是源自人性中的德性[1],基于对完美人格[2]的追求而产生的,作为一般社会成员都应当担当的行为及后果;或在具体特殊社会关系中,部分社会成员对于他人、国家、社会应担当的行为及产生的后果。从主体论、价值论、认识论三个方面,深入挖掘责任的内涵,责任具有如下特点:

(1)责任的自律性

从主体论视角考察,责任主体的自律性源于责任对于人的内在规定性。在中国传统文化中,从天人合一的追求,通达天道的理想到付诸生命的具体实践,以人性深处萌生的"责任心"为原始动因,以"三纲五常"等儒家伦理教义为重要依据,通过"修身"完善其身,进行"仁民爱物",最终实现"治国理家"的人生抱负,这是自律的重要途径,反映了通过自律实现人格升华的不同境界。马克思将责任作为人本质的重要组成部分:"作为确定的人,现实的人,你就有规定,你就有使命,就有任务。"[3]这种使命、任务就体现为人应当承担的责任。康德将责任提升到"一切道德价值的源泉"的神圣地位,他说"每一个在道德上有价值的人,都要有所承担,没有承担,不负任何责任的东西,不是人而是物件。"[4]理性本身反映的是人类的一种自律精神,人通过"精神的自律"来承担责任。

(2)责任的目的性

责任的目的性与价值性密切相关。在儒家文化中,以"仁"为价值内核的责任具有明确的目的性。这种目的性体现在两方面:一方面体现为内心的解脱与超越,这是孔子以"仁"为核心的个人修养的终极追求,就是实现道德主体的内在自由。他说:"吾十有五而志于学,三十而立,四十而不惑,五十而知天命,六十而耳顺,七十而从心所欲,不逾矩。"[5]当人的道德修养达到一定的境界,就能获得心灵的自由。另一方面体现为通过责任担当实现"齐家、治国、平天下"的治国伟业,这一目的与社会现实紧密结合,体现了勇于担当的家国情怀。康德理论体系将自由限定在实践理性范畴的先验层次来探讨,它有两个方面所指:一是摆脱感性、欲望、爱好的独立自由意志,这是

[1] 西方称理性。

[2] 西方称内心自由。

[3] 《马克思恩格斯全集》第3卷,人民出版社1960年版,第329页。

[4] [德]康德:《道德形而上学原理》,苗力田译,上海人民出版社2002年版,代序第7页。

[5] 杨伯峻:《论语译注》,中华书局1980年版,第12页、第14页、第95页。

“消极意义”上的自由;二是通过自律实现自由,这是“积极意义”上的自由。我们论证责任的目的性,主要是从积极自由的意义上展开的。自由的界线在于不与责任相违背。由此,“责任是自由行为的必要性,自由是责任的最终追求目的。”❶

(3)责任的正当性

中西方责任的起源存在差异。中国传统文化中责任是道德的要求而西方则是理性的反映。但两者都展示了某种正当性。

在传统儒家伦理学研究中,学术界围绕“善与权利何为第一性”展开争论。这是道德哲学上的一个基本问题。由于权利(right)一词在英文中还有“正当”的含义,在这里“权利”与“正当性”处于同等含义。那么,“善”与“权利”何者更为根本,就可以转换为“善”与“正当”哪个更为重要。不同的主体、不同的社会文化背景形成的不同观念,对“善”也会有不同的理解。而“正当性”作为“行为的道德善”❷,无疑是悬挂在“善”头顶上的一块试金石。儒家伦理中“纲常之说”对当时的统治者而言,以当时的道德观衡量,无疑是善的。但近代以来,以人的自由为终极追求的伦理道德观的兴起,以人为目的的权利观的树立,成为善恶的新的判定准则。

康德由先验理性确定的道德自律原则赋予了责任以正当性,而功利主义追求最大程度地增加“善”的行为。康德和罗尔斯都反对功利主义者将“效果独立确定一个行为是否善”的判断标准。从康德对责任的“服从客观规律的行为必要性”的判断来看,责任是一种正当性。但康德又说,责任的正当性正是建立在道德自律的基础上。其他任何出于幸福等功利性的“他律”,都不可能为人们确立责任规范。“反倒与责任的原则和意志的德性相对立”❸,所以只有“道德的正当性”才能保障“责任”站在道义的制高点上,不被其他功利性目的创设为工具。

在康德看来,正当性是作为责任的必要性前提,即符合道德的即是正当的。

2. 责任的外延

关于责任的外延,我们从狭义、广义两个方面展开论述。

(1)狭义外延

狭义上的责任仅指基于道德法规的内在强制性产生的符合道德规范的行为动机和行为目的。最具代表性的是康德对责任的界定。康德所尊崇的责任是摒弃了一切爱好的、完全符合道德的规律,出于对道德理性的尊重而产生的对自我的约束力。康德认为,只有以责任为动机的行为才符合理性,符合道德律。对于行为的评价,他的关注点主要在动机和行为目的上,而对行为的手段和结果并不重视。

(2)广义外延

广义上的责任除了责任的动机和欲达到的目的,还包括担当责任的行为方式、手

❶ 白臣、陈曦:《康德责任论诠释及其当代价值研究》,《河北师范大学学报(哲学社会科学版)》2008 年第 2 期。

❷ [德]康德:《实践理性批判》,邓晓芒译,杨祖陶校,人民出版社 2003 年版,第 43 页。

❸ 任丑:《义务论还是德性论——出康德伦理学是义务论的误区》,《理论与现代化》2008 年第 4 期。

段以及责任实现的结果（包括对不利后果的承担）。

责任的外延呈现出由内而外逐步扩大的趋势。韦伯的“责任伦理”，在康德“信念伦理”的基础上，将责任的外延作了进一步拓展。他不但强调要从良好的信念出发，而且要充分考虑结果。为达到预期结果，对手段要有所考虑，不但要动机善，还要争取结果善。实现责任本身就是目的，同时要考虑实现责任的行为方式、手段，而且对责任结果的承担是无条件的。基于责任的外延主要通过行为来表现的，包括行为的动机、手段和结果等因素，以及上述行为要素之间的联系。责任并非行为本身，行为是责任的担当方式。纵观对责任含义的阐述，责任的外延显示出由内而外的趋势，表现出从内在行为动机向行为手段、行为结果的转化。下文如无特别说明，将从广义上使用“责任”一词。

二、公职人员担当的责任

公职人员担当的责任，从根本上说是对人民的责任[1]，也被称为政治责任。在我国，政治责任的核心就是“为人民谋幸福，为民族谋复兴”。

公职人员担当的政治责任，就是权力行使者（公职人员）对主权者（人民）的责任。鉴于行政责任、政党责任均为政治责任的表现形态，对公职人员担当的政治责任作出清晰界定，是极为必要的。

（一）公职人员担当的政治责任的界定

权力与责任作为一对共生体而存在，是民主政治的必然要求。来自人民的权力，要求权力行使者必须担当与之相应的责任。行使权力的公职人员对责任的违反，必然引发人民以主权者的身份对其进行问责。所以，公职人员担当一定的政治责任，是问责的重要前提。对政治责任的界定，应当从思想史提供的给养和现代学者的论证中寻求合理性。

1. 理论探源

公职人员担当的政治责任，是权力行使者对主权者的责任。不同社会类型，主权者不同，政治责任的主体也不同。

西方思想史所论及的国家或者官员所负的责任，始于古希腊时期，全面实践于资本主义国家。及至现代，民主法治已成为时代潮流，担当政治责任是民主政治的必然要求。政治责任的最初表达，具有深刻的伦理底蕴。如柏拉图设想的“正义”、亚里士多德追求的“城邦的善业”，是政治责任早期的伦理形态。柏拉图在《理想国》中，设想统治者（哲学王）、保卫者（武士）和生产者（农民）分别具有理性主导的智慧、激情主导的勇敢和欲望受到约束的节制，做到这一点，就体现了最高的美德“正义”。统治者对城邦担当的责任尤为重要。亚里士多德指出：“既然一切社会团体都以善业为目

[1] 中共中央文献研究室：《十八大以来重要文献选编》，中央文献出版社2014年版，第69-70页。

的,那么我们也可以说社会团体中最高而包含最广的一种,它所求的善业也一定是最高而最广的:这就是所谓城邦,即政治社团。”[1]城邦的公民(包括官员)只要服从了善的原则,就是实现了对城邦的政治责任。古典政治哲学从道德—伦理的视角来认识政治的本质,即实现“正义”“善”等道德伦理追求,是政治责任的内涵所在。

及至近代,民族国家的兴起需要现代政治哲学予以解释和指导其政治活动。马基雅维里顺应时代呼声,首次将政治与伦理相分离,这标志着古典政治哲学开始向现代政治学转变。他反对古典政治学关于“政治—伦理”一体化的观点,认为政治与道德处于互不相交的两条平行线上。“政治家行为的准则是权力斗争的现实原则,而不是‘应当’的伦理要求。”[2]然而,政治“去道德化”后却难以破解一个根本性的问题,即在进行政治决断时,能否摆脱道德杠杆的权衡与道德性考量?当政治活动与道德伦理发生冲突时,是服从道德法则,还是为了达到某个目的而采取不道德的方式?马基雅维里“粗暴”地将道德排除在政治视野之外,却难以化解二者之间的矛盾。可贵的是马基雅维里并没有走到完全背弃道德的极端境地,他以国家理性作为政治的价值标杆,他说:“没有正义,国家(国王)除了是一伙大盗外什么也不是。”[3]马基雅维里在《君主论》中论及政治与正义的关系,“胜利从来不会那样彻底以致胜利者不需要有某些考虑,特别是对于正义的考虑”[4]。马基雅维里在为君主解脱道德束缚的同时,却为政治设定了最高的道德指向。

此后,自由民主的倡导者洛克,把政治置于理性自然法的控制之下。政治责任无论与权力如何结合,权力的运行都应符合自然法的要求。“社会或由他们组成的立法机关的权力绝不容许扩张到超出公众福利的需要之外。”[5]国家权力的正当性是按照人民的要求担当责任,责任构成权力的约束,并指出其产生的唯一的目的(最高责任)就是为了保护人民的自由、生命、财产等自然权利,这是人类理性自然法的要求[6]。统治者必须为人民谋幸福,基于这样的前提,人民才有服从的义务。

如果说洛克的理性思考主要还是立足于经验世界的理想设计,那么康德则高扬理性主义旗帜,在先验世界进行纯粹的、抽象的体系建构。他通过法权原则,将抽象的先验道德原则向政治、法律领域延伸。法权原则来源于道德规则,这奠定了法权原则的道德基础。同时,法权原则又有自身的使命,就是调节外在的行为,使人们的自由共

---

[1] [古希腊]亚里士多德:《政治学》,吴寿彭译,商务印书馆 1981 年版,第 3 页,转引自王东杰:《孟德斯鸠政治自由思想探析》,《中共郑州市委党校学报》2016 年第 6 期。

[2] 唐爱军:《现代政治的道德困境及其出路——论马克斯·韦伯的“责任伦理”思想》,《理论参考》2018 第 3 期。

[3] See C. J. Friedrich, Constitutional Reason of State, Brown University Press, p. 16(1957). 转引自高全喜:《论宪法的权威——一种政治宪法学的思考》,《政法论坛》2014 年第 1 期。

[4] [意大利]马基雅维里:《君主论》,商务印书馆 2005 年版,第 109 页。

[5] [英]洛克译:《政府论》(下篇),叶启芳等,商务印书馆 1964 年版,转引自高全喜:《论宪法的权威——一种政治宪法学的思考》,《政法论坛》2014 年第 1 期。

[6] 王东杰:《孟德斯鸠政治自由思想探析》,《中共郑州市委党校学报》2016 第 6 期。

存。这运用于政治领域,就使得政治责任不可避免地具备了道德与政治的双重属性。

时间的车轮驶至现代,韦伯对政治责任做出明晰的阐释,将混沌为一体的责任理论向精细化推进了一步。韦伯洞察到,在这个充满价值冲突的世界,"'信念伦理'是不问后果的,它所能意识到的唯一'责任',是'盯住信念之火,不要让它熄灭'。'只有责任伦理'才能以审时度势的态度,不但要求为自己的目标作出决定,而且敢于为自己的后果承担起责任。"❶但韦伯力求在"信念伦理"(gesin-nungsethik)和"责任伦理"(verantwor-tungsethik)之间寻求一个结合点,在韦伯看来,一个真正的政治家,不但不会陷入道德与政治的对立,反而能使两种责任实现相互补充和完美结合。一个拥有权力的人,"他怎样才能有望正确履行这种权力加于他的责任呢?""一个人,如果他获得允许,把手放在历史的舵盘上,他必须成为什么样的人呢?"❷这是道德伦理的领地,对这一问题的回答关乎政治方向。政治家为了实现国家富强等正当的政治目的,一方面要坚守至善的信念,又不可避免地运用道德所不堪的手段,面对两难境地,政治家要充分考虑行为的后果,摒弃不切实际的虚幻价值,挖掘有益于结果的内在持久的价值准则,实现信念价值与政治价值的平衡与弥合❸。由此,韦伯所倡导的"责任伦理",在吸收"信念伦理"有益成分的基础上,实现了向政治伦理的转化。所以,所谓的"责任伦理"具有两类核心内涵:一是责任伦理必须坚守某种信念;二是在责任伦理指导下行动的人,必须对后果负责。所以,责任伦理具有"双重属性",即信念价值和效果价值。其信念价值引领方向,效果价值检验成效。责任伦理必须在二者之间求得平衡。韦伯的视野局限于政治家政治行为的伦理遵循,没有更深入探究政治责任向谁负责,也没有强调权力的人民性。他强调政治责任应对结果负责,但对"结果"的内涵是政治家"应当对失去人民的信任而承担责任"还是对其导致的其他直接后果负责并没有论及,这是他的局限性。

契约论者恰恰弥补了这一遗憾。这一学说认为,国家(官员)权力来自人民的授权,目的是担当对人民的责任,保证权力始终为实现人民的自由、生命、财产的保障而服务。这是国家(官员)与人民之间的契约。虽然这种责任已经突破了内在、理性责任的边界,具有一定的外向性特征,但这也为法治化提供了可予规范的可能。罗尔斯则立足于社会正义的实现,来认知公职人员实现正义的责任。他说:"公平的原则只约束那些担任公职的人们……那些较有特权的人们将负起把他们更紧地束缚于一种政治制度的职责。"❹职位责任的两个必要的条件:一是职责所依存的社会制度是正义

❶ 马克斯·韦伯:《学术与政治》,冯克利译,生活·读书·新知三联书店1998年版,第8页,转引自刘天翔:《传统儒家思想中有关责任伦理研究的评述——兼谈孟子的责任伦理及其现实意义》,《长春工业大学学报(社会科学版)》2004年第4期。

❷ 王进:《"激情"的蜕化与政治的危机——对马克斯·韦伯〈以政治为业〉的一个解读》,《贵州大学学报(社会科学版)》2018年第3期。

❸ 王海龙、岳志勇:《权力政治与责任伦理—马克思·韦伯论政治和道德的关系研究》,《社会科学家》2003第1期。

❹ [美]约翰·罗尔斯:《正义论》,何怀宏等译,中国社会科学出版社2009年版,第89页。

的；二是职位责任是基于职责要求，在自愿的前提下产生的结果，因为公平原则需要建立在自愿行为的基础上。

马克思克服了资产阶级思想家的局限性，马克思的人民主权思想具有彻底性、全面性，马克思视角中的“人民”包括一切劳苦大众。他认识到，资本主义社会是少数资产者窃取了“全体人民”的权力，并以全体人民的名义谋取“少数人”的利益，这正是权力异化的集中表现。马克思提出根除权力异化的方案就是“使无产阶级形成为阶级，推翻资产阶级的统治，由无产阶级夺取政权”[1]。

马克思认为，公共职位并不能满足所有人民行使权力的需要，“代表制”具有一定的合理性与现实性。将“民主制”与“代表制”相结合，是保持人民作为权力所有者这一地位的重要体制安排。而巴黎公社无疑具有典范意义。为了保障人民公共利益的实现，人民将权力授予能够代表人民意愿、呼声的少数代表代行权力。专区的代表应严格遵守选民的确切训令，并且随时可以撤换[2]。但权力并不是毫无边界和负担的，而是必须担当一定的责任，“留给中央政府的为数不多然而非常重要的职能，……应该交给公社的官吏，即交给那些严格负责的官吏”[3]，即以实现人民的利益为己任。这是权力行使的目的，也是权力所负有的责任。

列宁将对人民负责的思想转化为具体的体制、机制，并付诸实践。列宁首先肯定权力属于最广大的人民群众，但如何保障人民参政议政，并确保掌权人权力的行使不偏离人民赋予的责任？新生的苏维埃政权通过保障人民的选举权和罢免权，实现多数人的统治。无产阶级民主的优越性在于它“建立了工农容易参加的代表机关，用工农苏维埃代替了官吏，由工农苏维埃监督官吏，由工农苏维埃选举法官”[4]等国家公职人员；同时，赋予人民以充分的罢免权，这是保证掌权人始终为党和人民的利益负责的重要制度。罢免权保证了权力始终围绕责任的实现而运行，一旦出现偏离责任运行的情形，人民可以罢免这类公职人员。在体制安排上，由人民代表大会产生行政、监察、审判机关，上述机关对人民代表大会负责。在列宁晚年，对强化监察体制作出了设想，虽然未能实现，但反映了列宁对权力丧失人民性的担忧和警惕。

我国的公职人员担负的政治责任，理论根源为马克思、列宁等提出的人民主权思想、代表制及具体体制机制安排。我国几代领导集体将这些宝贵思想与中国社会主义建设实践相结合，实现进一步的理论创新和发展，指导着我国民主政治建设。特别是问责制的形成和发展，对于保障领导干部、公职人员不忘初心，担当起理应担当的责任，具有重要的制度保障意义。

综上，对公职人员担当的政治责任，是将“责任”的语义移植至“政治”这一语境下。从理性的视角，是指在政治信仰下，对政治使命和结果的担当；而从社会关系的视

---

[1] 杨春贵《马克思主义著作选编》（乙种本），中共中央党校出版社 1994 年版，第 28 页。

[2] 《马克思恩格斯选集》第 2 卷，人民出版社 1972 年版，第 376 页。

[3] 《马克思恩格斯选集》第 2 卷，人民出版社 1972 年版，第 376 页。

[4] 中国青年出版社：《马克思恩格斯列宁斯大林著作介绍》，中国青年出版社 1958 年版，第 50-51 页。

角,政治责任是在社会正义前提下,基于权力主体自愿担当和人民信任所产生的责权授受,目的是保障授权者——人民的利益。关于政治责任不同视角的理论阐释,深刻影响了现代学者对政治责任的认知。目前对政治责任界定通常选取某一视角,但并没有突破理性伦理或社会关系的框架。

2. 学者界定

对公职人员担当的政治责任作出科学界定,一方面要从理论演进史的丰富思想中汲取给养,另一方面也要在现代学者观点中寻求合理性。

国内学者从主体、权力来源、与宪法法律责任的关系等视角,对政治责任予以界定。从主体上,国内诸多学者将公职人员担当的政治责任界定主体局限于政府或其所属官员,强调按照民意行使职责。公职人员担当的政治责任有两层含义:其一,是指政府机关及其工作人员的决策必须合乎人民的意志和利益。如果政府决策失误或行为有损国家和人民利益,虽不受法律追究,却要承担政治责任。其二,行政机关的首长要负责决策得到有效的贯彻执行❶。从权力来源上,有学者认为选举是产生政治责任的主要途径,如"由于民主政治是民意政治,所以违反民意的行为是严重的错误行为,应该负政治责任",而且"直接或间接民选的行政首长主要负政治责任"❷。在政治责任与宪法法律责任的关系上,有学者认为政治责任独立于宪法法律责任,政治责任是指国家机关及其工作人员所作所为必须合理、合目的性、合乎政府为人民服务的宗旨,其决策必须符合人民的意志与利益❸。有学者从"行使权力者行使职责"和"违反职责"两方面兼顾的视角予以界定,如"政治责任是拥有政治权力的组织或个人因其职务所担当的职责,与违反职责而必须承担的否定性政治后果。前者可以称为职责责任,后者可以称为渎职责任"❹。还有学者从政府视角界定政治责任,"民主政治是责任政治",责任政治的"责任"包括两个方面,其中之一是"政府的行为如违反公意,须负政治上的责任",而且"政治上的责任是连带的",即"政府当局因行政失败而须全体引退"❺。

在俄罗斯学界,有关政治责任问题是一个研究热点,但对政治责任的界定尚未形成统一认知。部分学者从人民授权的视角,指出政治责任的先决条件是赋予某些权力(政治授权)行使者以主体责任,政治责任结构的实施是在国家框架内进行的。国家当局侧重于"权威"(人民),授权某些期望的行为(通过形成道德规范,采用法律规范,公共当局的合法性)和授权其实施(通过选举程序),以及在违反的情况下要求做出回

❶ 蔡放波:《论政府责任体系的构建》,《中国行政管理》2004 年第 4 期。

❷ 马起华:《政治制度》,商务印书馆 1978 年版,第 257 页,转引自张贤明:《论政治责任——民主理论的一个视角》,吉林大学博士论文,1998 年,第 5 页。

❸ 郭道晖:《政治责任与责任政治》,收于《法的时代精神》,湖南出版社 1997 年版,第 468 页,转引自田思源:《论政府责任法制化》,《清华大学学报(哲学社会科学版)》2006 年第 2 期。

❹ 卓泽渊:《法政治学研究》,法律出版社 2011 年版,第 136-137 页。

❺ 曹伯森:《政治学》,三民书局 1982 年版,第 171 页,转引自张贤明:《论政治责任——民主理论的一个视角》,吉林大学博士论文,1998 年,第 5 页。

应既定的行为准则❶。

另有学者深入挖掘政治责任的伦理基础,认为这是人民基于信任授权的结果。政治责任的先决条件是为责任主体提供某些政治权力(地位)❷,对公众的责任是以失去信任的形式出现的,这种责任确定为代理人的回应。О. Е. Кутафин 和 В. И. Фадеев 认为,这是民主制度的一个重要因素。只有民选机构和官员才有可能失去信任,从而需要对选民做出回应。其他机构不对选民负责,而是对当局和人民授权保护其利益的人负责。此外,О. Е. Кутафин 和 В. И. Фадеев 区分了召回机构和表达不信任的制度。他们表示,不信任的表达可以通过公民投票或代表机构会议❸来表达。Галкин 认为,政治责任建立在一种信任的基础上,为了保证授权的回报,必须采用所谓某种政治保障机制,即必须建立政治责任制度。政治责任的目标是为整个社会和个人成员创造更多的安全,作为发展公共选择的必要条件,最重要的是,作为社会民主国家的一种指标❹。

另外有学者拓展政府政治责任的授权主体,除了人民或者人民的代表,下级对上级负责,也是一种政治责任形态。这种观点认为,每个级别的政府必须始终采取行动,确保整个治理体系的正常运作。这种权力分配方法,使公共机构有责任采取负责任的行动并促进整个政治体系的福祉。另外,也有学者提出了不同观点,认为行政体系内的责任配置并不具有政治性。根据 Серебрянникова 的说法,政治责任使政府符合政府与社会之间的"契约"——法律,迫使当局履行其承诺。这些是影响权力主体及其政策的手段,允许寻求调整或改变政治路线,摆脱不值得和无能为力的人物的权力❺。还有一种观点认为,行政部门所承担的政治责任,只能在与议会的关系中产生,而不能在与国家元首的关系中产生。例如,Белозеров 认为,国家元首免除部长或其他执行机构负责人(ОИВ)的权力,被错误地视为一种政治责任形式,因为总统和(ОИВ)领导人之间的关系不是政治性的,而是纯粹的行政关系❻。还有学者认为,政府同时对议会和国家元首负责,政治责任不仅可以是议会,也可以是国家元首,或者可以有"双重"或"多重"责任。

上述定义表达了俄罗斯学术界对政治责任的认识。虽然中外学者对政治责任界

---

❶ А. В. Каменский. Политическая ответственность в случае насильственного и ненасильственного перехода власти//Проблемный анализ и государственно-управленческое проектирование. 2013. № 3.

❷ А. В. Каменский. Политическая ответственность в случае насильственного и ненасильственного перехода власти// Проблемный анализ и государственно-управленческое проектирование. 2013. № 3.

❸ КутафинО. Е. ,ФадеевВ. И. Муниципальноеправо. М. ,2004. С. 508.

❹ Галкин А. А. 2004. Размышления о политике и политической науке. М. : Оверлей. 278 с. с15-16.(цитирую по:ЕЛЕНКО Борис Иванович. . о политической ответственности //2016. № 4. Власть.)

❺ Серебрянников В. В. Ответственность власти [Электронный ресурс] // Представительная власть: мониторинг, анализ, информация. 1996. № 8 (15). //Режим доступа URL: http://niiss. ru/mag11_otvets_vlas. shtml (дата обращения 06. 01. 2014 г.)

❻ Белозеров В. К. Институт политического руководства Вооруженными силами Российской Федерации: дис. д-ра полит. наук. М. ,2011.

定的角度、深度、广度都存在差异，但有一点可以明确：到目前为止还没有实现对公职人员所担当的政治责任较为一致的界定。尽管这些定义反映了政治责任的某些特点，但仍然具有片面性。根据一般的责任构成理论，其结构如下：(1)责任主体(谁负责)；(2)责任的比例和衡量标准(主体的责任及其责任程度)；(3)责任的客观基础(主体负责的具体内容)。所有这些责任要素密切相关[1]。这三个方面分别涉及政治责任的主体、客体和客观方面。除此，还应该包括主观方面，否则就无法解释政治责任的伦理来源。为将不同学者的见解兼容并蓄，最大限度地吸纳有价值的观点，应构建"多维"模型，即从政治责任的主体、主观方面、客体、客观方面对政治责任的构成予以全面分析。

综合上述观点，对公职人员担当的政治责任内涵的分析，围绕以下四个方面展开：

(1)责任主体

有学者将公职人员担当的政治责任的主体界定于政府或其官员、政府及其政治官员、民选的行政首长、政府首脑及其所属政务官员、国家机关及其工作人员、拥有政治权力的组织或个人、政治官员、政治主体、民选机构和官员、行政部门等多种表述方式。还有学者对"政治主体仅限于民选官员，还是包括行政系统的其他行政官员"存在不同观点。分歧在于政治责任的主体是所有国家机关还是仅指政府；是仅限于官员，还是包括政府机构(集体责任)；是限于政务官员(民选官员)，还是包括其他行政官员，甚至扩大到其他工作人员。

公职人员担当的政治责任与公共权力紧密结合。负有政治责任的主体需要政治权力作为手段。人们常说的"有权必有责"，从授权人的角度审视代理行使权力者，实为"有责才有权"。权力是手段，而担当起应负的责任是目的。但无论从哪个角度分析，都可以得出一个结论，即政治责任主体与政治权力主体是一致的。由于公职人员担当的"政治责任是拥有政治权力的组织或个人所应当或实际承担的政治上的责任；政治责任主体则是应当承担政治责任的组织或者个人"[2]。这里的个人通常为官员。"从组织的意义上讲，所有的国家机关都具有政治责任。除了国家机关之外，其他因种种原因而行使公共权力的组织也同样具有政治责任。"[3]。担当政治责任的主体包括组织机构和官员，按照国家权力分工，主要包括：

执政党及其领导人。政治责任的主体不仅包括政府机构和官员，还有政党及其领导人[4]。中西方体制不同：在西方国家，执政党对选民负有政治责任，选民在下一次选

---

[1] Ореховский А. И. 2005. Проблема ответственности в развитии общества. Новосибирск：СибГУТИ. 158 с. с14。(цитирую по：Еленко-Борис Иванович. . о политической ответственности //2016. № 4. Власть.)16.

[2] 卓泽渊：《法政治学研究》，法律出版社 2011 年版，第 137 页。

[3] 卓泽渊：《法政治学研究》，法律出版社 2011 年版，第 138 页。

[4] См. ：Самощенко И. С. ，Фарукшин М. Х. Ответствен-ность по советскому законодательству. М. ，1971. С. 35. (цитирую по：Р. Ф. Гарипов，О. И. Зазнаев. Политическая ответственность главы региона в современной России//Известия Саратовского университета. Нов. сер. Сер. Социология. Политология. 2013. Т. 13，вып. 2.)

举中将对其任期内的活动进行投票。某一政党赢得大选,由该政党获选者出任国家领导人或官员。政党并不以独立的身份介入到国家治理中,不直接参与公共政策制定,不直接行使公共权力。所以,西方执政党及其领导人的政治责任与国家机构及官员的政治责任是竞合的。但我国,中国共产党作为执政党,通过宏观的政治方向、组织建设、思想统一来保证发展方向不偏离中国特色社会主义道路。同时通过政党各级组织的形态嵌入国家治理之中,如传统形态的党的专门委员会(如政法委)以及各级国家机构设置的党组织(党委、党组),在重大事项上享有决策权。特别是经过党政机构改革,通过党政合署、合并、归口管理等形态,党政融合的趋势日趋明显,党组织越来越深入直接地参与到国家治理之中。所以在我国,执政党对人民承担着无限责任。在《中国共产党章程》中明确了党代表和领导中国人民,党的"最高理想和最终目标是实现共产主义",并为此不懈奋斗。各级党组织及其领导人员要按照《中国共产党章程》及《中国共产党工作机关条例(试行)》《中国共产党党组工作条例》《中国共产党地方委员会工作条例》等规定履行职责,以治理主体的身份共同参与国家公共治理。

政府机构及官员(领导干部)。政府机构及官员(领导干部)行使行政权。

在实行三权分立的国家,人民赋予的权力进行横向配置,政府机构设立按照"分权制衡"的原则,受制于立法和司法。在总统制国家,国家首脑由人民选举产生,如美国总统由选民选举产生,政府向总统负责,承担相应的政治责任;在议会制国家,内阁向议会负责,承担相应的政治责任,如英国由下院多数党领袖担任首相并由国王任命。政府机构及其首脑作为政治责任主体并无异议。但其他官员是否能够作为政治责任主体?西方国家将行政官员区分为政务官员与事务官员。政务官员的产生途径具有鲜明的政治性,一般由选举或者政治任命产生,必须承担政治责任;但事务官员(又称文官)通常通过考录制度产生,必须保持政治中立,不承担政治责任。但随着经济社会的发展,事务官员越来越多地影响到政治决策过程。一方面是因为政治责任的下沉与分流,行政系统的科层制使各级行政机构都要承接一部分政治职责;另一方面事务官员的专业化也使之垄断了大量的需要专业化知识决断的政治事务。加之行政权力的扩张,事务官员对各个领域政治决策的影响日趋扩大。因此,政务官员从事政治活动,担当政治责任是其本职所在,但事务官员也要承担相应的政治责任。

我国公务员范围较广,包括国家机关领导职务和非领导职务的工作人员。其中领导职务公务员包括政治选举和政治任命产生的领导干部或选拔任用(委任制)的领导干部。根据《中华人民共和国宪法》规定,行政系统选举产生和人大任命的领导干部,向各级人大负责。这里的负责,指对人民的代表机构负有政治责任。而委任的领导干部根据干部管理权限,由上级组织任命,职责由上级决定,所以直接向上级负责,但上下级在"为人民服务"的宗旨上是一致的。所以,委任制领导干部与人民代表机构虽然没有直接的选任关系,但对其负有间接的政治责任。另外,我国是共产党执政的社会主义国家,讲政治是对各级领导干部的要求,所以各级领导干部都不可能超脱于政治职责之外,都应承担一定的政治责任。

虽然理论上国家机构可以作为承担政治责任的主体，但具体到实践中，最终仍然由官员（领导干部）承担集体连带责任或个体责任。具体表现形态是由选任及政治任命的官员（领导干部）承担完全的政治责任，其他委任的官员根据职责分担一定的政治责任。因为基于授权关系产生的责任，是人民将整体的责任托付给了国家最高权力者；为实现国家治理，必须明确划分中央和地方职责，将作为整体的责任分解到各个职能部门，最终落实到各个职责岗位。所以，政治责任只有落实到具体的人员，责任才能最终明确。从责任与权力对等的角度而言，每个公共岗位，都配置相应责任与权力。所以，每个公职人员都担当一定的政治责任。但其中最主要的责任担当者是官员（领导干部），虽然每个国家对官员（领导干部）的界定范围不同，但作为公务人员中最主要、最为核心的部分，在担当主要或重要责任这一点上，是能够达成共识的。为了便于开展集中的探讨，本文对公职人员担当的政治责任的论证，主要集中于行政机构（在我国还包括各级党务领导干部），并聚焦于通过选举或政治任命产生的直接担当政治责任的高级官员（领导干部），以及间接担当政治责任的委任制官员（领导干部）。

（2）主观方面

关于公职人员担当的政治责任，在主观方面，多数学者都提及了民意，要制订符合民意的公共政策。但民意是什么？民意为什么通过政策、制度来表达？个别学者提及的“人民的信任”只回答了一半，作为被授权人的官员（领导干部）的意愿又是什么？政治责任的内在伦理，是政治责任源于人民的“信任”，但被授权者的道德因素在一定程度上被忽略了。其实被授权者并不是完全被动的角色，只有被授权者愿意担当授权者的委托，才涉及人民是否“信任”，是否“授权”的问题。我国的干部选举或者委任，组织部门在推荐干部候选人时，也要征求被推荐人的意见或者通过个人报名来表达个人意愿，在此基础上才可能产生有效授权。从被授权者接受授权这一角度来看，其具有自愿性而非强制性。被授权者愿意遵从人民的意志，将“为人民的福祉而奋斗”作为一种政治信仰和追求，体现为按照人民的委托来行使权力。可见，最高层次的政治责任来源于自愿担当基础上的人民委托。从本质上看，他们之间的信任关系基于道义；但从形式上看，则表现为在双方自愿的基础上，人民决定责任的内容，并将其赋予国家（最高机构）及其官员（领导干部）并配置相应的权力。而信任的丧失是政治责任追究的主观要素，这反映了政治责任与主观伦理因素的不可分割。对伦理性的认知不但体现在政治责任的起源层面，还在于政治责任构成中不能无视主观伦理要素的存在。伦理性是公职人员担当的政治责任的重要基础，而政治性是政治责任的外在表现形式。

（3）客体及客观方面

公职人员担当的政治责任的客体，是政治责任针对的对象，即人民利益，或者说公众利益。担当政治责任的一切行为与方式都服务于人民利益这个标的和客体。未能履行政治责任，承担不利后果的原因，也是对人民利益这个客体的损害，或者存在损害的可能性而丧失了人民的信任。

公职人员担当的政治责任的客观方面，是指政治责任人如何作用于客体。“一切自主(selbstaendig)的领导行为，都可纳入其中(政治)。”[1]这说明一切具有政治决断色彩的行为都是政治行为，都背负着政治责任。政治决断的过程就是各种冲突的价值、利益的博弈和整合的过程。政治责任的实施、运作，通常形态是政策的制定，即制定符合民意的公共政策，维护公众的根本利益，维护社会稳定的秩序，为发展创造条件，并推动其实施。如果未能很好地履行上述行为，出现违背政治责任的情形，就需要承担相应的不利后果。张贤明教授将客观方面表述为“政治责任主体的行为要求制定符合人民利益和意志的公共政策并推动其实施”[2]。

3. 政治责任的内涵与外延

根据上述政治责任基本构成要素的分析，对政治责任界定如下：

(1)公职人员担当的政治责任的内涵

从内涵上分析，公职人员的政治责任，是人民或者人民的代表机构基于信任，通过直接或者间接选举，向自愿为人民谋福祉的官员授予责权，由其担当起人民的委托；或由上级组织或者官员(领导干部)逐级转授予责权给下级官员，由其为了人民的利益正当行使权力。在违背这一目的行使权力，导致丧失人民信任的情况下，承担调整或丧失权力的不利后果。

政治责任的特点与责任内含的自律性、目的性、正当性一脉相承。从政治责任产生的先验思辨和经验验证中，政治责任具有如下的特点：首先，政治责任具有自愿性。政治责任人并不是被动地被委以责任，这就意味着自觉担当，体现了一定的自律性。第二，政治责任人的行为必须合乎最高责任这一终极目的，即为人民谋福祉。这是政治责任一切行动的客体，也是其最终追求的目标，更是责任所蕴含的“人的自由”这一目的的延伸和体现。第三，政治责任兼具伦理性与政治性。政治责任源于道德责任，是以政治伦理(人民信任、官员的自愿担当并坚守初心等具体的政治伦理观念)为内核，以权力运行为手段，以实现人民利益为目的的责任形式。可以说，伦理性是其正当性的来源，政治性是其现实性的表达。最高责任与目的是一致的。在这个最高责任之下，逐级分解出不同的职责，并配置相应的权力作为保障。

(2)公职人员担当的政治责任的外延

公职人员担当的政治责任有广义和狭义之分。从责任外延的视角，狭义的政治责任仅指主动担当政治责任的官员(领导干部)依照人民的委托行使权力。广义的政治责任不但包括授权官员(领导干部)依照人民的委托行使权力，还包括承担因其违背人民意志而调整或者丧失权力的后果。广义上对政治责任的理解，是一种包含积极和

---

[1] [德]马克斯·韦伯：《学术与政治》，冯克利译，生活·读书·新知三联书店2005年版，译序100页，转引自张甲子：《信念·责任·学术——基于马克斯·韦伯伦理观的学术透视》，《继续教育研究》2019第4期。

[2] 张贤明：《政治责任与法律责任的比较分析》，《政治学研究》2000年第1期。

追溯元素相结合的双体现象❶。从授权主体外延的视角来看,政治责任根据授权主体外延大小,也有狭义和广义之分。狭义的政治责任是指人民或人民的代表机构基于信任,将责权授予主动担当的官员(领导干部),由其按照人民的委托行使权力,并承担因其不正当行使权力而调整或丧失权力的后果。广义上的政治责任是指人民或者人民的代表机构基于信任,将权力授予主动担当的官员(领导干部),由其将权力按照国家机构组织原则实现逐级授权,被授予责权的官员(领导干部)按照符合人民利益的目的行使权力,并承担因其不正当行使权力而调整或者丧失权力等后果❷。

(二)类别

从不同视角,公职人员担当的政治责任可以划分为不同类别。

1.根据授权类型,分为直接责任和间接责任

根据人民授权方式的不同,分为直接责任和间接责任。

直接责任就是由人民或者人民的代表机构通过选举或决定,直接赋予责任并授予相应的权力。直接责任体现了主权者与行使权力者之间的关系,如政府机构的最高行政首长担当的就是直接责任。

间接责任是由人民授予责权的机构或者官员(领导干部)对下级进行逐级责权授受而产生的责任,集中体现于行政层级关系中。由于上级是直接授权方,而人民是间接及终极授权方,下级官员(领导干部)要同时向上级和人民负责。因为只有最高行政首长是人民选举或政治任命产生,上级将该权力逐级授予下级,是人民授予的责权的再配置,因此在对上级负责的同时,从终极意义上要对人民负责。间接责任中失去上级信任,可以认为在一定程度上也丧失了人民的信任。体现在问责上,除了上级问责,还应有公民的参与,如控告、检举(人民的具体化形态就是公民),以体现其人民性。间接责任主要体现的是国家行政体制内部上下级间授受与追究的责权关系。从根本上看,都是为民负责,都具有政治属性❸。

2.根据位阶,分为目的责任、职责责任、执行责任

根据层次不同,分为目的责任、职责责任、执行责任。在现代民主法治社会,为实现政治目标或尊崇某种道德信仰而产生的目的责任,位于最高位阶;其实现往往通过

---

❶ Применительно именно к политической ответственности аналогичная постановка вопроса встреч ается в следующих монографиях: Черныш А. М. Политическая ответственность в системе социали стического народовластия. Харьков: Изд-во при Харьковском государственном университете издатель ского объединения 《Вища школа》, 1987. С. 35—44; Буханов М. В. Позитивная ответственность политиче ской власти: поиск теоретического обоснования. М.: Б. м., 2010. цитирую по: А. В. Каменский. Политическая ответственность в случае насильственного и ненасильственного перехода власти//Проблемный анализ и государственно-управленческое проектирование. Выпуск 3. 2013.

❷ 行政机关基于上级授权,除了执行政治责任,也会承担上级赋予的政治责任。但对行政机关公职人员的问责,不局限于免职,还包括停职检查、调整职务、责令辞职、降职。参见 2021 年 3 月 19 日中共中央办公厅发布的《中国共产党组织处理规定(试行)》。

❸ 莫纪宏:《现代宪法的逻辑基础》,法律出版社 2001 年版,第 362-364 页;中国社会科学院法学研究所法律辞典编委会编:《法律辞典》,法律出版社 2004 年版,第 719 页。

设置国家机构,配置国家职能,再通过职位的设定,配置不同角色以对应不同的职责责任;职责责任通过执行产生执行责任。

(1)目的(使命)责任

目的责任反映了国家设立的初衷,这是始自柏拉图及至近现代自然法学者都持有的观点,即遵从人民的意志,保护人民利益,是最高的政治责任。人类生存及幸福的生活才是政治家真正的目的。“政治家要对他的公民的物质存在到最高利益负责,从安全到丰富生活,从善行到幸福负责。”[1]一切政治行为都要以此为指引和归依,目的责任具有价值指向意义。按照马克思主义的观点,国家是阶级统治的工具。在人民民主专政的国家里,实现人民幸福生活、谋求人类解放是国家存在的唯一目的。作为行使公权力的公职人员,这一目的也是其必须担当的责任。在我国,目的责任反映在中国共产党的纲领和宗旨中,决定了政党使命和国家权力的性质。在这一前提下,才产生了国家体制内不同层级的政治责任。

(2)职责责任

职责责任是基于公职角色定位而产生的责任,其内容由不同的岗位角色要求所决定,具有一定的客观性。在目的责任的指引下,官员(领导干部)要求担当的相应的职责,既包括了选举或任命的官员(领导干部)的职责,也包括层级授权、间接分担部分政治责任的官员(领导干部)的职责。

(3)执行责任

执行责任是政治责任的真正实现,是行政官员(领导干部)在其职责范围之内,对公民提供直接的管理或服务。执行责任是政治责任最直接的实现方式。官员(领导干部)与人民的关系比较抽象,官员(领导干部)与公民的关系则表现在具体行政执行关系中。

3. 根据产生先后,分为原生责任与次生责任

根据产生先后的不同,分为原生责任与次生责任。原生责任,也有学者称为积极责任[2]、职责责任[3]。原生责任是前瞻性责任,即国家机关授权的官员(领导干部)以实现人民的福祉为目的所担当的责任。

次生责任,也有学者称为消极责任,渎职责任。次生责任是追溯性责任,是指国家机关及授权的官员(领导干部)违反人民的意志,不正当履行职责,所应承担的不利后果。问责是次生责任的表现形式,主要适用于职责责任和执行责任。

目的(使命)责任具有整体性、抽象性,职责责任和执行责任是比较常见的责任形态。如《布莱克维尔政治学百科全书》认为:“在政治活动和公共管理中,责任最通常、最直接的含义是指与某个特定的职位或机构相连的职责……这种责任意味着那些公职人员由于自己所担任的职务而必须履行一定的工作和职能。”[4]

---

[1] 钱昌照:《责任伦理学研究》,《沙洋师范高等专科学校学报》2008 年第 5 期。

[2] 张贤明:《论政治责任——民主理论的一个视角》,吉林大学博士论文,1998 年,第 23 页。

[3] 卓泽渊:《法政治学研究》,法律出版社 2011 年,第 137 页。

[4] 邓正来:《布莱克维尔政治学百科全书》,中国政法大学出版社 1992 年版,第 652 页。

第二节　问责与问责制

问责与问责制在实践中经常混同使用。问责具有动态性,而问责制强调静态的规章制度。问责是问责制的内涵,而问责制是问责的重要制度载体。

一、问责

"问责"是责任的衍生词,与次生责任相对应,其基本含义是对履职情况作出回应,对履职不力、不当的情况承担不利后果。在民主政治背景下,主要用于对官员(领导干部)课责,并进行责任追究。英文单词"问责"(accountability)与"责任"(responsibility)在指向"责任追究"的含义时有相通之处,在某些情境下也可以相互通用。但二者侧重点是不同的,在界定上表现出了明显区别。在《麦克米伦高阶美语词典》中,"responsibility"(责任)是指"一个人对其工作、职位和行为所必须承担的正式责任",这包含了应予承担责任的内涵;"accountability"(问责)是指"当一个人处于某一种特定职位时,公众有权力对其进行批评,而其本人有责任对与其职位有关的所发生的事情向公众进行解释"[1]。"问责"(accountability)的"内涵侧重于对责任的技术和外部控制";而"责任"(responsibility)侧重于对责任的道德解释和内部控制[2]。

从中西方词源的起源与演变上考察问责的内涵,对于正确理解和运用"问责",具有重要意义。

(一)问责的内涵与外延

从词源上考察,我国古代就有"问""责"间断或连续使用的情形,如宋朝《三朝北盟会编》记载,"以肃王为问,责其败盟",就包含了"建议追究肃王赵枢违反约定的责任"的含义。明朝《军政条例类考》有逃军自首可以"免问责限起解"的记述,此处出现了"问责"连用,且明显具有了责任追究的意蕴。1911 年清廷覆灭前夕,留学早稻田大学法政科的江西籍学人曾有澜和潘学海,译介随后担任南京临时政府法政顾问的副岛义一所著的《日本帝国宪法论》时,就多处使用"问责"。例如,书中表述立宪国"君主不能为不法之原则,惟对于君主之政治行为不设问责制度之意义而已",将"问责"上升到了"制度"层面。1915 年,梁启超因感于北洋政府与日本签订"二十一条",写下《痛定罪言》,文中提出"此极显浅之事理,人民不问责于政府而谁问者?夫政府之所以逃责者则亦有词矣,必曰大难初平,日不暇给,元气未复,近效难期也"[3]的悲愤之

---

[1] 《麦克米伦高阶美语词典》(英语版),外语教学与研究出版社 2003 年版,第 1199 页。

[2] Lars Lindkvist, Sue Llewellyn. Accountability, responsibility and organization. Scandinavian. Journal of Management, 2003, (19).

[3] 梁启超:《痛定罪言》(1915 年 6 月 20 日),中华文库:https://www.zhonghuashu.com/wiki,访问时间:2021-03-31,18:10。

言。此处的“问责”即是要求政府作出回应、承担责任之意。当代,我国“问责”范畴厘定是在国内与国际制度接轨过程中实现的。据考证,我国内地2004年以前的英汉辞典中对“accountability”与“responsibility”未做明显区分,均译为“责任”。如曹焰、张奎武主编的《英汉百科翻译大辞典》(人民日报出版社1994年版),将“accountability”译为“责任”;将“responsibility”译为“责任、职责”,对二者的翻译基本趋同。李华驹主编的《21世纪大英汉辞典》(中国人民大学出版社2003年版)对“accountability”作了更为接近本义的解释,将其翻译为“可说明性;应作解释,应负责任”。2003年外语教学与研究出版社的《麦克米伦高阶美语词典》将“responsibility”解释为“一个人对其工作、职位和行为所必须承担的正式责任”;将“accountability”解释为“当一个人处于某一种特定职位时,公众有权力对其进行批评,而其本人有责任对与其职位有关的所发生的事情向公众进行解释”❶。这在一定程度上表达了“accountability”的含义,但将其翻译为中文“问责”,却是在国际化过程中实现的。

2003年底,我国加入《联合国反腐败公约》,公约英文本三处规定了“accountability”,联合国和全国人大常委会官方中文本均将其译为“问责制”。这一用语赋予了“问责”区别于“责任”的不同内涵。2005年《现代汉语词典》正式收录“问责”,意为“追究责任”❷。可见“问责”一词在我国自古有之,结合现代政治文明的需要,又赋予了其崭新的内涵。

从西方“问责”词源演进的过程中探求,问责的内涵更为丰富。在英文中,表达“问责”的“accountability”一词,历经了漫长的发展演变过程。早在古希腊和古罗马时期,指代借贷关系中借款人对贷款人的解释说明责任。及至中世纪时期,受庄园主委托管理其领地的管家,每年须向庄园主说明受托事项的履行情况,基于这种委托关系而产生的说明责任,也使用“accountability”一词。近代以后,“accountability”一词多用来表达委托—代理关系中委托人授权与监督、代理人履职与报告的机制。在此基础上,衍生出了代理人失职应予承担不利后果的内涵。1884年,“accountability”首次载入《牛津词典》,主要包括三方面含义:①“负责任的特质”;②“对其行为、履职情况作出解释说明的义务”;③“责任”❸。《韦伯斯特英语词典》对“accountability”的解释与之类似,是“需要负责的一种状态”,“有责任回答或作出一定的说明;有责任作出一定的赔偿”❹。

在公共行政领域,在一些学者编撰的工具书中,出现了行政问责的概念。美国学者杰·谢菲尔茨(Jay Shafritz)1985年主编的《公共行政实用辞典》将“问责”界定为“由法律或组织授权的高官,必须对其组织职位范围内的行为或其社会范围内的行为接受质问、承担责任。”世界银行专家组给问责所下的定义是:“权力拥有者必须对其

❶ 《麦克米伦高阶美语词典》(英语版),外语教学与研究出版社2003年版,第1189页。
❷ 苏绍龙:《问责词源考略与我国当代党政问责制度的发展》,《中国纪检监察杂志》2019年第14期。
❸ 苏绍龙:《问责词源考略与我国当代党政问责制度的发展》,《中国纪检监察杂志》2019年第14期。
❹ 王若磊:《政治问责论》,上海三联书店2015年,第72页。

行为进行解释和承担责任。”[1]

从词源上考察,问责具有说明、回应、解释、承担责任的含义。学者施德勒(A. Schedler)在《问责的概念化》一文中,将其很经典地概括为“回答性”和“强制性”,也可以称之为“回应性”和“惩罚性”[2]。这也符合上述对词源含义的分析。问责以问责关系为基础,有权问责的一方为问责主体受到问责的一方为问责对象。问责主体对问责对象的履职情况有监督、控制、审查的权力,问责对象有义务作出说明、解释。如问责主体认为问责对象履职未能实现预期的目标,有权强制其承担惩罚性的不利后果。所以,问责具有“回应性”与“惩罚性”双重含义。“回应性”是指问责对象有义务对其权力运作的过程和内容进行展示、披露并作出解释和说明[3],通过事实的信息披露,证实履职的合法性和正当性。这种解释和说明既是问责对象的义务,也包含其为个人辩护、证明的权利。当问责对象的回应未能有力证明行为的正当性时,就涉及“惩罚性”的问题,对问责对象课以罚责。就完整的问责概念而言,必然包括“回应性”以及因“回应性”不足或不利所引发的惩罚。

根据问责适用范围的不同,可以分为“广义问责”“中义问责”和“狭义问责”。广义问责是广泛应用于私人、公共场合,包括经济、政治、社会、文化等各个领域,凡是符合问责内涵要求的,都可以称之为问责。中义问责是政治体制所承担的来自体制外部或内部的问责。一方面是来自于人民及人民的代表(如人大代表机构)对政府机构整体性的问责,也称为“政治问责”;另一方面是政党、政府层级内部,来自上级对下级工作的控制、监督等提起的问责。狭义问责是政治体制框架内部上下级之间发生的问责关系。由上级基于授权关系,对下级履责进行监督、考核,发现不尽职的情形时予以惩罚。狭义问责具有鲜明的内部性特征,建立在上下级层级关系的基础上。如我国发生在执政党内部上下级之间的问责,称为“党内问责”;当发生在行政系统上下级之间时,称为“行政问责”。

(二)问责的主要类别

根据不同的角度,可以对问责做不同的分类。

1. 根据问责主体

根据问责主体的不同,可以分为政治问责、行政问责、党内问责和社会问责。

(1)政治问责

政治问责是人民或人民的代表机构对负有政治责任的国家机关及其公职人员失职渎职等不当履职的行为予以责任追究。政治问责的政治性体现在人民或者其代表

[1] 世界银行专家组:《公共部门的社会问责:理念探讨及模式分析》,宋涛译,中国人民大学出版社,2007 年版,第 83 页。

[2] Schedler, A. (1999). "Conceptualizing Accountability". in Schedler, A. and Diamond, L. etc. es. The Self-Restraining State: Power and Accountability in New Democracies Lynne Rienner Publishers, pp. 14-17,转引自王若磊:《政治问责论》,上海三联书店 2015 年版,第 74 页。

[3] 王若磊:《政治问责论》,上海三联书店 2015 年版,第 74 页。

机关,与行使权力的官员(领导干部)之间的责权授受关系。因为权力源于人民,人民对行使权力的政治官员(领导干部)当然有权进行询问,要求其作出回应,并在违反人民意志的情况下,要求其承担相应的不利后果。

(2)行政问责

行政问责是行政体制内部上级对下级或者专责机构对行政机关公职人员追究相应的责任。行政问责建立在层级授权关系基础上。上级根据职责定位,将相应责权授予给下级,并负有对下级履职行为予以监督、问责的权力;专责机构有权根据层级关系,按照管理权限开展问责。

(3)党内问责

党内问责是指在政党内部,基于授权关系,由上级对下级党组织或党员领导人员,或专责机构根据管理权限对党组织或党员领导人员的履职情况行进行监督、考核,发现不尽职的情形时,予以惩罚的责任追究形式。党内问责在执政党中体现得更为突出。中国共产党是长期执政的大党,党的组织原则是“民主集中制”,下级组织服从上级组织,上级组织负有监督问责下级组织的职责;或纪检监察机关根据层级关系,在其权限范围内对党组织或党员领导干部的履职情况予以监督,并追究相应责任。

(4)社会问责

社会问责是公民、社会组织通过控告、检举、揭发或参加听证、质询等直接或间接的方式,追究国家机关及其公职人员的责任。国家机关及其公职人员必须作出解释,并承担相应的责任。社会问责逐步强化,是民主政治的重要体现。我国公民或社会组织参与政治问责、行政问责、党内问责这一趋势逐步受到重视,并在制度设计中得以体现,如在行政问责、党内问责中,将公民、组织的举报作为启动问责的重要线索来源等。

2. 根据问责标准

根据问责标准的不同,可以分为积极问责、消极问责。

(1)积极问责

积极问责是对问责对象履职提出较高的工作标准,要求其出色地完成工作,主要针对“不作为”或者“慵懒涣散”而展开的问责,对履职情况具有某种高期望、高标准,也被称为“绩效问责”。积极问责是基于持续改进的问责。它旨在实现既定的更高目标,对问责对象履职效率、效益等方面提出更高要求,实现社会期望的结果。

(2)消极问责

消极问责是针对问责对象在履职中出现的消极、负面、恶性的结果而展开的问责。通常与违反了最低限度的职责要求有关,是因违反严令禁止的不应当出现的事由如发生重大事故、恶劣的社会影响等,消极问责是基于权力控制的问责,它旨在防止权力主体因权力扩张而导致的权力滥用或因消极懈怠而表现出的不作为等,导致严重后果或造成恶劣影响而引发的问责。

3. 根据问责结构

根据问责主体与问责结构模式,可以分为平行问责、垂直问责。

(1)平行问责

平行问责是处于平等地位的主体之间开展的问责。在现代民主政治下,包括其他各种监督机构、审计机构和政府监察官等对管辖范围内的政府部门展开的问责。

(2)垂直问责

垂直问责是上级要求下级公职人员就履职情况作出解释或说明,对不当履职的情形予以责任追究。选举问责本质上属于垂直问责。另外,社会问责、等级问责也是垂直问责的一种形式。

4.根据问责主体与客体的关系

根据问责主体与问责对象之间的关系,可以分为同体问责与异体问责。

(1)同体问责

同体问责是政党或行政体制内部上级对下级展开的责任追究行为。如党内问责、行政问责均属于同体问责。

(2)异体问责

异体问责是不同国家机关之间或者社会公众对国家机关展开的问责。如人大对行政机关的问责,媒体对国家机关的问责等。

二、问责制

责任制与问责制关系密切,从内容构成上,问责制是责任制的重要组成部分。

(一)责任制

责任制是责任实现的制度化形态,意指责任边界清晰,责任人各负其责、各司其职、后果自负的制度设计。在我国的政治语境下,责任制度的完整体系包括责任设定(配置)❶、履行、监督、追究❷四个依次贯通的环节。其中,党政领导干部是政治责任的主要担当者。目前并没有一部权威性的法规对其作全面规范。现行国家法律、党内法规分别从不同层面,对党政领导干部责任制作出了规定,表现为金字塔形的相互配合、相互支撑的制度体系。该体系构架是由根本性制度对责任制作出原则性规定,由其他国家法律、党内法规作出进一步细化,由专门的党政领导干部责任制度作出具体规范。

1.我国责任制的确立

改革开放伊始,领导干部的责任设定、履行及监督、追究制度都还不完善。《中华人民共和国宪法》(以下简称《宪法》)、党章对责任制作出原则性规定,初步确立了领

❶ 在不同主体之间进行责任的分配和设置,即为配置。

❷ 责任追究有广义和狭义之分。广义的责任追究包括尚未构成违纪的问责(包括引咎辞职、停职、免职、降职等责任承担方式)、党纪、政纪、法律责任等各种责任追究方式。狭义的责任追究不包括法律责任追究,仅指问责、党纪、政纪处分。

导干部责任制。如1982年《宪法》明确了国家机关的岗位责任制[1],此处"岗位"涵盖了领导岗位。《宪法》第三章对总理、国务院各部部长、各委员会主任、地方各级人民政府省长、市长、县长、区长、乡长、镇长的负责制及职责范围作出了规定。根本大法高屋建瓴,建立了国家体制内领导干部责任体系的初步框架,2018年《宪法》修订对此未做变更。对于党组织的领导干部的责任设定,在党章中予以明确。十二大党章规定:"党的各级委员会实行集体领导和个人分工负责相结合的制度。委员会成员要根据集体决定和分工,切实履行自己的职责。"十九大党章补充:"凡属重大问题都要按照集体领导、民主集中、个别酝酿、会议决定的原则,由党的委员会集体讨论,作出决定。"这确立了党内"集体责任制",实行集体领导下的个人负责制。

在国家层面,从责任设定来源上看,总理、法院院长、检察长对全国人民代表大会负责;从责任承担上看,行政领域实行首长负责制,国务院总理、地方各级人民政府实行省长、市长、县长、区长、乡长、镇长独立承担责任;而在党章中,明确了"集体领导与个人负责"相结合的原则。但上述责任设定比较宏观,尚不涉及具体的责任履行、责任监督和责任追究。

2. 我国责任制的体系构成

领导干部责任体系是在根本性规定的基础上,由国家立法和党内法规构建的。

一是行政领导干部责任制体系建构。

国家行政立法通过组织法、行为法、救济法、人员法规范了行政机关领导干部的主要职责、履行的程序性要求、监督保障以及责任追究。构建了行政系统领导干部责任制的主体架构。

在责任设定方面,组织法是对《宪法》的重要补充,主要用于规范政府部门及其领导干部的责任设定。1979年之后,国务院、地方各级政府的组织法相继出台,对政府部门及其领导人员的主要职责作出进一步明确。但组织法中仅规定该职能部门主要领导干部的职责,大量具体执行部门领导干部的职责设定体现在该部门(或单位)的上级主管部门制定的政策性文件,即三定方案之中。随着近年来中央要求制定"责任清单",领导干部责任制出现了更为细化的趋势。

在责任履行方面,按照依法行政的要求,行政行为法通过程序性要求,以规范具体履责行为。在决策领域,2019年4月公布的《重大行政决策程序暂行条例》,明确了重大行政决策的程序规则。在执行领域,1996年《行政处罚法》对行政处罚程序作出规范;2003年《行政许可法》确立了行政许可的公正、公平程序。2011年《行政强制法》确立了行政强制法定、适当原则。这三部重要的法律对于规范行政处罚、许可、强制职责,具有重要意义。

在责任监督方面,1997年5月通过《中华人民共和国行政监察法》(以下简称《行政监察法》),2018年的《中华人民共和国监察法》(以下简称《监察法》)取代了《行政

[1] 《中华人民共和国宪法》(1982)第27条规定"一切国家机关实行精简的原则,实行工作责任制"。

监察法》,对党、政协、人大、政府、监察委员会、法院、检察院、民主党派、工商联的公务员、参公人员等依法履行公职的人员进行全面监察,负责调查职务违法和职务犯罪,开展廉政建设和反腐败工作[1]。这也为行政机关领导干部正当履职,提供了有效的保障。

在责任追究方面,标志性的立法是1989年4月通过的《行政诉讼法》(2017年修订),它对行政机关及其工作人员(包括领导干部)违法失职行为予以责任追究。在规范行政机关工作人员的相关立法中,则涉及了领导干部履职失范的责任追究问题。2005年4月通过的《中华人民共和国公务员法》,首次对党政领导干部引咎辞职作出了规定。2007年6月施行的《行政机关公务员处分条例》,对负有责任的行政领导人员违反职责、应予处分的种类等作出了专门规制。

二是党内领导干部责任制体系建构。

为落实党章中领导干部职责的原则性规定,党内法规从党的组织法规制度、党的领导法规制度、党的自身建设法规制度、党的监督保障法规制度四个方面,对党组织、领导干部的责任设定、履行、监督、追究作出进一步细化。

在责任设定方面,党的组织法规制度规范党的各级各类组织的产生,明确主要领导干部的职责。2010年6月发布的《中国共产党党和国家机关基层组织工作条例》,明确了国家机关党的基层委员会"宣传和执行党的路线方针政策,宣传和执行党中央、上级组织和本组织的决议"等基本职责,并要求"建立机关党的工作责任制"[2]。为解决实践中党组职责与本单位领导班子的职责交叉问题,2015年6月《中国共产党党组工作条例(试行)》,明确了落实从严治党责任,党组书记应当履行抓党建第一责任人的职责,其他党组成员根据分工抓好职责范围内党的建设工作。对于不履行自身职责的情形,要追究有关党组成员的责任。而对于地方党委的领导干部,2016年1月颁布的《中国共产党地方委员会工作条例》,在1996年4月《地方委员会工作条例(试行)》确立的"集体领导与分工负责"相结合制度的基础上,进一步明确"党的地方委员会在本地区发挥总揽全局、协调各方的领导核心作用,对本地区党的建设全面负责。""常委会委员应当根据分工和集体决定,切实履行职责。""党的地方委员会必须认真履行全面从严治党主体责任,书记必须履行抓党建第一责任人职责。"[3]"党的地方委员会应当建立职责清单制度,明确常委会及其成员职责,并在一定范围内公开。"[4]对

---

[1] 《中华人民共和国监察法》(2018)第15条规定:"监察机关对下列公职人员和有关人员进行监察:(一)中国共产党机关、人民代表大会及其常务委员会机关、人民政府、监察委员会、人民法院、人民检察院、中国人民政治协商会议各级委员会机关、民主党派机关和工商业联合会机关的公务员,以及参照《中华人民共和国公务员法》管理的人员;(二)法律、法规授权或者受国家机关依法委托管理公共事务的组织中从事公务的人员;(三)国有企业管理人员;(四)公办的教育、科研、文化、医疗卫生、体育等单位中从事管理的人员;(五)基层群众性自治组织中从事管理的人员;(六)其他依法履行公职的人员。"第16条规定:"各级监察机关按照管理权限管辖本辖区内本法第十五条规定的人员所涉监察事项。"

[2] 《中国共产党党和国家机关基层组织工作条例》(2010)第12条、第38条。

[3] 《中国共产党地方委员会工作条例》(2016)第3条、第13条、第17条。

[4] 《中国共产党地方委员会工作条例》(2016)第12条。

于不履行责任的情形，则给予组织处理、党纪处分，涉嫌违法犯罪的，要承担法律责任。2010年6月《中国共产党党和国家机关基层组织工作条例》，确立了基层党组织要坚持民主集中制原则。“机关基层党组织负责人应当带头发扬民主，自觉接受党员监督。”[1]“党员领导干部参加所在党的支部组织生活的情况，应向上级党组织报告”，在“党员领导干部民主生活会”、基层领导干部在“领导干部的思想、作风和工作情况”[2]等方面，必须接受机关基层党组织的监督。

在责任履行方面，党内法规从准则高度和宏观层面，对领导干部的行为边界作出了规定。1980年2月，中央通过的《关于党内政治生活的若干准则》，从坚持党的政治路线和思想路线，坚持集体领导，反对个人专断等十二个方面规范党员领导干部的行为边界。2010年1月中共中央印发的《中国共产党党员领导干部廉洁从政若干准则》，规定了禁止利用职权和职务上的影响谋取不正当利益、禁止私自从事营利性活动等八个方面的禁止行为。自2016年1月1日起施行的《中国共产党廉洁自律准则》对领导干部廉洁自律从廉洁从政、廉洁用权，廉洁修身，廉洁齐家五个方面提出了要求。2016年10月通过的《关于新形势下党内政治生活的若干准则》，重点对各级领导机关和领导干部，关键是高级干部特别是中央委员会、中央政治局、中央政治局常务委员会的组成人员，从坚定理想信念、坚持党的基本路线、坚决维护党中央权威、严明党的政治纪律等十二个方面明确了行为要求。2015年6月施行的《中国共产党党组工作条例》、2016年1月发布的《中国共产党地方委员会工作条例》、2017年4月发布的《中国共产党工作机关条例（试行）》，从党组织及其领导成员行使职责、作出决策的程序角度提出了严格要求。而对具体单位、部门的领导班子及领导干部的责任履行规范，散见于大量的规定、办法、规范性文件之中，如“三重一大”制度，从程序角度区分不同决策形式：实行党委领导下的行政首长负责制的单位，“三重一大”决策采用党委（党组）会集体决策的形式；实行行政首长负责制的单位，采用党委（党组）会、行政首长办公会或党政联席会集体决策的形式，由各个部门、单位分别制定“三重一大”决策制度[3]，为职责履行提供规范依据。

在责任监督方面，党的监督保障法规制度对于党的领导干部责任监督予以规范。2004年2月中共中央颁布的《中国共产党党内监督条例（试行）》，明确党内监督的重

---

[1] 《中国共产党党和国家机关基层组织工作条例》（2010）第5条。

[2] 《中国共产党党和国家机关基层组织工作条例》（2010）第24条。

[3] 1994年9月，党的十四届四中全会通过的《中共中央关于加强党的建设几个重大问题的决定》完整提出“三重一大”制度，即“凡属重大决策、重要人事任免、重要建设项目安排和大额资金使用必须经过集体讨论，不准个人和少数人专断”。2010年7月15日，中共中央办公厅、国务院办公厅印发《关于进一步推进国有企业贯彻落实“三重一大”决策制度的意见》。党的十八届四中全会强调，“完善党委依法决策机制，发挥政策和法律的各自优势，促进党的政策和国家法律的互联互动”“健全依法决策机制。把公众参与、专家论证、风险评估、合法性审查、集体讨论决定确定为重大行政决策法定程序，确保决策制度科学、程序正当、过程公开、责任明确”，提出了党委政府依法决策的新要求。此后，各地党委政府纷纷出台本地区本部门的“三重一大制度”，如《威海市交通运输局党委“三重一大”事项决策实施细则（试行）》（威交党发〔2016〕30号）、《天津市人民政府关于进一步规范“三重一大”决策工作的意见》（津政发〔2015〕6号）等。

点对象是党的各级领导机关和领导干部，特别是各级领导班子主要负责人。党内监督的重点内容是遵守党内法规、国家法律，贯彻执行民主集中制等情况[1]。2016 年 10 月新修订的《中国共产党党内监督条例》将监督的重点对象明确界定为党的领导机关和领导干部中的“主要领导干部”，党内监督的主要内容，补充规定“落实全面从严治党责任，严明党的纪律特别是政治纪律和政治规矩，落实中央八项规定精神，完成党中央和上级党组织部署的任务情况”等，实现对党的领导干部重要职责行使的监管和督促[2]。2009 年 7 月，中共中央发布的《中国共产党巡视工作条例（试行）》将“省、地、市、县四级党委、政府、人大、政协及中央、省级要求巡视的其他单位党组织领导班子及成员”贯彻执行党的路线方针政策和决议、决定的情况，实行党风廉政建设责任制等情况开展巡视[3]。2017 年 7 月修订并施行的《中国共产党巡视工作条例》将巡视范围扩展到企事业单位等党组织的主要负责人、领导班子及主要成员，对执行《中国共产党章程》和其他党内法规，遵守党的纪律，落实全面从严治党主体责任和监督责任等情况进行监督[4]。

在责任追究方面，在党内主要体现为纪前问责和党纪处分。主要适用于尚未构成违纪的党员领导干部，代表性的法规是 2016 年出台、2019 年修订的《中国共产党问责条例》（以下简称《问责条例》）。该条例对于党的领导干部失职失责造成严重后果、人民群众反映强烈、损害党执政的政治基础的，既追究主体责任、监督责任，又追究领导责任。同时划分了“主要领导责任、重要领导责任”不同类型的责任[5]，同时进一步明确了问责情形、规范问责方式、明确问责程序、复出条件等，保证了行政处分及法律责任追究制度的有效衔接，进而压实管党治党政治责任，做到敢于问责、善于问责，失责必问、问责必严，切实把制度的刚性立起来。

《中国共产党纪律处分条例》主要适用于违犯党纪应当受到党纪责任追究的党组织和党员，其中包括具有党员身份的领导干部。从保证党的先进性、纯洁性、反腐倡廉的高度着眼，该条例历经多次修改。早在 1997 年 2 月，中央就出台了《中国共产党纪律处分条例（试行）》，确立了七类违纪种类。2003 年 12 月施行的《中国共产党纪律处分条例》将违纪种类进一步丰富，划分为九大类。党的十八大之后，随着全面从严治党的不断推进，2015 年 10 月，中央印发了新修订的《中国共产党纪律处分条例》，把党章和其他党内法规中的纪律和要求，整合为政治纪律、组织纪律、廉洁纪律、群众纪律、工作纪律和生活纪律；坚持纪严于法、纪在法前，实现纪法分开，使党的纪律成为管党治党的尺子和全体党员的行为底线。2018 年 8 月公布的修订版《中国共产党纪律处分条例》针对“党组织和党员”的违反党和国家政策、社会主义道德、党和人民利益等

---

[1] 《中国共产党党内监督条例（试行）》（2004）第 3-4 条。

[2] 《中国共产党党内监督条例》（2016）第 5 条。

[3] 《中国共产党巡视工作条例（试行）》（2009）第 10-12 条。

[4] 《中国共产党巡视工作条例》（2017）第 13-15 条。

[5] 《中国共产党党内问责条例》（2019）第 4-5 条。

行为,将其划分为八类典型违纪行为[1],并加强了纪法衔接[2],增强了政治性和科学性,提高了制度体系化水平。

改革开放特别是党的十八大以来,出台了一系列重要的党内法规,构建起领导干部的责任制体系,确立了各级党委对党的建设"全面负责"的总原则,并对责任设定、履行、监督和责任追究作出规定。对于领导干部的"责任设定",党内法规强调"集体领导与分工负责"相结合,既突出了集体智慧,又明确了个人责任。对"责任履行",党内法规以位阶较高的准则形式,既规定了"应当为"的标准,又明确了"不得为"的底线。在此基础上,其他党的部门根据权限,可以做进一步的细化和落实。对"责任监督",党的十八大以来的党内法规建设方面推进力度较大,构建了党委(党组)、纪律检查机关、党的工作部门、党的基层组织、党员上下统筹、协同合力的党内监督体系。关于"责任追究",《问责条例》确立了各级党组织和党员不得触碰的行为红线,既对"乱作为"行为规定了罚则,又对领导干部提出了更高要求,对"不作为"予以责任追究。

3. 我国责任制的特点

以领导干部为主体的责任制从初建到实践,再从实践到完善,逐步形成了一套制度体系,体现出从党政分开到党政同责、从宏观到精细、从局部到全局的发展轨迹。虽然该体系的完备性还有待加强,却已经成为责任法治化的重要组成部分。具体而言,有如下特点:

(1)责任制规范范围从党政分别规制向党政同责转变

责任制建立之初,对党政领导干部责任的规制,分别体现在国家法律制度和党内法规之中,对行政领导干部由国家法律制度规范职责设定及责任追究,而党内领导干部由党内法规规范其职责设定及责任追究,体现了"党政分别规范"的原则。在这种制度体系调整的背景下,对行政管理范围内因失职、渎职并引发恶劣后果的行为,一般只追究国家行政机关及法律法规授权部门的行政领导干部的责任。而党内的领导干部因其职责限定于"重大事项的决策、选人用人"等定方向、用干部等重大职责,对具体行政事务的责任追究,党内干部往往能置身事外。但《党政领导干部问责暂行规定》等专门性制度的出台,将公共事务失职、渎职也纳入党内领导干部问责的事由范围,不但行政领导干部要承担此类事由的责任,党内领导同样也要承担责任。这些制

---

[1] 2018年修订的《中国共产党纪律处分条例》突出了"三个重点",即将不收敛、不收手,问题线索反映集中、群众反映强烈,政治问题和经济问题交织的腐败案件作为重点审查内容写入其中;并提出了六个"从严",即对组织、利用宗教活动反党,破坏民族团结,搞有组织的拉票贿选或者用公款拉票贿选,扶贫领域侵害群众利益,民生保障显失公平,组织利用宗族势力对抗中央方针政策、破坏基层组织建设,贯彻新发展理念失职等六种违纪行为从重或加重处分;八种典型违纪行为,即对干扰巡视巡察工作,党员信仰宗教,借用管理和服务对象钱款、住房、车辆等,民间借贷获取大额回报,利用宗族、黑恶势力欺压群众,形式主义、官僚主义突出表现,不重视家风、对家属失管失教等八种新型违纪行为作出处分规定。

[2] 《中国共产党纪律处分条例》(2018)对党纪与国法的衔接在第27-30条、第33条中作出详细规定,如增加规定党组织在纪律审查中发现党员严重违纪涉嫌犯罪的,原则上先作出党纪处分决定,并按照规定给予政务处分后,再移送有关国家机关依法处理等。

度的出台,充分体现了责任承担由行政干部向党务干部扩展的趋势。

(2)责任设置从宏观布局向微观规范深化

一般而言,宏观责任设定(如《宪法》或党章中)因其只划定了一个大致的责任范围,责任边界、责任内容并不很明确,一般不规定罚则。责任的实现,必须将宏观责任细化为明确,具体的领导岗位责任。随着责任制的发展完善,责任日益细化、可操作,责任范围呈现出日趋严格规范的趋势。以安全生产领域问责为例,过去这一领域制度设计存在"对行政领导干部问责多、对党内领导干部问责少,责任规定分散、内容不集中"等问题。2018 年通过的《地方党政领导干部安全生产责任制规定》把监督检查、目标考核、责任追究有机结合起来,实现了问责内容、对象、事项、主体、程序、方式的制度化、程序化。

(3)责任范围从局部规制向全局覆盖扩展

具体到某个领域,党政领导干部应承担哪些责任?现行法律法规构建了一个全面的体系。从《宪法》和党章的根本性宏观责任设置,到国家法律法规、党内法规的中观责任安排,并由专门性领导干部责任制度进行微观操作层面的规范,从而实现责任落实到位。如廉政责任,在党章第 36 条规定"党的各级领导干部必须信念坚定、为民服务、勤政务实、敢于担当、清正廉洁,模范地履行本章程第三条所规定的党员的各项义务"。在此基础上,《中国共产党党组工作条例》《中国共产党地方委员会工作条例》以及《中国共产党和国家机关基层组织工作条例》分别从不同视角对党的领导干部的责任予以明确。《中国共产党党内监督条例》《中国共产党党内问责条例》对责任履行的监督和违反责任的追究作出了规定。而《关于实行党风廉政建设责任制的规定》则作出了进一步的细化。总体上,责任设置日趋细化,越来越具有可操作性。责任的覆盖面从党风廉政建设单一事项的规定,到覆盖各个领域的党政领导干部责任制度,体现为责任设定的外延逐步扩大,责任追究的范围逐步扩张,总的趋势是"实现责任的全覆盖"。

(二)问责制

在西方,"问责制"源于英语单词"accountability"。问责制最早可以追溯到英国威廉一世统治时代。1066 年诺曼人征服了英格兰,威廉一世下令国内所有的财产拥有者必须向固定的机构汇报自己的财产情况,由专门性机构予以审计。20 世纪初期,这种形式发展为中央集权的审计机构监督其他中央的行政机构必须每年向其报账一次,即报账形式的问责制。到了 20 世纪末期,发展成为宽泛的行政问责,即从最初简单的财务审计扩展到后来问责公共机构的所有行为。问责制在其发展过程中形成了透明、公平、民主、效率、回应性、责任等价值内涵[1]。关于西方"问责制"的发展演进,在第三章详细论述。

[1] 胡春艳、李贵:《西方问责制研究及其借鉴》,《中南大学学报(社会科学版)》2012 年第 3 期。

对于问责制,我国法律没有给出权威的界定,在中央的政策文件中也没有明确其内涵。在学术界,对于问责制的理解,形成了不同的认识。顾杰教授指出:“问责制大致类同于责任追究制”,它应该属于民主政治的一个方面❶。周亚越教授提出,“问责制”就是追究责任的制度,它有特定的主体对象,要求他们承担应尽的责任,履行相应的义务,并且对他们无法满足要求而必须担负对应负面后果的规范❷。笔者认为,问责制是问责的制度化形态,必然体现问责的基本内涵,并通过制度化载体予以规范化。问责制是特定主体要求公职人员对其履职情况作出解释、说明,如果存在失职失责情形,予以责任追究的制度。问责制一般应规范“问”和“责”两个环节,“问”就是由人民代表或上级(根据问责形式的不同)提出质问、质疑,要求问责对象作出解释和说明;“责”就是确认存在失职行为,予以追究责任。在政治问责中,“问”体现得比较明显,但行政问责、党内问责中,“问”的环节为“调查程序”所吸纳,“责”的色彩更鲜明。

我国问责制集中体现在领导干部问责制的专项制度中。涉及问责的专项制度是在重大事件推动下,以严格责任追究为突破口,个案推进、逐步扩展、不断完善的。对于党政领域问责制的关系,在根本性制度和其他的法律、党内法规中并没有阐明。目前来看,是针对两类不同主体分别作出的制度安排,党务和政务领导干部虽然承担责任的方式、内容不同,但两者并非毫无关联。对同一主体,由于多数行政领导干部同时也是党员或兼任党务职责,存在对同一主体党纪或政务(行政)处分并用的情形。直到出台专门的领导干部问责制度,奠定了党政干部共同承担责任的制度基础。但以《关于实行党政领导干部问责的暂行规定》为开端,要共同对党务和公共事务承担责任,即“党政同责”,失责要“共同追责”。这样,党政领导干部的责任就有了共同遵循的基本原则。关于我国“问责制”的发展脉络,将在第三章详细论述。

❶ 顾杰:《论我国行政问责制的现状与完善》,《理论月刊》2004 年第 12 期。

❷ 周亚越:《行政问责制研究》,中国检察出版社 2006 年版,第 33 页。

第二章　问责制的理论渊源

西方民主政治理论从不同的视角，对问责制的正当性做了理论剖析。我国作为社会主义国家，构建符合本国国情的问责制度，必须以马列主义、毛泽东思想、邓小平理论、“三个代表”、科学发展观和习近平新时代中国特色社会主义思想作为指导思想，从中探求问责制的理论源泉。

第一节　西方问责制的理论渊源

人民主权理论是西方政治正当性的理论基石，是论证问责制正当性的重要理论来源，其他政治理论形态均以人民主权论为基础。思想家们有从人民主权论的产生方式入手，衍生出契约论；有的从人民主权论的实现途径角度，论证权力制衡理论、代议制政府理论、权力异化理论；有的从人民主权论的保障方式着眼，形成了法治理论。上述理论是问责制产生、丰富和发展的重要思想基础。

一、人民主权理论

人民主权论是问责制的基石，它回答了权力的归属问题。人民主权是指国家的一切权力属于人民的制度设计。它“以对君主主权论的彻底否定和对议会主权论的改造，确立了人民的自由意志在国家政治生活中的最高地位”❶。“人民”是一个抽象的范畴，不同的社会形态赋予其不同的内涵。人民的内涵和外延伴随着历史的演进不断丰富和扩张，反映了人类社会进步和发展的方向。

人民主权的思想萌芽，可以追溯到古希腊、古罗马时期。发达的贸易活动营造了民主的氛围，而小国寡民的城邦国家规模，为人民参与国家治理创造了可能。在雅典民主共和国、罗马贵族共和国时期的国家管理中，均体现了主权在民思想，而且具有鲜明的直接民主的特点。亚里士多德在《政治学》中论述道：“由于全体公民都天赋有平等的地位，政治上这种恒业就不可能施行，而且根据公正的原则——无论从政是一件好事或坏事——正也应该让全体公民参与政治。”❷但受制于奴隶社会的等级制度，参与国家管理的“人民”限定于城邦中的成年男性平民，奴隶没有资格参与，其实质仍属于少数人的民主。但奴隶制下简单的民主制，是西方民主政治制度的滥觞。

---

❶ 曹沛霖等：《比较政治制度》，高等教育出版社2006年版，第81页。

❷ ［古希腊］亚里氏多德：《政治学》，商务印书馆1981年版，第199页。

中世纪，欧洲大陆进入了漫长的教会统治时期，民主思想被掩埋于历史尘埃之中。文艺复兴以后，资产阶级启蒙思想家们重新扛起民主的旗帜，并逐步形成了一套系统的理论体系。

法国思想家让·博丹最早提出了主权概念，但并没有完成“权力属于人民”的正当性论证。英国思想家霍布斯和洛克对主权问题做了进一步阐发。霍布斯提出了绝对主权论，他认为主权的绝对性赋予了主权者不可转让的主权，其有权力决定一切公共事务，并具有动用军队和警察力量的指挥权等实现其意志的强制力量。英国思想家洛克则主张相对主权理论，由于洛克的思想具有鲜明的自由主义色彩，他被后世尊为人民主权理论的首创者。洛克认为，主权来自人民的让与，这一权力是有限且相对的❶。人民主权理论的集大成者是法国思想家卢梭。卢梭主张由人民的公意代表人民的主权，“主权实质就是公意”❷。公意就是具有自由意志的全体社会成员的共同意志。“公意永远公正，以公共福祉为宗旨。”❸人民按照公意组建国家，根据公意运行权力，国家就是公意的体现。对于人民公意化身的国家主权，卢梭对其属性进行了描述，即不可转让性、不可分割性和不可代表性。卢梭指出，权力是人民意志的体现，理性意志不可替代，所以，权力也具有不可替代性。“主权是不可转让的，而且它的本质就存在于共同体的全体成员之中。”❹卢梭反对分权学说，认为应该由立法权统摄司法权和执法权。立法权代表人民的意志，而司法权和执行权只是人民主权的派生性权力。卢梭倡导直接民主制，反对代议民主制。“主权者和人民职能有一个共同的利益，以便国家机关的一切活动都永远以共同的福利为宗旨，而要做到这一点，就必须人民和主权者彼此视为一体。”❺卢梭的理论设计，体现了防范国家权力违背人民利益的深谋远虑。但这一理论具有浓厚的理想化色彩，在实践中难以全面实施。而且卢梭所高举的人民的旗帜，也具有局限性。其所维护的人民指代政治共同体中的成员，是脱离了社会物质条件的抽象的个体，但实质是为有产者即市民阶层代言。但人民主权论奠定了西方国家人民问责的逻辑起点。人民作为权力的主人，为防范权力的异化，有权对掌权者是否按照人民的意志履行职责予以监督和问责。

二、社会契约理论

社会契约论回答了问责制政权形式上的正当性，也为问责制的产生预设了基本的关系模式。它论证了国家政权的权力来源——人民是国家权力的终极所有者，只有得到人民的同意和认可才具有合法性。契约论的思想萌芽源于古希腊。马克思曾经断

---

❶ 曹翰阳:《论人民主权思想的历史发展》,《现代交际》2019 年 3 期。

❷ [法]卢梭:《社会契约论》,李平沤译,商务印书馆 2011 年版,第 106 页。

❸ [法]卢梭:《社会契约论》,李平沤译,商务印书馆 2011 年版,第 32 页。

❹ [法]卢梭:《社会契约论》,李平沤译,商务印书馆 2011 年版,第 34 页。

❺ [法]卢梭:《论人与人之间不平等的起因和基础》,李平沤译,商务印书馆 2007 年版,第 20 页。

言："国家起源于人们相互之间的契约。这一观点是伊壁鸠鲁最先提出来的。"❶近代资本主义启蒙时期，"社会契约论"的理论价值被重新挖掘，正如帕里克·莱利(Patrick Riley)指出的，17、18 世纪之后，政治正当性的基础不再建立在"父权制、神权中心、神圣的习惯、便利、心理的强制或者任何其他基础之上"，而是建立在"同意""自愿的个体行为"或者是"与自愿的个体行为相关联的行为"的基础之上❷。因为公众认可的基础是政府必须担当责任。思想家们预设了一个没有政府的"自然状态"，以此作为逻辑起点。由于人类自身的缺陷使成立政府成为必要，不同时期的思想家通过不同方式完成理论论证。理论的构建过程，经历了初步发展、逐步完善、最终自成体系三个时期。

理论初成时期以霍布斯为代表。霍布斯认为人们在自然状态里，享有平等、自由的权利。但人类自私、好斗的本性，为了自身利益，相互之间处于"人对人是狼"的战争状态。为了避免人类彻底毁灭的结局，人们商定制定一份符合所有人意志的契约，除了生命权之外，"把大家所有的权力和力量付托给某一个人或一个能通过多数意志把大家的意志化为一个意志的多人组成的集体。我承认这个人或这个集体，但条件是你也把自己的权力拿出来授予他，并以同样的方式承认他的一切行为。……像这样统一在一个人格之中的一群人就称为国家，在拉丁文中称为城邦。这就是伟大的利维坦的诞生。"❸霍布斯将主权者置于至高无上的地位，主权者的意志就是法律，其不受法律约束。虽然霍布斯的理论体系中具有了明显的自由主义倾向，但受制于所处的时代，他并没有走得太远。他将国家权力置于至高的地位，视为和平、秩序、公正、自由等价值的根本保证。"既设有统治者，则必有礼焉，以定个人(权利)之界限，所以维持公安也。"❹但霍布斯将希望寄托于国家，其实质在政治制度上主张"开明专制"的政体。这一理论完成了如何建立一种理性法则，保证个人安全的论证。

洛克进一步完善了"社会契约论"学说。洛克并没有止步于通过契约保障个人的权利，而是深谋远虑地提出了"防范政府违反自然法的理性要求，反对政府专制与独裁，以更好地保护个人价值"的思想。洛克设想的自然状态"是一种完备无缺的自由状态"，但是自然状态也有严重缺陷，即缺少一种确定的具体的为大家所公认的法律和制度，或者说判定对错和解决人们之间纠纷的标准和尺度，此外还缺少一个大家公认的个人或团体，将既定的法律有效公正地执行下去❺。于是人类为了实现自保，达成这样一项共识："既然任何人对于自己的同类都没有任何天然的权威，既然权力并不能产生任何权利，于是便只剩下约定可以成为人间一切合法权威的基础"❻，从而将

---

❶ 《马克思恩格斯全集》第 3 卷，人民出版社 1972 年版，第 143 页。

❷ 周濂：《现代政治的正当性基础》，生活·读书·新知三联书店 2008 年，第 12 页。

❸ [英]霍布斯：《利维坦》，商务印书馆 1985 年版，132 页。

❹ 孔庆明：《法哲学新论》，吉林人民出版社 2002 年版，第 130 页。

❺ [英]洛克：《政府论——论政府的真正起源、范围和目的》(下篇)，叶启芳、瞿菊农译，商务印书馆 2007 年版，第 77-78 页。

❻ [法]卢梭：《社会契约论》，何兆武译，商务印书馆 2001 年，第 14 页，转引自周濂著：《现代政治的正当性基础》，三联书店 2008 年，第 14 页。

"执行自然法、单独处罚违反自然法者的权利"通过缔结契约让渡给一个共同体。洛克指出:"任何人放弃其自然自由并受制于公民和种种限制的唯一的方法,是同其他人协议联合成为一个共同体,以谋求他们彼此间舒适、安全、和平的生活,以便安稳地享受他们的财产并且有更大的保障来防止共同体以外任何人的侵犯。"❶这个共同体就是国家,人们协议建立共同体的目的,就是公正无私地执行自然法,运用法律保障人们的生命权、自由权、平等权和财产权等不受侵犯,并衍生出诸多具体的国家职责(包括国家机构的职责和官员职责)。当政府的立法或执行机关违背了社会的委托,戕害到人们的自由、财产与福利时,政府就丧失了人民给予的权力,人们就重新进入自然状态,并有自由去反抗暴政❷。如果统治者违背国家设立的目的,不履行契约责任,人民可以行使自然法所赋予的抵抗权,反抗世俗统治者,甚至通过暴力推翻暴政,建立新的政府保障自身权利。洛克的理论论证以自然法为最高约束,国家的目的在于公民自然权利的保障与实现,这是国家正当性的体现。

卢梭是社会契约论的集大成者,其理论对人民主权和民主充溢着狂热的理想主义色彩。卢梭笔下的自然状态是一个"黄金时代"。人人平等,不受任何束缚,人的本能的怜悯心、相爱心起着现代法律、风俗和道德的作用❸。但随着私有财产和私有制的产生,人类之间出现了不平等。为了保证人类自由与财产安全,人们决定订立"一次全体一致同意"的契约,这个契约把"每个结合者及其自身的一切权利全部转给整个的集体"❹。这个集体就是国家,它是人民共同意志的体现,这个意志称为"公意"。公意以公共利益为皈依,是国家意志和主权的体现。人们建立国家的目的旨在"以全部共同的力量来卫护和保障每个结合者的人身和财富……这就是社会契约所要解决的根本问题"❺。从契约论的角度考察政治社会的起源,只有公众的约定和认可,并不足以成为论证国家成立的充分条件,这只是其中的必要条件。在人们自愿、认可基础上,还需要国家(政府)担当责任的意志和践行,即维护公民利益、社会秩序等。如果执掌国家权力的人违背契约,人民有权取缔契约,甚至运用暴力手段夺回属于自己的权力。因为在人民与政府之间,"完全是一种委托,是一种任用;在那里,他们仅仅是主权者的官吏,是以主权者的名义在行使着主权者所托付给他们的权力,而且只要主权者高兴,他就可以限制、改变和收回这种权力"❻。他指出:"行政权力的受任者绝不是人民的主人,而只是人民的官吏,只要人民愿意就可以委托他们,也可以撤销他们,对于这些官吏来说,绝不是什么订约的问题,而只是服从的问题,而且在承担国家所赋予他们的职务时,他们只不过是在履行自己的公民义务,而并没有以任何方式来争论条件的

❶ [英]洛克:《政府论》(下篇),商务印书馆,1995年版,第5页。

❷ [英]约翰·洛克:《政府论》(下篇),叶启芳、瞿菊农译,商务印书馆1964年版,第17页、第83页。

❸ [法]卢梭:《论人类不平等的起源和基础》,商务印书馆1962年版,第103页。

❹ [法]卢梭:《社会契约论》,何兆武译,商务印书馆1980年版,第23页。

❺ [法]卢梭:《社会契约论》,何兆武译,商务印书馆1980年版,第23页。

❻ [法]卢梭:《社会契约论》,何兆武译,商务印书馆1980年版,第77页。

权利。"[1]卢梭超越了洛克将社会契约预设为事实的局限性,而是将其作为人性的价值共识。同时,卢梭认为"人民将全部权利转让"的预设,也使其理论具有鲜明的民主色彩和强烈的反专制精神。

如果说洛克"社会契约论"中的自然法思想具有一定的道德哲学色彩,卢梭自"公意"中窥见了人性中的理性光辉,那么德国思想家康德通过"社会契约论为社会提供道德依据"方面,将"理性"发挥到了极致。康德在自愿的基础上,更加注重理性主义因素。原因在于"由于自然法的地位被贬抑,所以个人自主性便一力承担起正当性的客观面向和主观面向这两个任务,个体通过理性反思、自我立法所建立起的实践理性不仅具有主观面向,而且由于其普遍有效性所以也就具有客观的面向"[2]。康德认为,在法律社会构建之前,人们处于自然状态之中,难以免除他人的侵害。为此,必须根据一项法规组建国家,这项法规就是原始契约。他接受了国家源于社会契约的观点,并进一步论述道,人民根据原始契约,把自己组成一个国家,"它能提出一种观念,……以使组织这个国家的程序合法化"[3]。根据法作为普遍先验原则"涉他"的自由的普遍法则,国家的正当性具有了外在形式化的表达。康德从人性论着眼,认为人是"自然人",同时也是"道德人",所以"他是感性世界的成员,服从自然法则,是他律的";"他是理智世界的成员,只服从理性法则,而不受自然和经验的影响"[4]。而社会契约就是理性的体现,是"绝对命令"的要求,所以国家也是理性的、精神的目的国。博登海默认为,康德承认社会契约,不是作为一种历史事实,而是作为一种理性规定和"一种评价国家合法性的标准"。国家通过立法保障公民的利益和他们的幸福,因为"只有全体人民联合并集中起来的意志,应该在国家中拥有制定法律的权力"[5]。而法律因此具有了公平正义的属性,反映了普遍的立法意志。康德普遍的、先验的、纯粹的哲学思辨,赋予了"社会契约"以国家合法性的道德价值标准。

被古典自然法学家们奉为经典的"社会契约论",对美国、法国的资产阶级立国实践产生了深远影响。如美国《独立宣言》宣告:"我们认为这些真理是不言而喻的:人人生而平等,造物者赋予他们若干不可剥夺的权利,其中包括生命权、自由权和追求幸福的权利。为了保障这些权利,人类才在他们之间建立政府,而政府之正当权力,是经被治理者的同意而产生的。当任何形式的政府对这些目标具有破坏作用时,人民便有权力改变或废除它,以建立一个新的政府。"这是"社会契约论"精华的集中体现。它不但昭示了权力来自人民,同时赋予人民以夺回权力的权利,这无疑是问责制正当性的重要理论支撑。

现代社会政治民主运行需要新的理论解读。"社会契约论"这一巨大的理论贡

---

[1] [法]卢梭:《社会契约论》,商务印书馆 1980 年版,第 132 页。

[2] 周濂:《现代政治的正当性基础》,生活·读书·新知三联书店 2008 年版,第 1-2 页。

[3] [德]康德:《法的形而上学原理》,商务印书馆 1991 年版,第 40 页。

[4] 李梅:《权利与正义:康德政治哲学研究》,社会科学文献出版社 2000 年版,第 157 页。

[5] [德]康德:《法的形而上学原理》,商务印书馆 1991 年版,第 140 页。

献,特别是康德的理性思路,给予现代著名学者罗尔斯以学术灵感,他完成了"社会契约论"向现代社会的转型。罗尔斯在其名著《正义论》中,提出了"正义的主要问题……是社会主要制度分配基本权利和义务"❶的命题。但正义何以确立?罗尔斯借鉴了康德的"理性"范畴,同时,运用契约论的构建思路,提出"无知之幕"的理论设想,一群处于"不受偶然因素或社会力量的相对平衡所决定的状态"❷的人,在屏蔽了所有可能影响不公平信息的情况下,他们基于理性达成一致同意的原则即公平原则,所有人都应遵守。这即是契约缔结的程序,具有鲜明的理论假想色彩,从而回避了古典启蒙思想家关于"自然状态"是否存在的争论。"既然是在公平条件下达成的契约,就没有任何人有理由违反它。"❸这一结论是基于罗尔斯对理性的运用,他的理性"首先与提出和尊重公平之合作项目的意愿联系起来,其次,把它与认识到判断的负担并接受这些判断的负担的结果之意愿联系起来"❹,说明一个个体具有理性,就能够尊重公平合作的契约,而且愿意承担相应的负担。罗尔斯认为,责任的分配取决于社会制度的正义性。国家对公民的责任主要体现在根据正义原则通过再分配保障公民体面生活的责任。罗尔斯又从社会正义的视角,来论证公职人员的责任,而"由公平原则指定的要求就是职责"❺,它"要求一个人履行一个制度的规范所确定的他的职责"❻。如果法律违背了正义并导致对正义的严重侵犯,公民有理由良心拒绝(conscientious refusal)和非暴力反抗(civil disobedience)。这是法律手段无效后,罗尔斯设计的纠正偏离正义的最终手段。

罗尔斯的"社会契约"提供了一种寻求道德标准的程序性方法,它赋予了"社会契约论"以程序理性和工具理性,其价值和影响远远超过了近代"社会契约论"的范畴,具有适应现代社会发展需求的重要意义。

西方社会契约论在漫长的2000余年的演变过程中,无论是直观朴素的设想,还是系统理性的构建,抑或是程序工具的再造,都在反复重申一个真理:权力来自人民。洛克、卢梭等思想家的理论虽然各具特色,但都将保障和维护人权作为权力的唯一目的和终极责任。这体现了政治责任对权力的目的性制约,只有政治责任才具有终极意义。人民理所当然要求掌权者按照自己的意志行使权力,如有违反,则有权剥夺其权力。因为权力的目的是按照符合责任要求的方式行使,以保障责任实现;当不正当行使权力时,应承担丧失权力的后果。

基于人民主权原则,人民有权收回权力,国家(政府)必须对人民(代议机构)负

❶ [美]罗尔斯:《正义论》,中国社会科学出版社1988年版,转引自沈晓阳:《基于责任的正义与基于正义的责任——兼论柏拉图与罗尔斯正义观的互补关系》,《杭州师范学院学报(社会科学版)》2005年第3期。

❷ [美]罗尔斯:《正义论》,中国社会科学出版社1998年版,第115页。

❸ [美]罗尔斯:《正义论》,中国社会科学出版社1988年版,转引自沈晓阳:《基于责任的正义与基于正义的责任——兼论柏拉图与罗尔斯正义观的互补关系》,《杭州师范学院学报(社会科学版)》2005年第3期。

❹ [德]康德:《道德形而上学原理》,苗力田译,上海人民出版社1988年版,第50页。

❺ [美]罗尔斯:《正义论》,何怀宏等译,中国社会科学出版社1988年版,第107页。

❻ [美]罗尔斯:《正义论》,何怀宏等译,中国社会科学出版社1988年版,第106页。

责,人民(代议机构)有权提出问责。在政治关系中,责任是授权的目的。被授予了权力的一方必须担当起应担当的责任,按照人民的意志忠实地履行人民赋予的职责。如有违背,人民有权追究掌权者的责任。

三、代议制政府理论

代议制政府理论奠定了问责制的体制基础。代议制是一种间接民主制,指在政治社会运行中,人们选举代表来表达意愿、代行政治决策事务、掌握国家权力的制度。代议制最早的雏形,可以追溯到13世纪时的英国议会(parliament)制度,被称为各国"议会之母"。代议制民主的根本出发点是对个人自由的保障。自洛克弘扬自由主义旗帜以来,个人权利被抬升至前所未有的高度。在这套话语体系中,一切制度都应以实现个人权利保障为终极目标。这一价值取向同样体现在代议制的制度设计中。这里的"个人",不但包括多数人,还包括少数人,他们的生命权、财产权、表达权、参与权等都不容侵犯。所以,代议民主制度的设计包括要倾听少数派的意见,尽量融合不同意见,谋求共同利益,这体现在了代表设定、运行规则、职能等方面。代议制的落脚点是确保国家权力持久稳定地掌握在全体民众手中。

在英国思想史上,哈灵顿对代议民主制理论作出了重要贡献,成果集中体现在其代表作《大洋国》中。他对代议制政府的构建,提出了具有可行性的设想,如"均分与选择原则""政策制定与政策执行相分离原则",这些思想为后继学者所吸纳并进一步深化发展。哈灵顿代议民主制的部分理论为美国议会制度构建所采纳,如美国参议院每两年改选三分之一,参议员任期六年的规定,便来自《大洋国》中的理论阐述。同时,哈灵顿的思想对后来的美国政治思想家如杰斐逊等产生了重要影响。

洛克关于代议制政府的思路,体现在他对国家权力配置的设计中。他认为:"只能有一个最高权力、即立法权,其余一切权力都是而且必须处于从属地位。"❶因为立法权是为了人民利益这一目的而行使的,具有委托权的性质。"当人民发现立法行为与他们的委托相抵触时,人民仍然享有最高的权力来罢免或更换立法机关。"❷洛克的制度构想将立法权置于至高无上的地位,保障立法的话语权始终掌握在广大民众手中。

托马斯·杰斐逊作为美国政治家兼政治思想家,是代议民主制理论的重要建构者,也是积极践行者。他认为,人具有理智,只要能选举出认真履行职责的代表,把适度的权力委托给他,就能够约束权力的滥用。他提出代议民主制的基本原则,包括"人民应该具备控制政府的能力;政府应当体现人民的意志并执行人民的意志;政府必须保障人民的自由权利;少数服从多数的原则"❸,等等。

---

❶ [英]洛克:《政府论》(下),叶启芳、瞿菊农译,商务印书馆1964年版,第91页。

❷ [英]洛克:《政府论》(下),叶启芳、瞿菊农译,商务印书馆1964年版,第91页。

❸ 白锐:《代议制政府原理研究》,《暨南学报(人文科学与社会科学版)》2004年9月。

英国思想家J·S.密尔是代议民主制理论的集大成者。其著作《代议制政府》中，在继承前人理论成果的基础上，作了全面阐发。他说："不难表明，理想上最好的政府形式就是主权或作为最后手段的最高支配权力属于社会整个集体的那种政府；每个公民不仅对该最终的主权的行使有发言权，而且，至少是有时，被要求实际上参加政府，亲自担任某种地方的或一般的公共职务。"[1]对于公民选举代表组成的议会与政府之间的关系，他论述道："代议制政体就是，全体人民或一大部分人民通过由他们定期选出的代表行使最后的控制权。""他们必须完全握有这个最后的权力。无论什么时候只要他们高兴，他们就是支配政府一切行动的主人。"[2]人民通过选举代表组成议会，其主要职能就是监督控制政府，这样人民通过其代表掌握了对政府的控制权。议会应要求政府公开其信息，对履职作出解释和说明，并追究失职者的责任，严重的撤销其职务，任命新的人选按照人民的要求履行职责。他认为，代议民主制较之直接民主更具有优势，但也具有局限性，代议机关的权能不宜过大；而且代议制也可能出现智力不足、阶级立法的可能性。出于对风险的防范，密尔的理论构架突破了"简单多数"的民主原则，提出制度的安排要让整个社会智力和利益两方面都能得到全面代表。同时，密尔对权力偏离初衷保有警惕之心，认为制度的完善和改进不是一劳永逸的。至此，代议民主制理论已经具备了指导政治制度构建的现实性。

政府作为权力代理人，必须对权力委托人担当起应负的责任。实行代议制，意味着作为整体的人民虽然是公共权力的所有者，并不能直接的行使权力，而是人民选举产生代表，通过委托授权由政府来行使。为了防止政府滥用人民授予的权力，必须通过立法等方式设定权力授予和行使的条件，保证政府在人民的授权范围内、以人民的公共福祉为宗旨正当行使权力。否则人民有权收回授权，并追究相应的责任。代议制理论核心思想在于论证人民、代议机关与国家政府之间的权力委托与被委托关系，这是问责制得以构建的体制保障。正如潘恩所说："一切授予的权力都是委托，一切僭取的权力都是篡夺，政府权力来自人民，必须对人民负责。"[3]人民要求被委托者按照人民的意志行使权力，如果背离了人民的托付，人民作为权力的主人，有权通过问责来追究其责任。

四、分权制衡理论

分权制衡理论是问责制的机制保障，也是保障西方国家政治权力运作的重要设计。制衡学说以分权思想为基础，分权思想的提出可以溯源至古希腊的亚里士多德。在构建其法治体系时，作为"法治应当优于一人之治"体制支撑，他主张在遵守法律的前提下，政府权力分为讨论、执行、司法三个方面。以此为基础，资产阶级思想先驱们

[1] [英]J. S. 密尔:《代议制政府》，汪瑄译，商务印书馆1982年版，第43页。

[2] [英]J. S. 密尔:《代议制政府》，汪瑄译，商务印书馆1982年版，第68页。

[3] [美]潘恩:《潘恩选集》，商务印书馆1981年版，第243页。

根据实践需要提出并完善了权力之间相互制衡的思想。如何保证权力的正当行使?启蒙思想家的方案就是分权制衡,通过权力来制约抗衡权力。

在近代资产阶级思想家中,洛克第一个提出分权学说。洛克对政体的理想设计是实行君主立宪制,属于民主政体中比较保守的类型。为了有效制约政府权力,他把权力分为三种:立法权、执行权和对外权。立法权是国家的最高权力,“享有权利指导如何运用国家的力量以保障这个社会及其成员的权力”❶。人民为了保障立法机关不滥用委托的权力,有权罢免或更换立法机关的代表。执行权是内阁的法律执行权,“负责执行被制定和继续有效的法律”,包括现代国家的行政权和司法权;而对外权,包括“战争与和平,联合与联盟以及同国外的一切人士和社会进行一切事务的权力”❷。洛克认为,执行权与对外权不易区分,因为二者都以武力作为后盾,宜由国王统一行使。但立法权与执行权必须由不同的机关来行使,而且应该相互制衡。执行权(对外权)应该受到立法权支配;立法权受执行权(对外权)牵制,它的召集、解散等事项由执行权决定。

孟德斯鸠提出了比较成熟的分权制衡理论。他在洛克提出的“立法、执行、对外”三权的基础上,将国家权力划分为更具合理性的“立法、行政、司法”三种权力,并对权力范围、相互关系做了全面系统的阐述。他指出,立法权是制定、修改、废止法律的权力;行政权负责执行国家法律;司法权是惩罚犯罪或裁决私人讼争的权力。三种权力必须分配给不同的机关行使,权力之间各自独立,同时相互制约。他说:“当立法权和行政权集中在同一个人或同一个机关手中,自由便不复存在了……如果立法权不同司法权分立,自由也就不存在了。”❸这阐明了最终目的是实现保护人民自由这一神圣职责,权力制约仅仅是手段。那么如何相互制约?孟德斯鸠作出了复杂的设计,如行政权要服从立法机关制定的法律,但国王或君主有权对立法予以否决;立法权不能代替行政权,但有权审查、监督国家或君主的行政活动,必要时予以弹劾;司法活动必须以法律为依据,但必要时有权审查立法活动等。

孟德斯鸠的分权思想对美国政治体制的构建产生了深远影响。美国缔造者之一的杰克逊初步描绘了美国政治权力结构的雏形:“政府各项权力必须平均地分配给几个政府部门,每个政府部门都由其他部门有效地遏制和限制。”❹汉密尔顿详细阐述了美国的权力架构,他主张在联邦制的框架内实行三权分立,“把权力均匀地分配到不同的部门,采用立法上的平衡和约束”❺。分权只是基础,还必须有牵制,最可靠的办法,“就是给予各部门的主管人抵制其他部门侵犯的必要法定手段和个人的主动”❻。

---

❶ [英]洛克:《政府论》(下篇),叶启芳、瞿菊农译,商务印书馆1996年版,第89页。

❷ [英]洛克:《政府论》(下篇),叶启芳、瞿菊农译,商务印书馆1996年版,第90页。

❸ [法]孟德斯鸠:《论法的精神》(上册),张雁深译,商务印书馆1982年版,第156页。

❹ [美]杰克逊:《杰克逊文选》,商务印书馆1999年版,第229页。

❺ [美]汉密尔顿:《联邦党人文集》,商务印书馆1980年版,第40-41页。

❻ [美]汉密尔顿:《联邦党人文集》,商务印书馆1980年版,第264页。

上述思想通过“立宪主义”予以充分体现。各国宪法的核心是“对政治权力的行使施加限制的一种政治制度”❶,并通过合宪性审查或司法诉讼来防范政治之恶,纠正偏离政治责任的违宪违法行为。分权体制必须有权威的制度予以保障,而法治担当了这一使命。

西方国家政治制度中分权制衡的机制安排,为问责制在国家体制的构建提供了条件。无论是政治问责还是行政问责,都建立在权力分立和相互牵制的基础之上。

五、法治政府理论

法治是实现众人之治的治理方式。自进入民主法治社会以来,“政治行动就必须与法的问题相结合。所以,现代严格意义的政治,总是指具有合法性或者正当性的政治行动”❷。西方自然法学理论阐明了问责制的制度保障。来自人民的托付必然需要通过承载人民意志的法律来保障。西方文化虽然不否认人性有向善的一面,但对现实人性的丑陋和能力的局限早有警觉。自然法学思想警惕“人性罪恶导致的权力腐败”,形成了以“人权保障、权力制约”为目标的法治思想。人权保障与权力制约之间并非毫无关联。人权保障是权力行使的目的,是其使命责任之所在;而权力制约则是手段。

苏格拉底将良好的统治寄托于“知识即美德”,认为有知识的人才能实行良好的统治。柏拉图早年认为哲学王具有超越法律的能力,他构建了哲学王统治下的《理想国》,但理想的破灭,促使他的观念产生了从“人治”向“法治”的巨大转变。他在晚年的著作《法律篇》中写道:“如果一个国家的法律处于从属地位,没有权威,我敢说,这个国家一定要覆灭;然而,我们认为一个国家的法律如果在官吏之上,而这些官吏服从法律,这个国家就会获得诸神的保佑和赐福。”❸这也体现了法律对政府权力的制约,政府及其官员必须按照法律规范履行职责。法律没有明确的事项,政府无权作为。亚里士多德认为,城邦“政治统治的目的在于保障善良的生活”❹。在对“关于城邦的最高治权应寄托于什么”的追问中,亚氏认为,寄托于个人不如寄托于法律,最高的善——法律是众人之治。“要使事物合乎正义(公平),须有毫无偏私的权衡;法律恰恰正是这样一个中道的权衡。”❺他进一步阐述说:法律具有至高无上的权威,任何公民、团体、执政人员必须普遍地遵从法律,不得有超越法律的特权,统治者也要遵从法律❻。斯多葛派思想家继承了古希腊源远流长的正义和法律观念,认为世间万物有共同的规律和准则,这就是应当遵循的法则,即自然法。他们主张,自然规律即是正义的体现,就是理性,“自然”“理性”“正义”“法”不过是事物的真实、良善面目的不同称

❶ [美]斯科特·戈登:《控制国家——西方宪政的历史》,应奇等译,江苏人民出版社2001年版,第239页。

❷ [法]高宣扬:《当代政治哲学(下)》,人民出版社2010年版,第881页。

❸ [古希腊]柏拉图:《法律篇》,转引自《西方法律思想史资料选编》,北京大学出版社1983年版,第9页,转引自张中秋:《论西方法治的理论与实践》,《江苏社会科学》2006年第1期。

❹ 吕世伦:《西方法律思想史论》,商务印书馆2006年版,第62页。

❺ [古希腊]亚里士多德:《政治学》,商务印书馆1965年版,第168-169页。

❻ 苗力田:《亚里士多德全集》第九卷,中国人民大学出版社1994年版,第109页。

谓。“遵守自然法就是遵守理性”❶,其他人定法皆来源于自然法。自然法高于人定法,对“人们(包括神、统治者)的行为起着规范和准则的作用”❷。罗马共和国将古希腊法治精神充分运用到法律实践中,建立了比较完备的法律体系。西塞罗在《论法律》中指出:“因为法律统治执政官,所以执政官统治人民,并且我们真正可以说,执政官乃是会说话的法律,而法律乃是不会说话的执政官。”❸作为执政官行使职责,只能在法律的框架内予以实现。及至罗马帝国初期,虽然出现了皇权凌驾于法律之上的趋势,法治传统仍然深植于人心。当时罗马皇帝狄奥多西和瓦伦提尼安写信给地方长官沃鲁西亚努斯说:“如果君王自承受法律的拘束,这是与一个统治者的尊严相称的说法;因为我们的权威都以法律的权威为依据。事实上,权力服从法律的支配,乃是政治管理上最重要的事情。”❹

中世纪的教会控制了政治,并将法律置于神学之下。在古希腊和罗马自然主义自然法的基础上,形成出了神学主义自然法。经院神学的集大成者托马斯·阿奎那将法律分为永恒法、自然法、人定法和神祇法。君主权力不得违背神意和教权❺。恩斯特·卡西尔对此论述道:“君主不是出于任何外在压迫而服从这些法律的,但是,‘自然法’的权力和权威永远是牢不可破的。‘若不是法律许可,国王一无所能’。”❻

古典自然法学以古代自然法学为源头,经过中世纪神学自然法的权威神化阶段,在近代形成了比较成熟的法治支撑理论。文艺复兴时期,民族国家逐步兴起,资本主义力量的发展,又萌生了日益强烈的平等、自由的需求。在政治法律方面,一批资产阶级启蒙思想家围绕政府权力的合法性及正当性,提出各具特色的主张。“权利保护”实际上构成古典社会契约论的立足点和理论旨归,官员掌握的公共权力也只有用于保护公众权利时才具有存在的合法性。所以“公共权力更多是作为一种工具或手段,其目的就是为了更好地保障和维护人的自然权利”❼这一终极责任。这是政府建立的动机和目标,是权力正当性之所在,也是政治的责任和使命。“虽然从公共权力的来源看,公共权力是社会共同体成员基于社会管理的需要通过一定的契约让渡权利而创造的”❽,但公共权力的扩张性、侵害性和破坏性,与民众基本权利的脆弱性之间,天然地存在一种紧张关系。因此,如何保障官员掌握的公共权力始终不偏离初衷,服务于民

---

❶ 谷春德、史彤彪:《西方法律思想史》,中国人民大学出版社 2013 年版,第 24 页。

❷ 谷春德、史彤彪:《西方法律思想史》,中国人民大学出版社 2013 年版,第 24 页。

❸ 引自法学教材编辑部西方法律思想史编写组:《西方法律思想史资料选编》,北京大学出版社 1983 年版,第 79 页,转引自吕世伦《西方法律思想史》,商务印书馆 2006 年版,第 53 页。

❹ 张中秋:《论西方法治的理论与实践》,《江苏社会科学》2006 年第 1 期。

❺ 吕世伦:《西方法律思想史论》,商务印书馆 2006 年版,第 59 页。

❻ [德]恩斯特·卡西尔:《国家的神话》,华夏出版社 1990 年版,第 124 页,转引自张中秋:《论西方法治的理论与实践》,《江苏社会科学》2006 年第 1 期。

❼ 李红珍、王四达:《在权利与权力之间:古典社会契约论中的权力制约思想探究》,《华侨大学学报(哲学社会科学版)》2016 年第 6 期。

❽ 厉有国:《法治进程中党员干部权力伦理迷失透视》,《求实》2015 年第 8 期,转引自李红珍、王四达:《在权利与权力之间:古典社会契约论中的权力制约思想探究》,《华侨大学学报(哲学社会科学版)》2016 年第 6 期。

众的基本权利,就成为古典契约论者无法回避的论题[1]。

自人类轴心时代以来,先哲们对"以法治制约权力"进行了不懈的思索,直至古典自然法学家提出了比较完善的以"人权保障、权力制约"为目的的法治理论。洛克指出:"谁握有国家的立法权或最高权力,谁就应该以既定的、向全国人民公布周知的、经常有效的法律……应该由公正无私的法官根据这些法律来裁判纠纷……而这一切没有别的目的,只是为了人民的和平、安全和公众福利。"[2]卢梭在论及法律和权力的关系时说:"因为法律乃是公意的行为;我们既无须问君主是否超乎法律之上,因为君主也是国家的成员。"[3]这说明君主必须服从法律的权威,因为法律代表了人民即主权者的意志。所以,问责制度的产生不过是以法治保障人权、制约权力、更倾向于对掌权者进行责任追究的制度形态之一。自然法学作为法治奠基的权威学说,无疑对问责制的产生提供了思想源泉。

第二节　我国问责制的理论渊源

马克思主义的人民主权理论是我国问责制的理论基础。马克思开创了指导无产阶级革命实践的人民主权学说。列宁的人民主权理论对马克思的思想作了进一步的发展。我国几代领导人对马克思主义人民主权理论作了进一步的理论创新和发展,对监督与问责做了更符合中国国情的理论阐释,为我国问责制不断发展、完善作了充分的理论指导。

一、马克思的人民主权理论

如果说资产阶级启蒙思想家的人民主权论是资产阶级摆脱封建枷锁、争取自由和权利的重要武器,那么在资本主义社会中,资产阶级与无产阶级之间矛盾的日趋激化,就促使无产阶级寻求新的理论来指导斗争实践。马克思的人民主权论正是在这种背景下产生的。马克思对资产阶级启蒙思想作了批判性的吸收,汲取了卢梭人民主权思想中的有益成分,并对其中的糟粕进行了扬弃,克服了卢梭人民主权思想的抽象性、理想性、空洞性,赋予了人民主权思想以具体性、现实性、实践性的特征。

马克思批评了卢梭人民主权思想的抽象性,他指出"人民"指的是处于社会生产实践中的具体的、现实的人,其本质是由生产方式决定的。马克思指出:"我们的出发点是从事实际活动的人。"[4]以"现实的人"作为基础,马克思肯定了人在社会历史发展

[1] 李红珍、王四达:《在权利与权力之间:古典社会契约论中的权力制约思想探究》,《华侨大学学报(哲学社会科学版)》2016年第6期。

[2] [英]洛克:《政府论》,叶启芳、瞿菊农译,商务印书馆1964年版,第80页。

[3] [法]卢梭:《社会契约论》,商务印书馆1982年版,第1-2卷,第51页,转引自张中秋:《论西方法治的理论与实践》,《江苏社会科学》2006年第1期。

[4] 《马克思恩格斯选集》第1卷,人民出版社2012年版,第152页。

中的决定作用，他在《神圣家族》中指出，"历史上的活动和思想都是'群众'的思想和活动""历史活动是群众的事业，随着历史活动的深入，必将是群众队伍的扩大"❶，非常鲜明地表达了人民是历史的推动者，是人民群众、整个民族、整个阶级的行动"引起重大历史变迁"❷。这是人民群众能动性最集中的体现。同时，马克思的人民主权理论是指导无产阶级革命的重要理论武器，体现了鲜明的实践性。

第一，通过人民主权防止权力异化。

权力属于人民，这里的人民不同于资产阶级启蒙思想家所指的"有产者"，而是包括了最广大的贫苦劳动群众。人民的权力包括"所有者的权力"和"政治权力"。当权力掌握在少数人手中时，就可能会发生异化。《德意志意识形态》指出，资产者为了共同的利益结合在一起，"并把由此获得的集体权力赋予……少数人"❸，这是权力异化的根源。因为并非建立在自愿基础上的分工，对于人来说是一种异己的力量。"这种力量压迫着人，而不是人驾驭着这种力量。"❹马克思认为，权力异化的形式"一是权力被官员用来谋取私人利益，二是权力被统治阶级用来谋取自身利益"❺，其实质即权力公共性的丧失。在此基础上，马克思提出了"根除权力异化，恢复权力作为维护和实现社会所有人共同利益"这一本质的社会构想。他呼吁无产者团结起来，"工人革命的第一步就是使无产阶级上升为统治阶级，争得民主"❻，工人阶级要把"旧政权的合理职能从僭越和凌驾于社会之上的当局那里夺取过来，归还给社会的承担责任的勤务员"❼。这是保证"权力公共性"的必由之路。

第二，通过代表制对人民负责任。

卢梭的人民主权具有不可分割性和不可代表性，但马克思并不反对代表制。公共职位与权力所有者并不对等，这使得"委托—代理"关系具有了一定的合理性。马克思认为巴黎公社是民主制和代表制结合的典范。马克思、恩格斯一针见血地指出，关键在于"权力保持在人民自己的手中"。为了维护人民的整体利益，人民将权力授予少数官员，但要监督权力的行使不偏离责任的重托。马克思在《法兰西内战》一文中指出，每一位官员必须担当的责任，在官员未能履行职责时，巴黎公社以"随时可以罢免的勤务员来代替骑在人民头上作威作福的老爷们，以真正的责任制来代替虚伪的责任制"❽。在《法兰西内战》第三章里，他先后六次强调工人阶级政府及其工作人员要

---

❶ 《马克思恩格斯全集》第2卷，人民出版社1957年版，第103-104页。

❷ 《马克思恩格斯选集》第4卷，人民出版社1995年版，第249页。

❸ 《马克思恩格斯文集》第1卷，人民出版社2009年版，第413页。

❹ 《马克思恩格斯文集》第1卷，人民出版社2009年版，第537页。

❺ 彭定光、周师：《论马克思的权力异化观》，《伦理学研究》2015年第4期。

❻ 《共产党宣言》，中央编译出版社2005年版，第45页。

❼ 《马克思恩格斯文集》第3卷，人民出版社2009年版，第156页。

❽ 《马克思恩格斯选集》第2版第3卷，第59页，转引张继良：《马克思的责任政府思想及其当代价值——重读〈法兰西内战〉》，《当代世界与社会主义》（双月刊）2012年第2期。

对人民"负责任",并高度赞扬巴黎公社制定的治理政府权力的政策法令[1],承载公众权利的法律是社会生产中形成的,"是人民意志的自觉表现,应该同人民的意志一起产生并由人民的意志所创立"[2]"一切公务人员在自己的一切职务活动方面都应当在普遍法庭上按照一般法律向每一个公民负责"[3],这是官员所担当的政治责任在法治上的体现。

马克思提出"人民罢免公职人员"的思想,同时认为法律对权利有充分的保障作用。他批判了资产阶级立法的局限性,"在这种关系(指生产方式和交往形式)中占统治地位的个人……还必须给予他们自己的由这些特定关系所决定的意志以国家意志即法律的一般表现形式"[4]。因为"立法权同时又是市民社会的政治存在的代表,……立法权代表政治意识,……一个非常重要的要求,就是任何的社会需要、法律等等都应当从政治上来考察,即从整个国家的观点、从该问题的社会意义上来考察"[5]。他提出了无产阶级夺取政权后法律的应有定位,即"法律不是压制自由的措施,……恰恰相反,法典就是人民自由的圣经"[6]。法的价值在于人民自由的保障。普选制"把一切政治权力集中于人民代议机关之手"[7]。人民通过参与立法,行使政治权利,反映人民意志,界定政治权力的边界,保证其始终遵循责任目的的指引,以实现人民利益为己任。所以,法律是赋予权力合法性的规范,更是督促其履行职责的手段。这其中蕴含了人民将问责的权利予以法律化的思想。对公职人员违背人民意志的行为,人民有权对其进行罢免,收回授权。

二、列宁的人民主权理论

列宁对马克思提出的人民主权思想,作出了富有开拓性的丰富和发展,并将人民主权思想付诸实践。列宁的观点主要包括:

第一,人民主权的本质是全体人民享有完整而又统一的国家权力。民主的实现要通过直接、普遍、平等的选举,实现多数人的统治[8]。为便于人民参政议政,苏维埃政权赋予人民选举权和罢免权,而且是"完全的公开选举""国家所有的职务都应当经过

---

[1] 张继良:《马克思的责任政府思想及其当代价值——重读〈法兰西内战〉》,《当代世界与社会主义》(双月刊)2012 年第 2 期。

[2] 《马克思恩格斯全集》第 2 版第 1 卷,第 349 页,转引自毛益民:《马克思主义权力制约监督思想研究》,《中共浙江省委党校学报》2011 年第 1 期。

[3] 《马克思恩格斯选集》第 3 卷,人民出版社 1972 年版,第 30 页,转引自曹永森:《马克思主义权力制约思想析论》,《政治学研究》2011 年第 6 期。

[4] 《马克思恩格斯全集》第 3 卷,人民出版社 1995 年版,第 378 页。

[5] 《马克思恩格斯全集》第 3 卷,人民出版社 1995 年版,第 395 页。

[6] 《马克思恩格斯全集》第 1 卷,人民出版社 1960 年版,第 176 页。

[7] 《马克思恩格斯全集》第 1 版第 22 卷,第 274 页,转引自毛益民:《马克思主义权力制约监督思想研究》,《中共浙江省委党校学报》2011 年第 1 期。

[8] 《列宁全集》第 22 卷,人民出版社 2017 年版,第 53 页。

普遍的选举”[1]。为了能够“要求和争取使自己的受托者完成他们对委托人所负的党的责任”[2],列宁认为,人民群众应充分享有罢免权,他强调“必须实行直接、彻底和立即见效的民主原则:实现罢免权”[3],而“罢免权,即真正的监督权”[4]。在1917年11月《全俄中央执行委员会会议上关于罢免权的报告》中指出,苏维埃“必须继续执行民主化的路线,实现罢免权”[5]。在苏维埃政权的组织建设中,赋予工人、农民以选举权和罢免权,这充分体现了苏维埃政权的人民性。

第二,通过人民代表大会制度实现权力制约。除了在责任、权力的授受关系上作出论述,在权力体制内,列宁创设了人民代表大会产生行政权、监察权、审判权,并对之进行纵向监督和问责,同时设置专门的监察机关对行政权、审判权和检察权进行横向监督和问责,以保证权力不偏离人民的意志。特别在他晚年[6],对监察体制进行了深入思考。为了增强监察机关的监察效能,必须增强监察权的独立性与权威性,他提出,“新的中央监察委员……也像一般中央委员一样……应享有中央委员的一切权利”[7],为体现人民作为权力主人监督权力运行的思想,列宁要求“增加中央委员的人数……要求工人阶级出50~100个中央委员”[8]“从工农中选出75~100名新的中央监察员,他们同时享有中央委员的权力”[9]。这使二者之间力量均衡,实现有效的权力制约。

第三,权力制约需要法制保障。权力对人民负责除了体制机制的设计,还需要法制的保障。列宁将人民主权、制约权力以保障责任实现的思想,表现在苏维埃法制之中,制定了反映人民意志的宪法和一系列法律。在他看来,无产阶级同任何阶级一样,应当通过制定和实施宪法来掌握、保持和巩固其所取得的政权[10],从而实现在苏维埃政权下,各级官员所担当的政治责任的法定化。宪法固然是人民权利的宣言书,还包括关于选举代议机关的选举权和代议机关权限的基本法律,这是宪法的实质[11]。列宁十分重视执政党的政策与国家的法律、执政党的组织机构和国家的立法、行政、司法机构之间职权边界的划分。在《关于切实遵守法律的决定提纲草稿》一文中,列宁强调:

---

[1] 《列宁全集》第6卷,人民出版社2017年版,第131页。

[2] 《列宁全集》第9卷,人民出版社1987年版,第292页。

[3] 《列宁全集》第33卷,人民出版社1985年版,第107-108页。

[4] 《列宁全集》第33卷,人民出版社1985年版,第106页。

[5] 《列宁全集》第33卷,人民出版社1985年版,第108页。

[6] 《给代表大会的信》(1922年12月23日)、《关于赋予国家计划委员会以立法职能》(1922年12月27日)《论我国革命》(1923年1月16日和17日)、《我们怎样改组工农检查院》(1923年1月23日)与《宁肯少些,但要好些》(1923年3月2日)等五篇著作突出地反映了列宁晚年的强化权力监督的思想。

[7] 《列宁选集》第四卷,人民出版社1995年版,第780页,转引自陈科霖:《列宁晚年权力制约监督思想对纪检监察体制优化的启示》,《廉政文化研究》2019年第1期。

[8] 《列宁选集》第四卷,人民出版社1995年版,第743页。

[9] 王建国:《列宁的社会主义法治思想及其当代价值》,《北方法学》2019年第2期。

[10] 《列宁全集》第38卷,人民出版社2017年版,第307页,转引自王建国:《列宁的社会主义法治思想及其当代价值》,《北方法学》2019年第2期。

[11] 《列宁全集》第17卷,人民出版社2017年版,第320页。

"法制应当加强(或得到严格的遵守)。"[1]他着重指出,苏维埃共和国各机关要严格根据国家法律规定的权限执行法律法令,党的纪检监察机关和共和国国家监察机关更要担负起监督行政机关执行法律和公职人员遵守法律的职责,以达到严格执法的目的[2]。

我国的监督与问责思想以马克思主义的人民主权思想为指引,在理论继承的基础上,不断进行理论创新。其丰富的思想蕴含在党和国家领导人关于人民主权、权力制约等思想中,并逐步深化,渐成体系。中国共产党人对肩负的政治责任有清醒的认识,保证有权者不忘初心,不辜负人民的嘱托,始终从为人民服务的立场作决策、抓落实,这是一系列制度构建的出发点。同时,强化监督问责,从毛泽东的人民直接监督政治责任落实、邓小平指明以法治制约权力的路径到习近平强调从严治党的政治责任,构建了覆盖党政领导干部的责任制度体系,逐步实现了监督、问责的法治化、体系化、精细化。

[1] 《列宁全集》第35卷,人民出版社2017年版,第130页。

[2] 王建国:《列宁的社会主义法治思想及其当代价值》,《北方法学》2019年第2期。

第三章　问责制的发展演变

问责制在西方主要资本主义国家发展演进，已有数百年的历史。我国建立问责制度虽然时间不长，但在汲取经验、去其糟粕的基础上，形成了颇具中国特色的问责制度体系。了解中西方问责制的发展脉络，有助于总结问责制的演变规律，把握发展趋势，更深刻地理解和践行问责制。

第一节　西方问责制的发展演变

西方问责制可追溯至古希腊时期抽签产生公职人员的制度设计中。公民可以自愿参加抽签，但一旦抽中，公职人员在任职期间，必须随时接受公民的监督。公民有权控告不称职的官员；执政者任期结束要接受公民问责，做述职报告。可见，在民主制度萌芽的早期，问责机制已经与授权紧密结合在一起[1]。

西方国家的问责制度经历了一个漫长的演变过程，首先在资本主义议会制发源国英国出现了现代问责制的雏形，并经过逐步演变，形成了议会问责、行政问责、司法问责三大形态。其中议会问责是由人民的代议机关议会向内阁提出弹劾、质询、调查等，具有浓厚的政治问责色彩；司法问责是以法院为问责主体，通过合宪性审查、行政诉讼、行政赔偿等制度的运行，实现对国家机构或官员责任追究的制度；行政问责是西方国家行政体系内部通过行政监察制度、行政裁决制度和公务员惩戒制度等开展的问责活动。上述制度是西方国家社会发展的产物，也随着社会演变而不断丰富完善。

一、西方国家议会问责制度

议会问责制度是政治问责的重要方式。是议会对内阁首相或政府首脑的施政行为进行监督，如发现存在违法失职行为，予以追究责任的问责方式。议会问责的主要目标，是确保政府的行政行为与议会所制定的法律在根本意图上保持一致。为此，西方发达国家为防范政府滥用职权，制定了议会问责的具体形式，主要包括：弹劾、质询和调查等。弹劾主要运用于高级官员犯罪或严重失职；质询适用于议会对涉及广泛公共利益的重要问题的监督；调查主要针对政府的重大问题开展调查。如果上述制度在运用过程中，发现政府及其官员确有违法、渎职等情形，将承担免职、引咎辞职或责令辞职的后果。上述三种制度在不同国家具体制度设计上，又体现出不同特色。

[1] 史春玉：《代议制政府作为一种混合政体——评〈代议制政府的原则〉》，《政治思想史》2020年第3期。

（一）弹劾

立法机关对政府首脑或其他高级官员的犯罪或严重失职行为提起的法律诉讼程序，统称为弹劾。弹劾制度在不同国家程序设计上又各有特点。在总统制国家，议会有权弹劾总统、政府部长、最高法院法官等在内的高级官员；而议会制国家，议会的弹劾权限一般限于总统和最高法院法官。

1. 英国

英国实行责任内阁制。英国议会由上、下议院组成。上议院是英国的最高司法机关，主要由下议院履行议会职能。英国内阁由下院中居于多数席位的政党组阁，多数党领袖任内阁首相。内阁是英国的最高行政机关，内阁对外向议会负有集体责任，内阁成员对内要承担个人责任。英国有关法律规定，内阁的政治责任既包括集体的责任，也包括内阁成员的个人责任。集体责任，是内阁作出的决策或推行的政策向议会负责，如果其决策不被议会信任，则首相辞职，同时全体内阁成员因连带责任一并辞职。而个人责任，在英国宪法惯例中，是指"每名大臣就其个人言行、政策和决定，还有其部门的政策、决定和行为，向议会下院负责"❶。因此，内阁成员对其个人言行负有责任。英国通过对外的集体负责与对内的个人责任相结合，对于保证议会与内阁在重大政策上保持一致、内阁内部推行决策协调运行，发挥了重要作用。在具体制度设计上，英国议会监督内阁的政府问责制，早期体现为弹劾制，后来为倒阁制所取代。

英国是西方国家弹劾制的发源地。1342 年英国国王爱德华三世受制于议会的压力，颁布了"上院有权控告和审判国王的高级官吏严重罪行和不检行为"的敕令。1376 年，英国下院弹劾了与爱德华三世政府有密切联系的英王的御衣总管威廉·拉蒂默男爵，这开创了弹劾的先例。1450 年，国王亨利六世的重臣萨福克公爵，因涉嫌出卖国家利益而遭到弹劾。15 世纪中叶以后，弹劾作为提起刑事诉讼的手段，曾一度被弃之不用。到了 17 世纪，议会又重新起用了弹劾制度，把它作为解除受到国王保护的大臣的手段。1626 年，议会弹劾国王查理一世的重臣白金汉公爵，查理一世通过解散国会来保护白金汉公爵免受弹劾。1701 年的英国通过《王位继承法》，正式确认了弹劾制度。1715 年牛津勋爵、博林布鲁克勋爵和斯特拉福德勋爵受到议会弹劾。1787 年，对孟加拉邦总督沃伦·黑斯廷斯的弹劾长达七年之久。理由是对"关于大不列颠与其印第安属地以及毗邻的各州之间的适当关系"存在根本分歧。控方认为，虽然他没有违反现实的法律，但"违反了永恒的正义之法"，属于"严重罪行和不检行为"。可见，英国弹劾程序的启动并不局限于犯罪或违法行为。

由于英国内阁责任制理论的发展和司法权的独立，弹劾程序在实践中显得过于烦琐，英国议会从 1864 年起废弃这种问责方式，代之以不信任投票程序❷，这被称为倒

❶ 王若磊：《政治问责论》，生活·读书·新知三联书店 2015 年版，第 191 页。

❷ 施雪华：《西方国家行政问责制度的历史发展及其动因》，《哈尔滨工业大学学报（社会科学版）》2014 年第 6 期。

阁制。倒阁制是目前英国议会实现对政府监督的最有效的手段。英国实行议会内阁制,内阁施政必须得到议会的支持。不信任投票是针对政府内阁的一种严厉的问责制度,主要针对内阁部长或其他成员所作出的决策或个人行为进行,可能导致内阁总辞职或议会被解散的严重后果,这迫使内阁在进行重大决策时,尽最大可能做到科学化与民主化[1]。从1832年至1867年的35年间,议会利用倒阁权迫使十届政府辞职,这被称为英国议会史上的"黄金时期"。随着政党政治的发展,政府与议会的关系逐渐协调,使议会逐步驯服于政府,实现了通过政党控制议会,内阁逐步趋于稳定。

2. 美国

美国实行总统制共和政体,总统既是政府首脑又是国家元首,国会有弹劾总统的权力。1787年美国宪法设计了追究总统违宪责任的弹劾制度,但作出的规定较为简单。随着弹劾实践的发展,通过一系列修正案的颁布,美国弹劾的程序性规定逐渐丰富起来,这"使弹劾听证会制度成为较完善的民主程序制度"[2]。弹劾制度的本质是对总统违反政治责任的追究,反映的是总统向选民及其代议机构国会负责的关系。弹劾制度的基本内容如下:

第一,弹劾程序。从程序运行来看,众议院独自拥有弹劾权(美国宪法第1条第2款)。在实践中,经众议院指定,成立司法委员会,调查弹劾涉及的控告事项,并制作调查报告。根据法律及调查,确认一项或多项弹劾罪状成立,则制作弹劾理由书,提交众议院审议。参议院负责审判弹劾案。但须经出席参议员三分之二的同意方可被定罪。最高法院参与其中,"由法院监督国会行使弹劾权力,保障弹劾依法、公正进行"[3],最高法院首席大法官主持审判(第1条第3款),但无权作出判决。正是基于此,一些学者认为,弹劾虽然具有法律外衣,但实质是政治责任,因为有权决定"总统是否弹劾"是参议院的权力。虽然参议院代行司法的职能,具有临时的司法机构或者准司法机构的性质,但本质上是一个政治机构。但司法权的介入,使弹劾兼具了政治性和法律性的特征。

第二,弹劾对象及事由。根据美国宪法规定,弹劾对象是"总统、副总统和合众国的所有文职官员"。美国弹劾对象具有宽泛性的特征。美国宪法规定的弹劾事由,包括"因叛国、贿赂或其他重罪和轻罪而受弹劾并被定罪"(第2条第4款)。其中,关于叛国罪,宪法进一步规定"只有对合众国作战,或者依附、帮助或安慰合众国的敌人,才构成反对合众国的叛国罪。任何人非经证人2人证明犯罪事实确凿,或经其本人在公开法庭上坦白,不得裁判为叛国罪"(第3条第3款)。贿赂罪包括"受贿"和"行贿"两个方面。为提出弹劾打开了便利之门的是"重罪及轻罪"的规定。"重罪",即不正当行使宪法所赋予的权力,且造成严重后果,危及国家或者社会安全和秩序。"轻

[1] 李德:《西方发达国家行政问责制的类型及比较研究》,《领导科学》2015年12月。

[2] 施雪华:《西方国家行政问责制度的历史发展及其动因》,《哈尔滨工业大学学报(社会科学版)》2014年第6期。

[3] 刘想树:《美国总统弹劾制度与法治》,《广东社会科学》2000年第6期。

罪”的认识却存在分歧，一类观点认为“轻罪”是刑事犯罪中较轻的类型；另外一类观点认为，“轻罪”包括不构成犯罪的滥用职权行为，甚至延伸到了道德领域，如粗言秽语、侮辱、不雅行为等。如1998年弹劾美国总统克林顿的起因是其绯闻事件。当时，美国最高法院的大法官伦奎斯特反对启动弹劾，但在共和党渲染之下，仍然成为启动的理由。从制约权力的视角，对“轻罪”做扩大解释的司法先例，拓展了弹劾事由，使官员在更大范围内承担政治责任，强化了弹劾对违宪官员的制约作用。

第三，弹劾的处理方式。对于弹劾的结果，即违宪追究责任的方式一般为免职（第2条第4款），且“弹劾案的判决，不得超出免职和剥夺担任职务和享有国家给予的荣誉、报酬的资格”。这是典型的政治责任的追究方式，但并不能免除其他法律责任。“被定罪的人，仍可依法起诉、审判、判决和惩罚”（第1条第3款）。“总统有权批准关于叛国罪犯的缓刑和赦免，但不包括弹劾案”（第2条第2款）。

3.其他国家

继英、美之后，法、德、日等国都结合本国国情，建立了弹劾制度。

法国实行半总统制，兼具总统制和内阁制的特点。法国总统具有最高地位和最高权力。总统不向议会负责，不承担行政责任；由内阁向议会负责，承担行政决策责任。总统只有在犯有叛国罪的情况下，才会受到议会弹劾并引发辞职。如果出现重大决策的争议，议会只有向内阁提出不信任案的权力，但没有迫使总统辞职的权力。法国在1791年宪法中确立了弹劾制度。1830年对国王查理十世的大臣波立格那克的弹劾是法国第一起成功的弹劾案例。法国的国民议会和参议院有权对犯有叛国罪的总统和有犯罪行为的政府行使弹劾权。弹劾一般由两院至少十分之一的议员提出，通过公开投票的方式，在两院获得绝对多数票才能通过。弹劾通过后，由议会两院议员组成的特别高等法院进行审理。如果被高等法院认定为有罪，不仅要受到免职的处罚，还要被追究刑事责任❶。

德国联邦议院和联邦参议院有权对联邦总统提起弹劾。但在德国议会共和制政体下，总统是虚位元首，并不掌握实权。联邦政府或政府有关部长会因为总统受到弹劾，“政治责任引起并连带了行政责任”❷。所以，德国的弹劾制度虽然向总统提起，实质上也是议会对联邦政府的监督和问责。

在亚洲，日本也建立了弹劾制度。日本弹劾制度的特点是从两院议员中互选20人组成追诉委员会，由该委员会对被弹劾者进行调查起诉。法庭成员也是从两院议员中互选7名，组成14人的法庭，对被弹劾者进行审判❸。

---

❶ 山东行政学院课题组：《西方国家问责制的理论与实践及对我国的启示》，《山东行政学院学报》2013年第1期。

❷ 山东行政学院课题组：《西方国家问责制的理论与实践及对我国的启示》，《山东行政学院学报》2013年第1期。

❸ 施雪华：《西方国家行政问责制度的历史发展及其动因》，《哈尔滨工业大学学报（社会科学版）》2014年第6期。

（二）质询

质询是议会监督政府决策等行为的重要手段，在议会制国家发挥的作用尤为显著。质询是指议会及其代表依照法定程序，通过口头或者书面形式，向由其产生的政府及其官员提出质问，要求其当场或者限期予以答复。如质询未能达到议会的预期，议会有权采取进一步措施的问责制度。欧洲各国结合本国历史传统、政治特点、实践需要，形成了各具特色的质询制度。

18 世纪，英国议会首创了质询制度。根据英国法律规定，议会下院议员在议会会议期间，有权向内阁首相或其他内阁大臣提出对政府重大决策、行政方针等事项的质疑和询问，受质询的一方应当在规定的时间内做出答复❶。如果议员对首脑或其他官员的答复不满意，并且质询事关国计民生等重大事项，议员有权提议举行不信任投票的表决。1960 年以前，“对首相的质询并不优先于对其他大臣的质询，这就意味着首相常常没有被点名回答口头质询”❷。为保障议员对首相的质询权，经平民院特设程序委员会提议，从 1960 年起，议会下院全体会议每周安排专门的时间，供议员口头质询首相❸。质询制度的特点是在内阁作出决策前作出质询，要求内阁成员必须作出回应。这对防范决策风险，保证决策的科学完备，起到了推动作用。又由于质询运用的普遍性，使之成为问责政府的一种基本手段。

法国议会的质询制度晚于英国。法国七月王朝时期，议会获得议案提出权，这为质询制度的建立奠定了基础。1830 年至 1831 年初，议员就外交政策先后三次向大臣提出质询；第二共和国时期，质询成为国民议会批评政府的重要手段。在这一系列事件的推动下，1849 年，法国议会在议事规则中规定了质询制度。质询包括书面和口头两种形式。时至今日，口头质询先由议长列入议事日程，国民议会每周都会安排一次会议，由议员口头质询总理或部长，总理或部长应当当场回答。另外，议员有权向总理或部长提出书面质询，总理或部长应当在一个月内予以答复。

1848 年，德国法兰克福宪法草案规定，质询事项划分为：大质询、小质询和个人质询。大质询是议会党团的质询，提起人限定于联邦议院至少 5% 的议员、议会党团或议会集团，并以书面形式提出，主要针对政府的重大决策、重大事件，或其他一般性的政策问题；小质询性质上也属于议会党团质询，与大质询的区别在于质询事项限定于政府的具体工作问题；议员的个人质询是对当前热点问题互换意见等❹。

可见，质询制度是政治制度不断演变，特别是议会制度和政党制日趋完善背景下的产物。

---

❶ 李德：《西方发达国家行政问责制的类型及比较研究》，《领导科学》2015 年第 35 期。

❷ 施雪华：《西方国家行政问责制度的历史发展及其动因》，《哈尔滨工业大学学报（社会科学版）》，2014 年第 6 期。

❸ 施雪华：《西方国家行政问责制度的历史发展及其动因》，《哈尔滨工业大学学报（社会科学版）》2014 年第 6 期。

❹ 李德：《西方发达国家行政问责制的类型及比较研究》，《领导科学》2015 年第 35 期。

（三）调查

调查制度是由议会对政府机构履职过程中的渎职等行为通过视察、考察、走访等开展调查，对政府行为进行有效监督。如果发现政府官员的行为违反了刑法中的有关规定，应移送司法机关对其进行追究[1]。议会组织的专门调查包括国政调查、听证调查和特别委员会调查。早在 16 世纪，英国议会下院开始主张议会享有调查权，并将其运用到调查行政官员实施法律和拨款使用情况的实践中。英国议会不断完善调查权行使的方式和程序。1980 年议会下院出台规定，改变了传统常任委员会没有调查、审查法案的境况，设立“特别常任委员会”，赋予亲自调查审议某项法案的调查权。调查权由议会下院委员会行使，具体负责审议法案的是常任委员会和负责监督的特设委员会。调查制度旨在更好地实现议会对政府施政行为的监督。议会为了解国家政治、经济等某一方面的情况，或查证某种违纪违法事实，有权成立专门的委员会，运用各种调查措施对政府官员展开调查。这对政府规范用权形成有力威慑。而议会至上的地位，又赋予了调查程序的至高权威，保证了调查的公正性。

美国国会的调查权具有较大影响力。启动调查是议会问责政府的重要方式，通常由议会任命一个特别委员会或授权某一个人对政府官员的腐败等问题开展调查。如果在调查中，发现政府官员有犯罪行为，则应承担相应的刑事责任[2]。在 19 世纪，美国国会的调查主要是针对行政机关提出的。但自 1972 年以来，美国国会调查高达几百起，针对官员展开的调查占了很大比例。其中影响最大的调查是参议院水门委员会对水门事件展开的调查，调查的压力导致尼克松总统的辞职。1986 年，国会成立了“伊朗门”事件联合委员会，开展了对这一事件的调查。20 世纪 90 年代，美国国会启动了对克林顿总统绯闻事件的调查。[3]

德国联邦议院达到四分之一的议员提出要求，可以成立调查委员会，对政府部门及其官员进行问责。调查委员会具有独立于行政和司法的地位，被赋予了相当于司法机关行使的刑事诉讼中的职权，如传唤证人、收集证据、索要文件等取证手段。在调查过程中，如果相关的个人和部门不予以配合，调查委员会有权进行制裁，或移交法院追究其刑事责任。调查以公开为原则，以不公开为例外，在涉及国家机密或大多数成员同意的情况下可以秘密进行。调查结束后，调查委员会需要向联邦议院提交书面报告，说明调查过程和结果，作为联邦议院作出决定、采取行动的重要依据[4]。

法国也建立了调查制度。国民议会有权组建调查委员会，专门调查政府官员的相

---

[1] 李德：《西方发达国家行政问责制的类型及比较研究》，《领导科学》2015 年第 35 期。

[2] 山东行政学院课题组：《西方国家问责制的理论与实践及对我国的启示》，《山东行政学院学报》2013 年第 1 期。

[3] 施雪华：《西方国家行政问责制度的历史发展及其动因》，《哈尔滨工业大学学报（社会科学版）》2014 年第 6 期。

[4] 山东行政学院课题组：《西方国家问责制的理论与实践及对我国的启示》，《山东行政学院学报》2013 年第 1 期。

关活动。调查委员会有权举行听证会,法国政府首脑及其官员必须接受通过听证会等形式进行的调查,在听证会上回答议员提出的问题。

西方调查制度的发展,呈现民主化、制度化、公开化的趋势,调查对象从财政领域逐步扩大到国家政策和官员道德等领域,调查的案件数量日趋增多、时间持续延长、公民参与度也越来越高。

(四)议会监察

议会监察专员制度是议会设定监察专员,负责受理公众对政府公职人员的控诉。监察专员隶属于议会,独立于行政机关和司法机关。监察专员享有广泛的调查权和建议处理权,调查范围包括违法行为和不当行为。

19 世纪初,瑞典议会首创了议会监察专员制度。1809 年,瑞典议会制定了民主宪法,其中规定设立 1 名监察政府官吏的监察专员,以该监察专员为负责人,在议会设立了专门性机构——监察专员公署。1915 年,瑞典议会又通过了设立军事监察专员的决议,负责监察军事方面的事务。第二次世界大战后,军事监察事务锐减,行政监察事务与日俱增。1968 年,瑞典议会作出了废除军事监察专员,增设 3 名监察专员的决定,明确其监察范围,并设立 2 名副监察专员,协助监察专员开展工作。1975 年,瑞典议会修改了《议会法》中关于议会监察专员的内容。其第 8 章第 10 条规定,瑞典议会监察专员为 4 人,其中 1 人为首席监察专员,负责决定监察工作方针。首席监察专员和其他监察专员均经议会个别选任,任期四年。监察专员得不到议会信任时,议会可以根据宪法委员会的要求解除其职务。在监察专员任期届满时,议会应尽早选定继任者。监察专员因生病及其他原因不能长期履行职务时,议会必须选人代其履行职务,直到其复归时为止[1]。

瑞典的议会监察专员制度不但在本国行政权力控制过程发挥了积极作用,而且对欧洲其他国家产生了重要影响。瑞典之后,芬兰、丹麦、挪威等国也设立了议会监督专员。20 世纪 60 年代,英国、美国、日本、德国等国也建立了议会监察专员制度。

二、西方国家司法问责制度

司法问责制度的重要机制是司法审查。司法审查是指法院通过司法程序,审查立法机关、行政机关职权行为的合法性,并作出维持或撤销该职权行为等处理方式的制度设计。

美国在权力分立体制的基础上,最高法院在审理 1803 年的马伯里诉麦迪逊案中确立了合宪性审查制度,开创了由最高法院负责合宪性审查的制度先河。合宪性审查权的主体是普通法院。最高法院负有解释宪法的权力,并根据个案中当事人提起的诉讼,采取“具体合宪性审查”的方式,对联邦的一般法律或各州的宪法及一般法律是否

[1] 施雪华:《西方国家行政问责制度的历史发展及其动因》,《哈尔滨工业大学学报(社会科学版)》2014 年第 6 期。

违反联邦宪法进行审查。除了对法律法规的合宪性进行审查,美国法院对行政行为的司法审查,是司法问责的重要组成部分。

20 世纪初,美国对土地行政、禁运行政等领域行政行为的司法审查受到诸多限制,制度运行也具有不确定性。同时行政的专业性、政策性较强,司法机关很难对行政进行全面有效的审查。法院进行司法审查的方式也与现代有异,不认可行政机关的法律适用和事实认定,而是采取重新审查(denovo)的方式❶。当时,规定对行政行为司法审查的法律很有限,并不能对公民权益提供充分的保护,也无法实现对行政权的有效控制。公民在受到侵害时,往往另辟蹊径,通过动产之诉如动产侵占之诉(trover)、收回不法动产(replevin)之诉等普通法方面的救济形式寻求救济❷。美国经过 20 世纪 30 年代罗斯福新政和第二次世界大战,政府的经济干预能力得到极大加强,特别是福利政策的推行,导致政府行为介入到了社会生活的各个领域,通过司法控制行政行为显得尤为必要。这就促进了行政立法和司法审查的发展。在罗斯福新政初期,美国司法对行政的审查采取了对抗的策略,最高法院和许多联邦法官通过禁锢性条款,反对推行“新政”。仅 1935—1936 年,联邦法院就宣布了 1600 个禁止联邦政府官员执行议会法规的禁止令❸。1937—1950 年为司法对行政默许阶段。罗斯福总统为推行“新政”,向法院施加压力,最高法院转而采取相对缓和的方式,尊重行政机关运用专业知识行使权力的领域,默许联邦政府对经济的全方面介入。尤其在州际贸易中,司法审查极为宽容,几乎到了无所作为的地步。由于司法审查的消极应对,不可避免地导致行政权力的扩张和滥用,这引发了公民的不满。20 世纪 50 年代以后,法官以宪法规范作为制约行政权力的依据,司法对行政的审查又趋于严厉。法官不仅要求行政程序正规化,还要求行政机关运用法规制定权,出台相关程序性规定。伴随司法审查的严格化、精细化,行政诉讼数量急剧增长。司法权对行政权控制的强化,在一定程度上影响了行政效能的发挥。在 20 世纪 70 年代末期至 80 年代中期,最高法院限制下级法院对行政机关施加额外的程序要求,这在一定程度上赋予了行政机关行政解释权的空间。目前,已成为监督控制行政权的重要方式。考察美国司法与行政关系发展演进的轨迹,“控制行政权力”始终是其中的一条主线。虽然制约的程度随着政治、经济发展的需要有不同的表现,但主基调并没有改变。法院在责任机制中充当着十分重要的角色,负有对行政行为审查的职责,以确保符合宪法的规定。

伴随着行政行为的日益专门化,针对行政行为的司法救济成为英国司法审查制度的重要内容。英国司法机关分设普通法院和高等法院,两者都负有监督问责政府及其官员的职责,但方式存在差异。英国是普通法系国家,并不区分公法和私法。涉及行

---

❶ See Ann Woolhandler,“Judicial Deference to Administrative Action—A Revisionist History”,43 dmin. L. Rev. 207—208(1991). 宋华琳:《国家建构与美国行政法的史前史》,《华东政法大学学报》2015 年第 3 期。

❷ See Frederic P. Lee,“The Origins of Judicial Control of Federal Executive Action”,36 Geo. L. J. 287,291 (1948). 转引自宋华琳:《国家建构与美国行政法的史前史》,《华东政法大学学报》2015 年第 3 期。

❸ 唐小波:《简论行政法理论的三种学说》,《政治与法律》2004 年第 6 期。

政机关的行政诉讼也由普通法院提供司法救济。普通法院通过普通诉讼和上诉行为实现对政府行为的监督，有权对行政机关的渎职行为、越权行为等进行全面审查，方式包括发布各种令状如原告寻求义务令(mandatory order)、禁止令(prohibiting order)、撤销令(quashing order)，或者根据《1981年最高法院法》第30条"限制某人担任其无权出任的任何职位的禁令"，如原告寻求宣告性裁决(a declaration)或者禁令，则可运用司法审查程序，向普通法院提起上诉，请求重新审查政府行政行为。此外，司法审查之诉还可包括但不限于损害赔偿诉讼❶。因此，英国的普通诉讼就是法院监督行政机关行政行为合法性的一种手段❷。英国高等法院的主要职责是通过司法审查，实现对行政机关和行政裁判所履行职责行为的监督和问责。英国法律规定，高等法院根据当事人的请求，有权对行政机关的行为进行合法性审查。

司法审查的范围分为可审查事项和例外情形。可审查事项包括了公法领域的案件。行政机关行使了制定法所授予的影响公民的权利或者合法期待的权利，并且法律要求这种权力必须按照自然公正的原则行使，法院享有对该权力行使司法审查权。而且，法院通过调卷令所行使的监督管辖权也扩展到了特权权力以及政府规制权力(prerogative powers and regulatory powers)的领域❸。

但英国法院对行政权的司法审查也有一定的限制，一些领域不能纳入司法审查的范围。如法律对某个问题明确作出规定，可以限定司法审查权的行使，以保障行政自由裁量权的运行和行政程序的实施。如法律规定："(1)意图排除挑战或质疑的条款：a)禁止在任何司法程序中质疑(shall not be questioned in an legal proceedings whatsoever)，b)应当是最终的(shall be final)，c)如同在议会法律中规定的一样(as if enacted in this act)；(2)在一定时限内提出司法审查的条款(clauses which are designed to limit review to a specified time period)，在法定期限之后行政决定则免于通过司法审查程序受到质疑；(3)决定性证据条款("conclusive evidence" clauses)。"❹但法律对司法审查的排除条款，法院通常会作出严格的解释，正如丹宁爵士在一个案件中指出的："除非制定法以最清楚无误的字眼作出明确的规定，否则，调卷令的救济手段决不能被剥夺"。除了制定法明确排除司法审查，普通法基于权力分立原则，将具有浓厚政治色彩的事项排除在司法审查之外，这些事项包括：①具有高度政策性或政治性；②事关国家安全；③皇家特权行为。

司法审查所依据的基本理由或根据(Grounds for Judicial Review)是"越权原则"(ultra vires)。具体包括如下三种情形：一是不合法(illegality)。在法定职权方面，行政机关逾越法定授权或不履行法定职责(failure to fulfil a statutory duty)、管辖权事实

❶ 《英国民事诉讼规则》，徐昕译，中国法制出版社2001年版，第278-279页。

❷ 山东行政学院课题组：《西方国家问责制的理论与实践及对我国的启示》，《山东行政学院学报》2013年第1期。

❸ 赵颖：《英国的司法审查之诉》，《河北法学》2005年第7期。

❹ 赵颖：《英国的司法审查之诉》，《河北法学》2005年第7期。

错误(error of jurisdictional facts)、适用法律错误(error of law)这三类情形构成了不合法。一是在自由裁量权(discretion)方面,行政机关怠于行使自由裁量权或滥用自由裁量权也构成了不合法。二是不合理或无理性(unreasonableness/irrationality)。如滥用自由裁量权失衡幅度较大的,以至于无视逻辑或公认的道德标准,任何一个正常人都无法接受。这个依据只适用于行政决定的完全失当。之所以做出如此严格的控制,旨在防范司法权侵入行政领域。三是程序不正当。如违反法定程序(procedural ultra vires);违反自然公正原则(natural justice),即要求行政机关作出行政决定必须符合正当程序的最低要求,如听取当事人意见、反对偏见(回避)等❶。

法国的合宪性审查权执掌在宪法委员会手中。这一组织机构是1958年10月4日由法兰西第五共和国宪法明确创设的。法兰西第五共和国宪法规定,宪法委员会的职责包括三类:一是监督选举活动。对共和国总统选举、国民议会议员和参议员选举以及公民投票的合法性进行监督;二是对法律法规的合宪法性审查。法国宪法规定,凡属组织法、议会两院的规章,不论是否有争议,在正式颁布实施以前,必须送交宪法委员会审查;三是对机构的权力争端和个人行为进行监督。对不同国家机构之间的权力界限争端进行裁决;对总统行使权力行为的合宪性、议员廉政情况以及议员的其他行为进行监督。宪法委员会行使合宪性审查权所作出的裁决具有强制力,相关机构或个人必须执行;而且具有终局性,立刻生效且不得提起上诉;同时对一切机关、团体和个人,具有普遍的约束力。

1958年《宪法》第61条第2款规定,为了保证议会制定法律的合宪性,在法律未公布前,共和国总统、总理、国民议会议长、参议院议长,都有权提请宪法委员会进行合宪性审查。此即“事前审查”原则。同时,合宪性审查不以发生具体纠纷、当事人提出审查请求为前提,具有“抽象审查”的特点,有权主动审查监督总统选举、议会两院选举和全民公决的合法性。宪法委员会事前审查的制度设计,与美国为代表的事后合宪性审查程序差别很大。1971年发生的一起合宪性审查案件,使法国宪法委员会职能出现了重大转变,这一案件被称为“结社自由判例”❷。宪法委员会认为参议院提交的法律中关于“注册社会组织需以行政机关审批”的规定违宪,因其违背了宪法序言所承认的公民结社权等人权保障的法律及原则,这一判例使宪法委员会的职权扩大到了公民基本权利的认定权、审查权和保护权。1974年,为了顺应民主呼声,德斯坦总统推动修改宪法,赋予了议会中的少数派政党(国民议会议员或参议员满足60人)有资格提出审查某项法律的合宪性,利用合宪性审查实现对政府的监督,扩大了提出合宪

❶ 赵颖:《英国的司法审查之诉》,《河北法学》2005年第7期。

❷ 1971年,法国参议院议长依职权提交给宪法委员会一部法律进行合宪性审查。该法规定,注册任何社会团体都需要行政机关的审批。宪法委员会经审查后认定这项法律违宪,因为它破坏了1901年的“结社契约法”所确立的结社自由原则,而这项“共和国法律认可的根本性原则”已经体现在了宪法序言里。在这个判决中,宪法委员会强调,1958年宪法的序言也是判决的重要依据,而该序言本身又承认了1789年的《人权与公民权利宣言》和1946年宪法序言的宪法效力。

性审查的主体范围,在一定程度上促进了议会对政府的制约。这两次改革,使法国的宪法委员会逐步具有了限制政府权力、保障公民基本权利的特点。在20世纪与21世纪之交,改革合宪性审查制度的呼声再起。在2007年大选中,代表中右翼阵线的萨科齐成为新总统。为满足民众民主化的要求,萨科齐采取了比较务实的改革路线,使合宪性审查职能更贴近公民权利保护这一目标。2008年7月,议会通过了一项新法,其中第29条规定:"当一项司法案件正在审理的过程中,如果发现相关法律规定与宪法保障的权利与自由相抵触,宪法委员会可以接受国家参事院或者法院就该问题提出的申请,并在一定期限内作出裁决。"这次改革使法国的合宪性审查制度突破了事前抽象审查的框架,如果具体司法案件涉及的已生效法律可能违反宪法,经申请后宪法委员会有权进行审查。而公民或社会组织作为具体司法案件(普通法院的普通诉讼或者行政法院的行政诉讼)的当事人,因此获得了间接提请合宪性审查的权利。由普通法院或者行政法院决定是否转交给宪法委员会,从而也获得了参与合宪性审查的部分权力。这是法国民主发展史上具有革命意义的改革。法国宪法委员会通过一系列的渐进式改革,在制约议会、政府权力,保护公民利益方面发挥了日益重要的作用。

法国司法机关问责的另一种方式是行政诉讼制度。法国是大陆法系的代表性国家,构建了一套独立的行政法院体系。1790年8月,法国国民议会制定法律,明确"普通法官不得以任何方式干扰行政机关行使职权""不得对行政法官进行讯问",实现了司法权与行政权的彻底分离。1799年,拿破仑依据宪法有关规定,成立了国家行政法院。法国的行政法院是超然于司法系统和行政系统的行政司法机构,直接向总统负责。法官由公务员组成,由宪法保障其独立性。其主要职责是追究行政机关和公务员个人因失职、以权谋私等不当履行职责行为的法律责任。审理范围涉及"关于撤销总统和部长会议下达的行政命令的诉讼,撤销部长制定的行政条例的诉讼;有关撤销部长作出的具体行政决定的诉讼"❶等等。最高行政法院负责受理因不服地方行政法庭、上诉行政法院等裁决的上诉案件,并作出终审裁决,如果当事人认为终审裁决有错误,有权要求最高行政法院进行复核,最高行政法院可予以撤销、发回重审或改判。

第二次世界大战后,德国建立了宪法法院负责合宪性审查职责。1949年《波恩基本法》及1951年《联邦宪法法院法》确立了以这一专职法院作为合宪性审查专门机构的制度。在性质和地位上,"它既是一个政治机构,又是一个司法机构,其权力本质上是一种司法化的监督权"❷。这种监督权被纳入诉讼程序,实现了司法化和专业化。宪法法院在监督政府权力方面发挥着重要作用,它主要履行联邦有关宪法问题的司法管辖权,其审理宪法案件须经当事人申请。启动审查程序后,宪法法院对审查内容具有很大的主动权,不受制于当事人申请的范围。如宣告某一法律法规无效,这一判决

---

❶ 李军鹏:《责任政府与政府问责制》,人民出版社2009年版,第139页。

❷ 山东行政学院课题组:《西方国家问责制的理论与实践及对我国的启示》,《山东行政学院学报》2013年第1期。

原则上具有溯及力。对依据法院确认无效的法律做出裁判的刑事案件，需要重新进行审理；但对于依据无效法律做出裁判的非刑事案件，出于维护法律安定性的考虑，如无争议，则不因所依据的法律无效而受影响❶。宪法法院主要负责比较重大的宪法案件的审理。德国还专门设立了行政法院，负责行政机关行政行为的司法审查。当公民个人权利受到行政机关违法行政行为侵害时，可以向行政法院提起诉讼。如果行政法院裁定该行政行为违法，将撤销该行政行为，保护公民的合法权益。

上述制度表明，各国的司法问责制度各具特色。审查机构有普通法院或专门机构的差异，启动方式有具体案件连带提起或抽象审查的区别，审查范围也因各国职责设定的不同呈现出不同的特点。但制度的初衷均立足于通过强化司法权，监督防范议会权力、行政权力的滥用。所以，强化司法审查，实质是避免国家权力，特别是立法权、行政权被滥用的一种司法救济手段。

三、西方国家行政内部问责制度

行政内部问责是政府在其体系内部，通过权力的层级配置所建立的权力控制机制。行政内部问责机构包括专门监察与惩戒机构两种。行政内部问责因为监控的权力根植于行政系统内部，能够及于权力控制范围的行政活动的整个过程，具有广泛性。同时，行政内部问责权由行政部门行使，贯彻了行政权灵活的特点，监督、问责的成本也比较低。行政内部问责包括了行政上下级之间建立的问责关系，行政专门监察机关对其他行政机关的问责关系，行政裁决及复议的问责关系等。

（一）美国

美国宪法虽然构架了"'一元化行政'（unitary executive）理论的'文本'和'结构'基础，即总统拥有针对所有行政事务的直接职权"❷。但对下级行政的基本授权以及行政职责并没有详细规定。美国宪法只规定了总统和副总统两个行政职位并对总统所辖的行政部门的基本构成，以及各自的职责均由总统所拥有的极大行政授权做了规定（第 2 条第 1 款）。美国总统有权提名大使、公使和领事、最高法院法官和任命手续未由本宪法另行规定而应由法律规定的合众国所有其他官员，但须经参议院同意并任命。国会认为适当时，得以法律将这类低级官员的任命权授予总统一人、法院或各部部长（第 2 条第 2 款）。总统负责"保障法律得到忠实实施之责"（第 2 条第 3 款）。美国官员的责权授受除了由总统提名，并需参议会通过任命的官员；大量的非选举产生的官员，他们的任命权可依据国会法令确认，由总统任命。这一规定的形成是在制宪会议中作为争议的焦点问题，即国会与总统谁主导普通官员的任命权，并经过了激烈

❶ 李德：《西方发达国家行政问责制的类型及比较研究》，《领导科学》2015 年第 35 期。

❷ See Steven G. Calabresi & Christopher S. Yoo, "The University Executive During the First Half—Century", 47 Case Western Law Review, 1492(1997). 转引自宋华琳：《国家建构与美国行政法的史前史》，《华东政法大学学报》2015 年第 3 期。

的讨论。最终由总统“任命那些未另行规定的职位”的立场占据了绝对优势。但罢免权在宪法中，仅限于对高级官员的“弹劾”。对于其他官员的免职问题，1789 年 7 月 18 日，议会通过了“1789 决定”，即政府部门首长的罢免权由总统单独实施。这一决定虽然受到 1820 年通过的《四年任职法案》的挑战，对总统权限有所限制。但 1869 年国会对《四年任职法案》作出修改，恢复了“1789 决定”中的总统权力。1887 年，这个《法案》被废除。所以，任免普通官员（非选举官员）已成为总统的一项重要权力。据统计，“美国总统有能力在执行部门中任命大约 3000 余人，不经参议院同意可以撤掉其中的大多数。”[1]

除了居于最高政府首脑的总统个人的任免权之外，在行政体系内部，基于层级关系，形成了上级对下级的控制问责关系，并体现出与官员任免特点相呼应的阶段性特征。大体分为三个时期：

第一个时期，从华盛顿总统到亚当斯总统时期（1789—1800 年）。

这是联邦党人执政时期，任用原则是“个人恩徇制”，即根据个人品德和社会威望等因素来任用官员。选任官员具有“合适品质”（fitness of character），强调被任命官员具有其认真审慎地履行职责的能力[2]，并通过宣誓等方式督促官员履行忠诚义务。

在法律保障方面，美国一些法律具有配置职责和转授权功能，明确职责由行政部门及其官员承担。在首届国会中，美国创设了战争部、外交部、财政部等部门，通过法律赋予了一些行政官员与其职责相匹配的权力，之后还成立了海军部和美国邮政署，颁布了公有土地转让和版权立法[3]。对船舶适航性的规制，对抵港船只进行检验检疫，颁发公有土地专有权证书，以及与印第安人的贸易颁发许可，共同构成了早期的美国行政规制[4]。这些法律对明确行政官员岗位职责，发挥了重要作用。

在行政体系内部，表现出早期的科层特征。法律为了保证政府官员能够尽职履责，形成了行政课责制度，逐级负责，逐级监督。多部法律规定，下级官员必须服从上级官员的命令，强化上级对下级的监督。例如，“法律规定财政部部长向各地办公室官员发出指示和裁定实现有效监督、控制和指挥纳税官员的职责活动，规定邮政著著长有权监督与管理邮政工作”。[5]

---

[1] 李军鹏：《责任政府与政府问责制》，人民出版社 2009 年版，第 132 页。

[2] See Jerry L. Mashaw, Creating Administrative Constitution: The Lost One Hundred Years of American Administrative Law, Yale UniversityPress, 2012, p. 58. 转引自宋华琳：《国家建构与美国行政法的史前史》，《华东政法大学学报》2015 年第 3 期。

[3] Department of Veteran Affairs, VA History in Brief, http://www.va.gov/opa/publications/archives/docs/history_in_brief.pdf, accessedMar. 15, 2015. 转引自宋华琳：《国家建构与美国行政法的史前史》，《华东政法大学学报》2015 年第 3 期。

[4] See Jerry L. Mashaw, “Recovering American Administrative Law: Federalist Foundations, 1787—1801”, 115 Yale L. J. 1337—1338 (2006). 转引自宋华琳：《国家建构与美国行政法的史前史》，《华东政法大学学报》2015 年第 3 期。

[5] See Chapter VII, An Act to Establish the Post—Office and Post Roads within the United States, § 3, 1 Stat. 234 (1792), http://njpostalhistory.org/media/pdf/postact1792.pdf, accessed Mar. 15, 2015. 转引自宋华琳：《国家建构与美国行政法的史前史》，《华东政法大学学报》2015 年第 3 期。

这并非现代意义的科层制度,但已经显露出行政内部控制的层级结构。“创设出形式各异的行政机关;通过管理与科层控制,让行政机关及行政官员承担责任;通过普通法上的救济形式来控制行政权。”[1]这保证了美国行政系统监督与问责的实现。

第二个时期,从杰克逊总统到 1883 年《彭德尔顿法》通过。

这一时期官员的任职原则是“政治分赃制”。政党在大选获胜后,把官职作为战利品进行“政治分赃”,这成为任用官员的基本原则。以公职轮替制度取代了官员任职的不定期制,实现了公职和公职人员的明确区分,突出了行政职务的公共性与行政官员的任期性质。这些原则的确立,推动了政府职务行为的去人格化,官员必须按照公共要求行使职责,公职行为也趋于客观化。通过“政党分肥”实现公职轮替,为美国官僚制的形成奠定了一定基础。社会经济的飞速发展带来了美国行政体制的扩张,行政规模化趋势明显。“行政责任组织化取代了既往的公务员个人责任和忠诚责任,成为这一时期行政自我规制的重要特点。”[2]

在 1801 年至 1829 年,美国进入了民主党人统治时期。1807—1809 年间的禁运政策,在对美国商业贸易进行严苛规制的同时,也控制了各级官员的行政裁量权。1807 年的《禁运法案》“赋予了杰弗逊总统巨大的裁量权,总统又把权力授予了财政部部长,而财政部部长又通过内部信函来导引下级官员的裁量权,因此实现了上级对下级的控制,引起了所谓的内部行政法”[3]。1809 年国会又颁布了《执行法案》,保证了行政规制职权和行政自由裁量权按照政府责任的目标行使,进一步完善了行政自我规制。在此后的土地行政中,也形成了有效的行政内部控制体系。1812 年国会设立了土地总局(General Land Office),并首次形成了面向公众的行政裁决体系,以保证政府职责的落实。所以,禁运行政与土地行政通过行政体系内部的层级控制及课责机制,规范各级政府官员及执法人员裁量权的行使,切实保障政府权力不偏离所肩负的职责[4]。1852 年《蒸汽船检查法》设立的检查员监督委员会,通过制定职责的履行程序,实现了职责运行程序的法治化,这是规范职责行为的极大进展,积极回应了当时“公职规模化、复杂化和政治化的趋势”“塑造了内部行政法”[5]。19 世纪 60 年代,南北战争结束后,退伍老兵保障金的发放以及邮政局的禁邮令等措施,在行政裁决机制中发育出了行政正当程序观念,行政自我规制的程序性规则逐步趋于完善[6]。

在 1787 年至通过《彭德尔顿法》(civil service act of 1883)的近百年间,由于行政

---

[1] 宋华琳:《国家建构与美国行政法的史前史》,《华东政法大学学报》2015 年第 3 期。

[2] 宋华琳:《国家建构与美国行政法的史前史》,《华东政法大学学报》2015 年第 3 期。

[3] 宋华琳:《美国行政法史的源与流》,https://www.swupl.edu.cn/cms/web/search/index.jsp,来源:西南政法大学网站,发布时间:2014-12-03,12:41:00。

[4] 宋华琳:《国家建构与美国行政法的史前史》,《华东政法大学学报》2015 年第 3 期。

[5] [美]杰里·马肖:《创设行政宪制:被遗忘的美国行政法百年史(1787—1887)》,宋华琳、张力译,中国政法大学出版社 2016 年版,第 238 页。

[6] 李德旺:《理念、规范与塑造历程:美国早期行政自我规制的全面解读——读杰里·马肖〈创设行政宪制:被遗忘的美国行政法百年史(1787—1887)〉》,《现代法治研究》2018 年第 3 期。

事务日趋复杂,立法机关难以及时跟进,这导致立法中授权宽泛或立法漏洞明显;也存在立法滞后的情况,这为行政立法创造了极大空间。行政规则的演化动力来自国会授权,"国会通过法律授权总统,总统任命各类行政官员,行政官员在自己的行政系统中……控制下级官员,以确保行政权在规范的轨道上进行良好行政。"[1]行政自我规制演变成为内部行政法。行政内部规制,既为内部问责奠定了规范基础,也为外部司法审查创造了条件。行政规制不断完善,形成了不同角度、不同方式的内部规则体系,具有了独立的结构特征。行政规则体系的正当性体现在对政治理性的反映,以及在程序制度层面引入了公共行政参与的因素。行政在贯彻执行政治决策的前提下,对官员行政职责自我约束和规范的动因,受制于行政内部形成的价值原则,并在行政运行中遵循所形成的基本的运行模式,呈现出向专业化、组织化、理性化方向,如结构科层化、组织分工化、专业技术化发展的趋势。美国宪法对行政规制的"简略"设计,已经由行政立法予以充实和完善。行政的自我规则,对于约束行政裁量权和规范行政行为,发挥了重要作用。官员行政课责既是控制行政的重要方式,也是督促行政官员实现责任的重要体现。

第三个时期,从 1883 年文官制度确立至今。

1883 年美国通过了《彭德尔顿法》,标志着美国现代文官制度的建立。职责与职权授受方式上,"竞争功绩制"取代"政党分赃制",主要考察功绩测试的结果,注重知识和技能而非政治上的忠诚,将之作为雇佣和晋升的主要依据。确立了公职人员录用公开竞争、择优录用、职位分类、功绩考核等文官制度的一般原则。通过确立政治中立原则,禁止对文官政治解雇,主要是禁止"因为政治方面的原因,如不做政治捐献、不参加党派活动等"而被"政治解雇"。麦金莱总统于 1897 年发布了行政命令,规定除因工作效率原因,不得以任何理由解除文官职务,并规定了严苛的免职程序,如提前 30 天书面通知等;加强了被免职人的权利保障,如申辩权保障、上诉、听证等等。但 1978 年卡特总统时期的《文官改革法案》对文官控制显得更加严格,如对高级文官可以带身份调动、免职,这为总统和部门首长启用与自己政治立场一致的高级文官打开了方便之门。自从《彭德尔顿法》确立的文官政治中立原则由此被弱化。甚至有美国人认为,卡特文官改革法案,又将政治恩赐制请回了文官系统[2]。直至今日,如何保持政治中立仍然是一个难题。

文官制度的去人格化、理性化和层级化等特征,是"形式主义的非人格化的统治""不因人而异"[3],通过法律制度等形式因素,实现责权分工。具体表现为政治控制之下,行政贯彻中立立场,以服从政治为己任。从这一根本责任出发,行政内部规则细

---

[1] 李德旺:《理念、规范与塑造历程:美国早期行政自我规制的全面解读——读杰里·马肖〈创设行政宪制:被遗忘的美国行政法百年史(1787—1887)〉》,《现代法治研究》2018 年第 3 期。

[2] Ronald N. Johnson and Gary D. Libecap ,The Federal Civil Service System and the Problem of Bureaucracy. The Economics and Politics of Institutional Change, University of Chicago Press, 1994, p. 72.

[3] 马克斯·韦伯:《经济与社会》(上卷),林荣远译,商务印书馆 1998 年版,第 243-251 页。

化、落实为不同级别、不同岗位的责任制，如等级责任制（部长等不同级别官员的责任制）、岗位责任制（如不同岗位官员的责任制），同时还有各类规范行政行为的细则，实现行政规制的严格内控。表现在课责制度上，行政官员向上级负责，上级官员对下级官员问责。按照职责配置关系，在遵守法律制度的前提下，下级必须严格服从上级的命令，上级有权追究下级的行政责任。因为“官僚制的盛誉在于，尽管自己心存异议，也要恪守上级官方的错误命令，并忠实、准确、完全地执行它”❶。如有违反，由上级追究下级的责任，由其承担相应的惩罚性后果。从这个角度而言，行政系统是一个纯粹的责任体系。行政机关通过层级逐级负责，最终向行政首长负责，层级制的等级结构保证了责任机制的贯通性❷。这一责任关系的基础是授权关系。“上级官员对下级官员的监督，包括许可认可权、命令权、撤销停止权和权限争议的决定权。”❸而且上级官员对隶属的下级官员的严重违法违规行为负有连带责任。如果下级官员出现了腐败行为及其他违规违法行为，上级官员也难辞其咎；如果上级官员推荐的下级官员发生了重大违法违规行为，上级官员也要承担连带责任。

随着行政规制的自我完善，职责监督与问责的独立性日渐增强，在行政机关内部，形成了独立的监督问责机构，并制定出台了大量法律。美国政府内部问责的专门监督机构，主要包括政府道德办公室、监察长办公室和功绩制保护委员会。

一是政府道德办公室。随着政府权力的扩张，行政官员的道德自律问题日渐突出，官员的道德规制问题引发了人们的关注。此后，美国出台了一系列的道德规范和立法，追究官员的道德伦理责任，这是美国行政问责的特点。

美国参议院于 1958 年通过了《政府工作人员十项道德规范》，为所有政府雇员包括官员制定了内容广泛的道德准则。该制度具有道德宪章性质，尚不具有法律效力。1961 年肯尼迪总统颁布了第 10939 号行政令，提出了政府官员的道德标准指南❹。1965 年通过了《政府官员和雇员的道德行为准则》，对道德规范作出进一步细化。1972 年的水门事件引发了政府的道德危机，1977 年 1 月，卡特总统在就职演说中强调政府廉洁公正的最后防线是人伦道德的力量，“腐败根源及后果表现为官员或行政人员丧失基本的廉耻观和道德准则，因此必须将纪律处分、法律制裁与道德培训结合起来。”❺水门事件催生了 1978 年《政府道德法》，通过法律强制力约束政府官员的道德行为，是一部典型的道德立法。同时，在体制上设立了政府道德办公室，负责官员道德行为的规范和审查。1985 年制定的《政府工作人员道德准则》，对官员及其他雇员提出了离职禁业的要求。《政府道德法》刚颁行时，只针对行政官员，难以涵盖司法和议

❶ ［英］马丁·阿尔布罗：《官僚制》，阎步克译，知识出版社 1990 年，第 38 页。转引自林畅、施雪华：《论美国现代文官制度的形成及其核心价值体系》，《湖北社会科学》2009 年第 4 期。

❷ 张强：《政府责任模式的演变及其启示》，《华南师范大学学报（社会科学版）》2004 年第 5 期。

❸ 李军鹏：《责任政府与政府问责制》，人民出版社 2009 年版，第 132 页。

❹ 杨曙光：《从政道德立法：美国治腐的杀手锏》，《中国改革》2007 年第 6 期。

❺ 杨曙光：《从政道德立法：美国治腐的杀手锏》，《中国改革》2007 年第 6 期。

会的官员。由于国会丑闻频出,1989 年美国国会通过了布什总统提交的《政府道德改革法案》,规范对象扩大到了立法、行政和司法官员,通过立法进一步加强对各个领域官员的道德防范。《政府道德改革法》对道德管理机构进行调整,将美国政府道德办公室升格为独立的副部级单位,直接对总统负责,极大提升了政府道德管理机构的权威性。1992 年,美国政府又颁布了《美国行政部门雇员伦理行为准则》,并先后于1993 年、2002 年和 2011 年进行修订。其中的 2002 年版本,由联邦政府道德办公室对以前颁布的立法和规范进行集中编撰,公布了《行政官员道德行为准则》。该规则对此前的制度进行了补充,使之更为全面、严格、细密。2011 年美国政府道德办公室出台了《美国行政部门雇员道德行为准则》,虽然该文本并非国会立法,但它更具系统性,为政府官员提供了更为具体的行为依据,"改变了之前从政道德行为准则所表现出来的分散、缺乏系统性的特点。……是跨部门法规,首次规定一套适用于所有行政部门公务员的统一的道德行为标准"❶,同时也是美国行政官员责任追究的重要依据。美国行政内部的责任追究具有鲜明的职业道德立法色彩,将官员的道德伦理规范上升到立法高度,实现了法律对道德行为的调整。违反道德立法,必然要承担相应的法律责任。

二是监察长办公室。1978 年 10 月,为解决联邦政府存在的效率低下以及腐败浪费等问题,美国总统签署了《监察长法案》,规定在联邦政府各部门和各独立机构内部设立监察长办公室。截至 2016 年 10 月,共有 73 家联邦政府部门和机构设置了监察长办公室。监察长办公室具有较强的独立性,不附属于任何政党,只受《监察长法案》约束。监察长办公室负责所在部门和机构开展内部的审计和调查各项与计划和业务有关的事务,监察长的工作职责范围包括六项,即"制定监察计划、跟踪监察、接受举报和控告、案件调查、提交报告、处理"。监察长受理举报,可以对涉案官员进行审计、调查、搜查,可以采取发出传票、跟踪、实施拘捕等司法权力。根据调查结果,监察长办公室只有建议权,没有处分权。如果构成违纪,交部门首长最后决定。涉嫌刑事犯罪的,一般由行政长官先作出人事组织处理或纪律处分,再移交给司法部提起刑事诉讼,按司法程序处理。监察长办公室每半年必须向国会和总统报告一次工作,遇有重大情况可随时报告。监察长办公室通过监督制约所在部门和机构规范用权,在防控内部风险、提高绩效、强化责任等方面,发挥了重要作用。

三是功绩制保护委员会。出于保护检举者的目的,美国在 1978 年成立功绩制保护委员会,主要负责接受举报者的申诉、调查及诉讼等。1989 年,美国制定了《检举者保护法》,旨在保护联邦职员或其他检举人免受打击报复,这有助于规范行政系统官员的行政行为,减少了行政官员违纪行为的发生。

---

❶ 庄小茜、蒋娜:《导读:美国反腐败立法及相关制度》,《美国政府道德法、1989 年道德改革法、行政部门雇员道德行为准则》,中国方正出版社 2013 年版,第 4 页,转引自徐国利:《美国〈行政部门雇员道德行为准则〉评析与启示》,《江苏行政学院学报》2018 年第 3 期。

美国还在行政机关中普遍设立了行政法官制度。行政法官的职责包括对案件的初步决定权或建议权以及一系列听证权力，具体包括主持宣誓、签发传票、记录证言或授权他人记录、明确听证程序等。行政法官在听证过程中必须主动发挥作用，负责主持听证过程、讯问证人、主动调查、查明事实等。

美国行政内部问责制度涵盖了常规的建立在层级问责基础上的上级对下级的问责、专门机构的问责以及行政法官等其他问责形式。实现了行政机关内部对行政权的有效管控。

（二）英国

英国在政府内部设计了两种方式，实现对行政机关工作人员的监督。一是部长监督。部长有权审查地方政府行政行为的事实及法律问题，对其进行合法性和合理性审查。当公民认为自身合法权益受到行政人员违法或不当行为侵害时，有权向部长申诉。二是行政裁判所监督。行政裁判所在普通法院系统之外，是解决行政争议的专门机构，较之司法机关在解决行政争议方面更具有专业性，程序上也更为便捷。在公共事务不断增多、司法诉讼成本较高的背景下，可以通过行政机关内部简便易行的方式来化解纠纷。行政裁判所的管辖范围除了解决行政上的争端，还包括公民之间与政策相关的争端，以及与行政管理有关的民事案件等❶。20 世纪以后，英国行政裁判所数量大为增加，特别是 1958 年《裁判法与调查法》的颁行，明确了行政裁判所理事会及其职能、组织和程序、司法控制等内容。行政裁判所在解决行政争议方面，发挥了重要的作用。

1870 年，英国确立了文官制度。随着文官制度演进，英国的公务员惩戒制度也趋于完善，公务员惩戒需要遵守《文官守则》和不成文的“荣誉法典”。其中，规定了公务员的惩戒措施，具体包括警告、申诫、停止或延期晋升、停职、免职等。如果公务员因犯有过失，违反相关纪律，负有管理文官职责的常务次官可以通过口头或书面的方式处以警告、申诫，并报大臣处以停止或延期晋升、停职或撤职等处分。同时，普通法中的自然公正原则赋予了被撤职处分文官的申诉、陈述、辩护等权利。在对文官做出撤职处分后，应将处分的理由和事实书面通知被处分人。接到处分通知的文官有权向主管大臣提出申诉，在陈述案情时还可以请律师或其他人员为自己进行辩护❷。

（三）法国

法国在行政机关内部构建了比较成熟的问责机制，设立了行政调解专员、财政监察专员、财政监察总局、内政监察总局、社会事务监察局、反腐败斗争中央局等专门的内部监察机构，实现对行政官员的监督和问责。其中，行政调解专员制度是法国独具特色的制度，行政调解专员具有行政监察专员的性质。1973 年 1 月，部长委员会正式任命了首任行政调解专员。行政调解专员具有很大的独立性，专门负责中央和地方政

---

❶ 李德：《西方发达国家行政问责制的类型及比较研究》，《领导科学》2015 年第 35 期。

❷ 施雪华：《西方国家行政问责制度的历史发展及其动因》，《哈尔滨工业大学学报（社会科学版）》2014 年第 6 期。

府官员的监督和问责,监督范围不仅及于合法性,还及于合理性。行政调解专员具有很大的调查权,直接对各级政府工作人员履职行使监督权、调查权,有权要求调查的部门提供有关材料,调查后可以对政府施政行为提出改进的意见和建议。如果政府部门不接受其建议,调解专员有权采取制裁性措施。实践表明,法国行政调解专员制度是行政法院救济体系的有力补充,在防范政府权力侵害公民权益、缓解政府和公民之间紧张关系等方面,发挥了重要作用❶。

法国的公务员惩戒也被称为纪律处分,是公务员在执行公务过程中因违反应当履行的职责而受到的一种制裁形式。法国对公务员惩戒的规定,集中体现在法国公务员一般地位法中。1941 年维希政府时期,公布了适用于各类公务员的公务员一般地位法,1946 年 10 月制宪会议对其作出修订,随后这部法律被 1959 年新制定的公务员一般地位法令取代。1983 年和 1984 年又颁布了三部法律,构成了现行的公务员一般地位法,适用于中央和地方各类公务员。依据公务员一般地位法,法国公务员必须遵守执行职务的义务、廉洁奉公的义务、服从上级命令的义务、中立义务、保守秘密义务等。如果公务员违反上述义务,就会受到警告和申诫,取消晋升资格降级、不超过 15 天的临时解除职务、调职、降职、临时解除职务 3 个月至 2 年,以及强制退休和撤职等惩戒❷。行政首长有权决定公务员是否构成违法以及应受到何种制裁,以确保行政系统层级的有效管理。但行政首长对公务员实施惩戒时,必须咨询对等行政委员会的意见,而且受行政法院越权之诉的监督。

美、英、法三国的行政内部问责制度各具特色,在各国行政体系运行过程中,强化了行政层级控制,对规范行政权力运行、缓解政府与公民之间的关系发挥了重要作用。

西方主要国家经过几百年的发展演变,已经构成了比较成熟的问责制度体系。问责主体多元,问责类型多样,程序也很完善,涵盖了议会主导的政治问责、司法机关主导的司法问责以及政府主导的行政问责。西方问责制的构建,有力地推进了政府廉洁高效运行,保证了政府决策的民主化、科学化。

第二节　我国问责制的发展演变

责任体系是国家治理体系的重要组成部分。我国领导干部责任制,是推进国家治理体系和治理能力现代化的重要抓手。从历史上考察,对领导干部直接违纪违法行为的制度规制,伴随着党建和行政发展的整个历程。但从现代"问责"内涵所强调的"对民众作出回应、未能尽职须承担责任"的视角,着力构建领导干部职责范围内失职失责的问责制度,是 20 世纪以来的新发展。而加大制度建设力度、基本形成体系格局,

❶ 施雪华:《西方国家行政问责制度的历史发展及其动因》,《哈尔滨工业大学学报(社会科学版)》2014 年第 6 期。

❷ 山东行政学院课题组:《西方国家问责制的理论与实践及对我国的启示》,《山东行政学院学报》2013 年第 1 期。

则是党的十八大以来的重大突破。

一、我国问责制度的发展历程

我国问责制度经历了有问责之实向问责“实至名归”的转变，并在此基础上进一步发展完善。以下对政治问责制、行政问责制、党内问责制分别予以论述。

（一）政治问责制

政治问责制是人民或人民的代表机关作为国家权力的享有者向权力的行使者进行质问，对其违背人民意志的失职、渎职行为追究相应责任的制度。我国政治问责制度主要包括质询制和罢免制。作为民主制度的重要组成部分，这两项制度在我国《宪法》及其他宪法性法律文件中，占据重要地位。

1. 政治问责制的初创

1954 年，在我国制定的第一部宪法中，初步确立了质询制和罢免制。宪法第 36 条规定：“全国人民代表大会代表有权向国务院或者国务院各部、各委员会提出质问，受质问的机关必须负责答复。”第 28 条规定：“全国人民代表大会有权罢免中华人民共和国主席、副主席；国务院总理、副总理、各部部长、各委员会主任、秘书长；最高人民法院院长、最高人民检察院检察长。”新中国的人大质询、罢免制度由此确立。与此同时，通过了《全国人民代表大会组织法》，其中第 34 条规定：“全国人民代表大会代表向国务院或者国务院各部、各委员会提出质问。受质问的机关必须向全国人大或者全国人大常委员会负责答复”。1954 年《地方各级人民代表大会和地方各级人民委员会组织法》第 17 条赋予了地方人大代表以质问权：“地方各级人民代表大会举行会议的时候，代表向本级人民委员会或者本级人民委员会所属各工作部门提出的质问，经过主席团提交质问的机关。受质问的机关必须在会议中负责答复”。第 8 条赋予了罢免权：“地方各级人民代表大会有权罢免本级人民委员会的组成人员和由它选出的人民法院院长。”

质询权、罢免权是人大代表所具有的重要民主政治权利，它的行使状态与人大制度的发展息息相关。在新中国成立最初的三年里，人大各项工作的展开比较正常。1957 年以后，由于受反右派斗争扩大化的影响，人大在政治生活中的地位和作用渐趋弱化。及至“文化大革命”，人大的制度运行难以正常开展，工作机制受到了严重破坏，质问和罢免都难以正常进行。在“文化大革命”后期颁布的 1975 年宪法，大量删减人民代表大会制度的规定，质问和罢免也未能幸免。

2. 政治问责制的发展

“文化大革命”结束以后，国家政治生活逐步进入正轨，各项政治制度的重建也显得极为迫切，制定一部新的《宪法》已迫在眉睫。1978 年，我国颁布了第三部《宪法》，其中的第 28 条规定：“全国人大代表有权向国务院、最高人民法院、最高人民检察院和国务院各部、各委员会提出质询。”1978 年《宪法》在恢复这一制度的同时，也有所创新，将制度称谓由“质问”改为相对措辞更为柔和的“质询”；质询对象由“政府”扩大到“一府两院”，增加了人大对最高人民法院和最高人民检察院质询的规定。第23条明确规定：“全国人民代表大会有权罢免国务院组成人员、最高人民法院院长和最高人民检察院检察长。”第36条规定：“地方各级人民代表大会选举并且有权罢免本级革命委员会的组成人员。县和县以上的人民代表大会选举并且有权罢免本级人民法院院长和本级人民检察院检察长。”这一阶段虽然确立了质询和罢免制度，但没有细化到具有可操作性规定，“因为质询缺乏相关的法律和程序保障而无法得以有效执行，有名无实”[1]。

十一届三中全会以后，法治建设进入了快车道。在民主法治建设的推动下，我国开始改革和完善选举制度，扩大全国人大常委会的职权，健全地方人大的组织制度体系，先后出台了一系列相关立法，对质询和罢免制度从程序、形式、效力等方面，作出进一步更具可操作性的细化。如1979年《地方各级人民代表大会和地方各级人民政府组织法》，规定了地方人大质询的启动人数及答复程序。1982年《宪法》的出台，极大完善了质询和罢免制度。其中第73条规定：“全国人民代表大会代表在全国人民代表大会开会期间，全国人民代表大会常务委员会组成人员在常务委员会开会期间，有权依照法律规定的程序提出对国务院或者国务院各部、各委员会的质询案。受质询的机关必须负责答复。”其中，“有权”“依照法律”“必须”等强制措辞表明，人大质询制度是具有一定刚性作用的代议机关的监督问责制度。

1982年《宪法》扩大了质询主体的范围以及重新明确质询对象，全国人大常委会成员可以提出质询案，但只限定在常委会会议期间及对国务院各部委提出；删除了对最高人民法院、最高人民检察院质询的规定，明确了质询权行使以质询案为载体，同时规定了质询权行使的程序保障。此后1982年《宪法》历经五次[2]修正，但关于质询的规定一直未做任何修改。1982年《中华人民共和国全国人民代表大会组织法》对全国人大提出质询案的主体、质询方式、答复程序都做了明确规定[3]；1987年《中华人民共和国全国人民代表大会常务委员会议事规则》对质询程序和内容作了进一步具有可操作性的规定；1989年的《中华人民共和国全国人民代表大会议事规则》规定了“对质询案答复不满的后续程序”等内容。对全国人大代表“不满意”答复的规定，见于第27条“提出质询案的常务委员会组成人员的过半数对受质询机关的答复不满意的，可以提出要求，经委员长会议或者主任会议决定，由受质询机关再作答复。”

1992年，《全国人民代表大会和地方各级人民代表大会代表法》将依法联名提出议案、质询案、罢免案等，作为人大代表的一项权利予以保障；并扩大了质询对象，除了

---

[1] 田必耀：《人大质询与政治和谐》，《人大建设》2005年第11期。

[2] 1988年4月12日，第七届全国人民代表大会第一次会议通过了《中华人民共和国宪法修正案》；1993年3月29日，第八届全国人民代表大会第一次会议通过了《中华人民共和国宪法修正案》；1999年3月15日，第九届全国人民代表大会第二次会议通过了《中华人民共和国宪法修正案》；2004年3月14日，第十届全国人民代表大会第二次会议通过了《中华人民共和国宪法修正案》；2018年3月11日，第十三届全国人大一次会议第三次全体会议通过了《中华人民共和国宪法修正案》。

[3] 《中华人民共和国全国人民代表大会组织法》(1982)第16条。

国务院及其所属各部委外，还包括最高人民法院、最高人民检察院；同时细化了质询的答复机制，如果对答复意见不满意，可要求再次作出答复，这对提高质询质量具有重要意义。1994 年通过的《中华人民共和国预算法》(以下简称《预算法》)也对人大代表或常委会组成人员就预算、决算中的有关问题提出质询做了规定。1995 年修订的《地方各级人民代表大会和地方各级人民政府组织法》细化了质询案的提交程序，在主任会议决定质询案是否有效的基础上，明确主席团也有此权力。这些制度的发展，彰显了我国政治问责机制在政治生活中的探索与演变。通过一系列立法的修订完善，政治问责制度逐步建立起来。

3.政治问责制的完善

2006 年通过的《各级人民代表大会常务委员会监督法》在此前相关制度的基础上，规定满足一定人数的人大常委会组成人员，有权向常委会书面提出对各级政府、部门、法院、检察院的质询案。质询案应当写明质询对象、质询的问题和内容。

人大组织法及议事规则自 1980 年出台，对规范人大工作的持续稳定，发挥了重要作用。然而，随着民主化、法治化进程日益深入，要求进一步突出全国人大及其常委会的立法职能，更好地发挥在建设社会主义法治国家中的地位。同时，国家监察体制改革的成果也需要纳入人大组织性立法中，以监督监察机构的各项活动依法开展。2021 年 3 月，中华人民共和国第十三届全国人民代表大会第四次会议通过了《全国人民代表大会关于修改〈中华人民共和国全国人民代表大会组织法〉的决定》《全国人民代表大会关于修改〈中华人民共和国全国人民代表大会议事规则〉的决定》。其中，新修订的《中华人民共和国全国人民代表大会组织法》将"国家监察委员会"增为质询对象❶；将"国家监察委员会主任"列为罢免对象❷。同时通过的《中华人民共和国全国人民代表大会议事规则》对质询和罢免的内容作了同步修改❸。

---

❶ 《中华人民共和国全国人民代表大会组织法》(2021)第 21 条："全国人民代表大会会议期间，一个代表团或者三十名以上的代表联名，可以书面提出对国务院以及国务院各部门、国家监察委员会、最高人民法院、最高人民检察院的质询案。"第 30 条："常务委员会会议期间，常务委员会组成人员十人以上联名，可以向常务委员会书面提出对国务院以及国务院各部门、国家监察委员会、最高人民法院、最高人民检察院的质询案。"

❷ 《中华人民共和国全国人民代表大会组织法》(2021)第 19 条："全国人民代表大会主席团、三个以上的代表团或者十分之一以上的代表，可以提出对于全国人民代表大会常务委员会的组成人员，中华人民共和国主席、副主席，国务院和中央军事委员会的组成人员，国家监察委员会主任、最高人民法院院长和最高人民检察院检察长的罢免案，由主席团提请大会审议。"第 45 条第 1 款："主席团、三个以上的代表团或者十分之一以上的代表，可以提出对于全国人民代表大会常务委员会的组成人员，中华人民共和国主席、副主席，国务院的组成人员，中央军事委员会的组成人员，国家监察委员会主任，最高人民法院院长和最高人民检察院检察长的罢免案。"

❸ 《中华人民共和国全国人民代表大会议事规则》(2021)第 44 条："主席团、三个以上的代表团或者十分之一以上的代表，可以提出对全国人民代表大会常务委员会的组成人员，中华人民共和国主席、副主席，国务院的组成人员，中央军事委员会的组成人员，国家监察委员会主任，最高人民法院院长和最高人民检察院检察长的罢免案，由主席团交各代表团审议后，提请大会全体会议表决；或者依照本规则第六章的规定，由主席团提议，经大会全体会议决定，组织调查委员会，由全国人民代表大会下次会议根据调查委员会的报告审议决定。"第 48 条："全国人民代表大会会议期间，一个代表团或者三十名以上的代表联名，可以书面提出对国务院以及国务院各部门、国家监察委员会、最高人民法院、最高人民检察院的质询案。"

（二）行政问责

行政问责是行政体制内部上级对下级或专责机关对其他行政机关展开的问责。行政问责在推进我国责任政府建设，督促公职人员尽职履责方面发挥了重要作用，在我国问责制度体系中占据重要地位。行政问责经历了从萌芽、发展到逐步完善的过程。狭义上的行政问责仅指尚未构成行政处分的诸种问责形态；而广义上的行政问责既包括尚未构成行政处分的问责，也包括构成行政处分的问责。本文“行政问责”在与“行政处分、移送司法”并列使用时指狭义，其他情形则指广义。

1. 改革开放前行政责任追究制度

新中国成立伊始，面对暴露出的贪污盗窃现象，以及政府内部的官僚主义作风，1951 年 12 月 1 日，中共中央作出《关于实行精兵简政、增产节约、反对贪污、反对浪费和反对官僚主义的决定》；12 月 8 日，中共中央又发出《关于反贪污斗争必须大张旗鼓地去进行的指示》。自此，“三反”运动在全国范围内普遍开展起来了。不久就处理了轰动全国的刘青山、张子善案件。1952 年 2 月 10 日，河北省人民法院公审后经最高人民法院核准，判处刘、张二人死刑，立即执行。各地也揭露了一批严重的贪污盗窃案件，并先后召开了坦白检举大会或公审大会，对于严重犯罪分子依法严惩。如果说上述制度主要着眼于领导干部的贪污腐化等犯罪行为，那么在 1952 年 8 月，政务院颁布《国家机关工作人员奖惩暂行条例》，则对国家机关工作人员提出了普遍性的纪律要求。

在国家完成社会主义改造进入社会主义建设时期后，全国性的干部奖惩制度也建立起来了。1957 年 10 月，第一届全国人大常委会批准《国务院关于国家行政机关工作人员的奖惩暂行规定》，提出了“国家纪律”的范畴，对纪律处分的条件、种类、处分权限、程序等做了比较系统、全面的规定，这是干部奖惩的重要法律基础和依据。但“文化大革命”时期，我国制定的各项制度形同虚设，此前奠定的基础也被破坏殆尽。

这一时期的制度建设主要针对领导干部直接违犯党纪、政纪或构成违法犯罪的行为，作出了相应的制度约束。但对尚未构成违纪或违法，但因失职、渎职的问责，尚未引起足够的重视。或者说，只有领导干部触犯党纪国法，才追究纪律或者法律责任。改革开放后，随着恶性事故的增加，严格领导干部问责的问题，才逐步进入了人们的视野。

2. 行政问责制的形成期

现代意义的问责，发展出了前置于“违纪”问责的内涵，是指领导干部对自身所担负的职责向上级负责，向其作出解释回应，并承担失职失责、履职不当、不为等的相应责任。此类问责有间接责任的特点通常以领导干部的行为造成某种恶劣影响、引发某种严重后果为要件，具体承担责任的方式有别于党纪国法的责任处理方式。如果领导干部违纪违法情节严重，则通过党纪国法追究其相应的责任，从而实现对失职失责行为的全方位规制。

“文化大革命”结束以后,我国行政体制运行步入了正轨。在改革开放的最初20年里,我国尚未形成行政问责制度,这期间发生的重特大案件,均作为个案通过行政处分的方式予以处理。其中有三起典型的案例:1979年11月“渤海二号”钻井船沉船事件。石油部海洋石油勘探局从国外引进的“渤海二号”钻井船,在渤海湾迁往新井位的拖航中翻沉,造成72人死亡,直接经济损失3700万元,石油部长被解职,国务院主管石油事务的副总理记大过处分。在1987年,又发生了“大兴安岭5·6特大森林火灾”。大兴安岭地区的西林吉(漠河县)、图强、阿尔木和塔河4个林业局所属的几处林场同时起火。大火持续燃烧了21天,是新中国成立以来最严重的一次特大森林火灾,死亡193人,受伤226人,林业部部长、副部长被撤职。第三起案例发生在1999年11月,烟台“大舜”客货轮船海难。客货混装船上的304名乘客和船员仅有22人生还,282人遇难,直接经济损失9000万元,这是新中国成立以来最大的一次海难。为此,山东省副省长受行政记过处分,省长受行政警告处分,交通部副部长受行政记过处分,交通部部长受行政警告处分。

2001年4月,陕西省连续发生了三起特大安全事故,共计死亡103人。包括4月6日,铜川矿务局陈家山煤矿发生瓦斯爆炸事故,造成38人死亡,7人受伤;4月8日,渭南华阴市玉泉院(道观)通往华山西山门的人行涵洞内,发生游人拥挤踩踏伤亡事故,造成17人死亡,5人受伤;4月21日,韩城矿务局下峪口煤矿多种经营公司一处个体承包井发生瓦斯爆炸事故,造成48人死亡。陕西省省长被国务院给予行政记过处分。其他20名县处级以上政府及其部门有关负责人也受到处分。这助推了同年4月21日出台的《国务院关于特大安全事故行政责任追究的规定》,规范了在发生特大安全事故时,对市(地、州)、县(市、区)人民政府、负责行政审批的政府部门或者机构、负责安全监督管理的政府有关部门失职渎职行为,给予相应的行政处分,严重的追究刑事责任。

我国问责制的兴起是21世纪以来的事情。问责制概念的引入始于2002年,香港特别行政区自董建华的第二个任期开始实行“主要官员问责制”。香港主要官员问责制与公务员制的最大不同,是香港三司(政务司、财政司和律政司)十一局(公务员、政制、教育、环境交通、卫生食物、民政、房屋地政、保安、工商科技、经济劳工、财库)高官由特首任命,不列入公务员编制,以合约的形式实行政治聘任。在必要时,相关责任高官需要辞职,承担政治责任,以缓解社会压力。香港属于行政权主导、由行政吸纳政治的特别行政区。个别政府官员的问责,不至于引起整个行政系统的震动和社会不信任。

真正引发社会对“官员问责制”广泛关注的,是2003年4月的“非典”(SARS)疫情,这是当时自新中国成立以来爆发的最严重的公共卫生事件。从4月下旬至5月下旬,全国各省市区数百名党政领导干部、公职人员因抗击“非典”不力受到处理。

“非典”(SARS)事件后,对官员的问责成为一种趋势。2003年12月,重庆开县发生了造成243人死亡的井喷事故,中国石油天然气集团公司总经理马××引咎辞职;

2004年2月,北京密云县(今密云区)公园发生了造成37人死亡的彩虹桥踩踏事故,北京密云县县长张×引咎辞职;2004年2月,吉林省吉林市发生了造成54人丧生的中百商厦火灾,吉林市市长刚××引咎辞职;2005年8月,广东兴宁市大兴煤矿发生了造成121名矿工死亡的透水事故,梅州市市长何××行政降级、常务副市长蔡××撤职、兴宁市市长曾××撤职;2007年12月,山西洪洞县新窑煤矿发生了造成105人死亡的瓦斯爆炸事故等特大责任事件,临汾市市长李××被免职。

这一系列公共安全事件所引发的领导干部问责,推动了行政问责制度化、规范化、法治化的步伐。在国家层面,2005年9月3日颁布的《国务院关于预防煤矿生产安全事故的特别规定》第7条明确,乡、镇、县级人民政府在所辖区域内对非法煤矿监管不力,其政府主要负责人以及负有责任的相关负责人"根据情节轻重,给予降级、撤职或者开除的行政处分;构成犯罪的,依法追究刑事责任"。在地方层面,2003年7月,长沙市通过了我国第一部关于行政问责的地方性规定——《长沙市人民政府行政问责制暂行办法》;2004年1月13日,天津市颁布了《天津市人民政府行政责任问责制试行办法》;2004年7月,重庆市通过了国内首个关于行政首长问责的制度——《重庆市政府部门行政首长问责暂行办法》;2005年1月,海南省出台了《海南省行政首长问责暂行规定》。2005年2月,《浙江省影响机关工作效能行为责任追究办法(试行)》出台,规定了30种应问责的行为,在全国首先建立了"庸官问责制",主要对官员"庸政、怠政"进行问责,将"效能革命"制度化。2004年4月实施的《党政领导干部辞职暂行规定》,重点对党政领导干部辞职的事由和程序作出了规范,特别是对因工作失职引发严重的群体性事件或者处置失当、决策严重失误、抗灾救灾、防治疫情等方面严重失职等情形,导致引咎辞职或责令辞职做了明确规定。2005年4月,昆明市制定了《昆明市国家行政机关及其公务员行政不作为问责办法(试行)》;2005年11月,《成都市行政首长问责暂行办法》出台。此后,深圳、河北、广西和甘肃等多个省、自治区、直辖市以及较大的市都颁布了行政问责的相关规定。这些地方性问责制度的出台,初步解决了"非典"以来问责制度缺失的尴尬局面,为出台全国性的问责制度作出了前瞻性的探索,并提供了有益经验。

特别是2005年12月,深圳市出台的《关于健全行政责任体系加强行政执行力建设的实施意见》等"1+6"文件[1],从制度上构建了科学、完整、可操作、有强制力的行政责任体系。这个行政责任体系有两大突出特点:一是涵盖了责任运行的整个过程。从责任设定到责任履行、责任监督、责任考核、责任追究,构成了一个有机整体和相互衔接的链条。职责目标、履行过程、监察督促、评估考核、责任追究五要素,构成了一个完整的行政责任链条。二是形成了具有反馈控制功能的闭环系统,即从绩效评估反馈到

[1] 包括《关于健全行政责任体系加强行政执行力建设的实施意见》以及《行政过错责任追究办法》《政府部门行政首长问责暂行办法》《行政机关工作人员十条禁令》《实施行政许可责任追究办法》、市政府《关于推行行政执法责任制的意见》和《关于进一步加强政务督察工作的意见》等配套文件。

责任设定和目标管理的闭环,以及从责任追究反馈到部门执行的闭环。深圳市"行政责任体系"是一个系统的"建设责任政府"的创新性体系,对责任政府建设具有一定的实践引领意义,对我国行政问责体系的完善,具有重要的推动作用。

地方政府行政问责制度的制定和颁行,以及在实践中的运用和探索,有助于行政问责理念更加深入人心,同时也增强了问责制对官员的威慑作用。

3. 行政问责制的发展期

随着地方性行政问责制度陆续出台、并在实践中不断摸索推进,国家层面的问责制度也逐步建立起来。首先是行政领域,继而扩展到党务领域,并通过统一的制度对党政领导干部问责作出了更权威、更全面的规定。

2004 年 3 月印发的《全面推进依法行政实施纲要》明确"权责统一"是其基本要求之一。所谓"有权必有责、用权受监督、违法受追究、侵权须赔偿"。该《纲要》要求按照"谁决策、谁负责"的原则,建立健全相关制度,实现决策权和决策责任相统一。同时,推行行政执法责任制,要求"建立执法过错或者错案责任追究制"。

2005 年 3 月,国务院政府工作报告提出"强化行政问责制,对行政过错要依法追究"。

2006 年 1 月实施的《中华人民共和国公务员法》(以下简称《公务员法》)第 54 条规定:"公务员执行上级明显违法的决定或者命令应当依法承担相应的责任。"其中也隐含了上级必然对其违法决定或命令承担责任的意蕴。第 82 条明确:"领导成员因工作严重失误、失职造成重大损失或者恶劣社会影响的,或者对重大事故负有领导责任的,应当引咎辞去领导职务。本人不提出辞职的,应当责令其辞去领导职务。"因工作严重失误失职等原因引咎辞职的规定,已然具有了领导干部问责制的性质,也对制定进一步细化的全国性行政问责制度,奠定了规范基础。

2006 年 3 月 5 日,在第十届全国人民代表大会第四次会议上,国务院总理温家宝在国务院政府工作报告中明确提出"建立健全行政问责制""推行政府问责制""提高政府执行力和公信力"。同时在《中华人民共和国国民经济和社会发展第十一个五年规划纲要》中,明确写入"推行政府问责制"的要求。

2006 年 9 月 4 日,温家宝总理在加强政府自身建设、推进政府管理创新电视电话会议上指出,要"按照权责一致、依法有序、民主公开、客观公正的原则,加快建立以行政首长为重点的行政问责制度",实现"有责必问,有错必纠,努力建设责任政府"。2007 年 2 月,温总理在国务院廉政工作会议上作出了"在全国推行以行政首长为重点对象的行政问责制度"的部署。

2007 年 4 月 29 日,国务院颁布的《行政机关公务员处分条例》第 19 条明确"负有领导责任的公务员违反议事规则,个人或者少数人决定重大事项,或者改变集体作出的重大决定的"的情形,第 20 条明确"不依法履行职责,致使可以避免的爆炸、火灾、传染病传播流行、严重环境污染、严重人员伤亡等重大事故或者群体性事件发生的"情形,给予记过、记大过处分;情节较重的,给予降级或者撤职处分;情节严重的,给予开除处分。上述规定在《公务员法》"领导干部失职应辞职"规定的基础上,进一步细化了处分情形,加大了处分力度。行政领域的领导干部失职不但可能引发引咎或责令辞职的后果,严重失职还会受到更严厉的行政处分。这为领导干部履职失职行为予以责任追究,提供了重要的法律依据。

2008年2月,党的十七届二中全会通过的《关于深化行政管理体制改革的意见》指出:"健全以行政首长为重点的行政问责制度,明确问责范围,规范问责程序,加大责任追究力度,提高政府执行力和公信力。"2008年3月,制定的《国务院工作规则》第34条要求"国务院及各部门要推行行政问责制度和绩效管理制度,明确问责范围,规范问责程序,严格责任追究,提高政府执行力和公信力",并将"行政问责"工作纳入国务院年度工作要点。同年中央开始选择部分省市和国务院部门开展试点,加快在全国范围内实行以行政首长为重点的行政问责制度。在实践领域,加大了问责力度和广度。2008年发生了一系列重大的恶性事故,对失职失责的领导干部、主要负责人展开了严厉的问责,因此这一年被媒体称为"问责年"。6月的瓮安事件,标志着我国领导干部问责对象从"行政"扩大到了"党内",对群体事件处置不力的瓮安县委书记王×被免职;同月被揭露的三鹿"问题奶粉"案,因服用"毒奶粉"全国出现了近30万患儿,国家质检总局局长,石家庄市委书记、市长,石家庄市主管农业的副市长、畜牧水产局局长、食品药品监督管理局局长、质量技术监督局局长,三鹿集团股份有限责任公司相关责任人或引咎辞职或被免职。9月8日,山西襄汾尾矿溃坝事故,导致200余人死亡。山西省省长、副省长以及临汾市委书记、市长,襄汾县委书记、县长等相关责任人或引咎辞职或被免职。9月20日,深圳市龙岗区舞厅特大火灾事故,导致43人死亡。龙岗区副区长、消防大队长、龙岗街道办事处主任被免职。同一天,黑龙江鹤岗市兴山区富华煤矿发生井下火灾,死亡31人。兴山区委书记、区长、副区长被免职或撤职。9月21日,河南省登封市广贸工贸有限公司新丰二矿发生煤与瓦斯爆炸事故,死亡37人。登封市市长、副市长被建议免职。2008年9月被媒体称为"黑色9月"。当年的领导干部问责实践有两个重要特点:一是不限于重大安全责任事故,对群体性事件等突发事件处置不力,引发严重后果和恶劣影响的也要问责;二是问责的主体不再限于行政官员,党委主要领导也在问责之列。2003年"非典"事件以来出台的地方及中央行政问责的相关制度及其实践,为制定统一规范的党政领导干部问责制度提供了经验、奠定了基础。

4. 问责制的体系化建构时期

由于一系列重大事件的推动,在行政领域建立了基本的问责制度规范,但尚未实现体系化,亟待制定统一权威的制度作为统领。因此,制定统一立法迫在眉睫。

2009年7月出台的《关于实行党政领导干部问责的暂行规定》,不但是党内领导干部问责的重要规范,也是追究行政领域领导干部责任的重要依据,与2006年实施的《公务员法》、2007年实施的《行政机关公务员处分条例》,在行政问责方面发挥了重要作用。但也存在问责规定分散、体系化不足等问题。

2014年10月,党的十八届四中全会通过了《关于全面推进依法治国若干重大问题的决定》,其中对责任政府机制的完善提出新要求:"完善纠错问责机制,健全责令公开道歉、停职检查、引咎辞职、责令辞职、罢免等问责方式和程序。""建立重大决策终身责任追究制度及责任倒查机制。""严格追究行政首长、负有责任的其他领导人员和相关责任人员的法律责任。"为落实全会精神要求,2018年4月,针对问责案件比较集中的安全生产领域,中办、国办印发的《地方党政领导干部安全生产责任制规定》,首次从党政视角对安全生产领域制定专项制度,对"党政领导干部责任制"作出明确规定。这项制度适用于县级以上地方各级党委和政府领导班子成员(以下统称地方党政领导干部)。实行地方党政领导干部安全生产责任制,"应当坚持党政同责、一岗双责、齐抓共管、失职追责"。"地方各级党委和政府主要负责人是本地区安全生产第一责任人,班子其他成员对分管范围内的安全生产工作负领导责任"[1]。对于违反相应责任规定,或者消极不承担责任的情形,不但要追究行政领导的领导责任,而且要追究党委的领导责任。针对安全生产管理中的失职失责行为,对"负有领导责任"的党政领导干部,根据情况采取通报、诫勉、停职检查、调整职务、责令辞职、降职、免职或者处分等方式问责;涉嫌职务违法犯罪的,由监察机关依法调查处置[2];并对"失职失责性质恶劣、后果严重"的情形,确立了终身责任追究制度,"不论是否已调离转岗、提拔或者退休,都应当严格追究其责任"[3]。

2018年12月修订了《公务员法》,2019年5月发布了《重大行政决策程序暂行条例》。这两部法律对实现行政问责制度的体系化,发挥了重要作用。新《公务员法》实现了问责与行政处分、追究司法责任的无缝衔接,其中增加了"监督"的内容,旨在通过对公务员日常工作作风、履职情况做好监督管理,提前提醒、警示,体现"抓早抓小"加以预防,防止公务员违纪违法。日常监督制度的建立,一方面有助于实现对公务员的事前监督、动态监督,尽早发现问题,尽早教育警示,有利于公务员队伍的稳定与健康发展;另一方面对公务员特别是具有领导职务的公务员尚未构成违纪的行为作出问责处理,与2009年的《关于实行党政领导干部问责的暂行规定》形成了有效衔接,推动了行政问责的体系化水平。另外,新《公务员法》第61条规定:"公务员因违纪违法应当承担纪律责任的,依照本法给予处分或者由监察机关依法给予政务处分。对同一违纪违法行为,监察机关已经作出政务处分决定的,公务员所在机关不再给予处分。"这又解决了《公务员法》规定的处分与《监察法》中规定的政务处分的协调衔接问题。可以说,《公务员法》的修订,对整合各个行政问责制度,起到承上启下的重要作用。

2019年《重大行政决策程序暂行条例》(以下简称《暂行条例》)规定了重大行政决策责任追究制度,将重大行政决策限定于针对不特定主体的公共决策等涉及重大公

[1] 《地方党政领导干部安全生产责任制规定》(2018)第4条。
[2] 《地方党政领导干部安全生产责任制规定》(2018)第19条。
[3] 《地方党政领导干部安全生产责任制规定》(2018)第24条。

共利益或者社会公众切身利益的其他重大事项❶。为了落实党的十八届四中全会决定中重大行政决策"公众参与、专家论证、风险评估、合法性审查、集体讨论决定"的程序性要求,《暂行条例》中规定"作出重大行政决策应当遵循依法决策原则,严格遵守法定权限,依法履行法定程序,保证决策内容符合法律、法规和规章等规定"(第7条)。《暂行条例》进一步明确了重大行政决策事项范围,规定了公众参与、专家论证、风险评估、合法性审查、集体讨论决定程序,并对决策启动和决策公布、执行、评估、调整提出要求(参见第二章、第三章、第四章)。同时,还对重大行政决策的启动、公布等作了具体规定,对重大行政决策的变更或者停止执行作出了程序性约束。其中,决策机关违反本条例规定的,对决策机关行政首长、负有责任的其他领导人员和直接责任人员依法追究责任。情节严重的,实行终身责任追究,对决策机关行政首长、负有责任的其他领导人员和直接责任人员依法追究责任。决策承办单位或者承担决策有关工作的单位未按照本条例规定履行决策程序或者履行决策程序时失职渎职、弄虚作假的,由决策机关责令改正,对负有责任的领导人员和直接责任人员依法追究责任❷。重大行政决策问责的具体处理方式,根据《公务员法》《关于实行党政领导干部问责的暂行规定》《监察法》等规定处理。

为整合行政机关监督、调查、处置的力量,在国家监察体制改革的推动下,在国家和地方层面设立监察机构,2018年3月,第十三届全国人大一次会议通过了《中华人民共和国监察法》,规范专责机关对公职人员开展的监察和问责。根据《监察法》,监察机关的职责主要体现在对行使公权力的公职人员进行监察,调查职务违法和职务犯罪,开展廉政建设和反腐败工作。具体体现在如下方面:一是监督。监察机关对公职人员依法履职、秉公用权、道德操守情况进行监督检查。二是调查。监察机关对职务违法和职务犯罪进行调查。三是处置。监察机关依据相关法律,对违法的公职人员作出政务处分决定;对在行使职权中存在的问题提出监察建议;对履行职责不力、失职失责的领导人员进行问责;对涉嫌职务犯罪的,将调查结果移送检察机关依法提起公诉。该法第3条规定:"各级监察委员会对所有行使公权力的公职人员(以下称公职人员)进行监察,调查职务违法和职务犯罪",并根据调查结果,对不履行或者不正确履行职责负有责任的领导人员,按照管理权限对其直接作出问责决定,或者向有权作出问责决定的机关提出问责建议❸。对违法但情节较轻的公职人员,按照管理权限,进行谈话提醒、批评教育、责令检查,或者予以诫勉;对违法的公职人员依照法定程序作出警告、记过、记大过、降级、撤职、开除等政务处分决定;涉嫌职务犯罪的,移送司法处理。

---

❶ 《重大行政决策程序暂行条例》(2019)第3条:"制定有关公共服务、市场监管、社会管理、环境保护等方面的重大公共政策和措施;制定经济和社会发展等方面的重要规划;制定开发利用、保护重要自然资源和文化资源的重大公共政策和措施;决定在本行政区域实施的重大公共建设项目;决定对经济社会发展有重大影响、涉及重大公共利益或者社会公众切身利益的其他重大事项"。

❷ 《重大行政决策程序暂行条例》(2019)第38条、第39条。

❸ 《中华人民共和国监察法》(2018)第45条。

《监察法》充分体现了依托纪检、拓展监察、衔接司法的功能,实现了对行政机关以及其他党的机关、立法机关、监察机关、法院、检察院、政协等机关的公务员监察的全覆盖。这也为行政问责的实施,奠定了坚实的制度基础。

监察机关主要的处置方式是政务处分。根据《监察法》第11条、第45条规定,监察机关根据监督、调查结果,对违法的公职人员依照法定程序作出政务处分决定。为落实《监察法》关于授权监察机关作出政务处分的规定,保证政务处分的实施,2020年6月,全国人大通过了《中华人民共和国公职人员政务处分法》(以下简称《公职人员政务处分法》),对政务处分的种类和适用、违法行为的处置及程序、复审、复核救济、法律责任等作了全面规定。如果说《监察法》赋予了监察委员会监察的职责,那么《公职人员政务处分法》提供了监察全覆盖的具体手段。因为《公职人员政务处分法》整合了现行公务员处分的相关规定[1],明确监察机关"依法给予违法的公职人员政务处分""有关机关、单位、组织集体作出的决定违法或者实施违法行为的,对负有责任的领导人员和直接责任人员中的公职人员依法给予政务处分"[2]。

(三)党内问责制

党内问责制伴随着我们党成立、发展、壮大的整个过程,是我们党正风肃纪、维护党的先进性和纯洁性的重要举措。

1.改革开放前党内责任追究制度

中国共产党成立伊始,就在一大"党纲"中初步规定了"地方财政受中央监督"的早期廉洁纪律内容,"党员身份保密"的保密纪律内容[3],并对党的纪律要求和党内监督、责任追究等作出了明确规定。随着党员人数不断增长,中共二大党章进一步完善了纪律方面的规定,第一次以专章规定党的纪律,开创了党章专章论述"纪律"的先例。虽然只有区区9条,但也对党的组织纪律、宣传纪律、早期的工作纪律等做了相应规定。同时,对党员的纪律处分也十分严格,发生违纪行为即开除党籍。中共二大党章初步搭建了比较完整的纪律框架。中共三大党章增加了关于党员管理的规定,即在二大党章的"党员"一章中增加了"自请出党"的规定,这是现行党章"党员退党"的最初雏形。中共三大党章和三大通过的《中共中央执行委员会组织法》进一步完善了组织纪律、党组织机构的工作程序和工作方法等方面的规定,这是我们党早期管党治党的重要体现。在第一次国共合作时期,面对新的形势和任务,中共四大党章对党的组织纪律作了进一步充实,加大了对党员的监督管理力度,对党员"出处"进行严格管

---

[1] 主要包括《中华人民共和国监察法》《中华人民共和国公务员法》《中华人民共和国法官法》《中华人民共和国检察官法》《中华人民共和国企业国有资产法》《行政机关公务员处分条例》《事业单位人事管理条例》《事业单位工作人员处分暂行规定》《国有企业领导人员廉洁从业若干规定》以及《农村基层干部廉洁履行职责若干规定(试行)》等。

[2] 《中华人民共和国监察法》(2018)第3条、第10条。

[3] 中共中央党校党章研究课题组:《中国共产党章程编介(从中共一大到十八大)》,党建读物出版社2016年版,第178页。

理，规定“党员离开和到达党部都要报告”❶。中共五大党章对执行纪律的组织和制度进行了完善，章节篇幅增加一倍。将“组织”这一章的内容分为八章，并专章规定设立监察委员会，这标志着党的纪律检查机关的产生。五大党章规定了这一机构产生的方法和职权，加强了对党员的纪律管理，“监察委员会可依法审查违反党纪行为”❷。同时，五大对党的组织纪律和组织原则作了进一步补充。大革命失败后，党组织遭到了严重的破坏。为了更好地总结教训、纠正错误，中共六大制定了新的《中国共产党章程》。在组织纪律和组织制度方面，进一步规定了民主集中制的主要内容，把遵守党纪上升为党部的最高责任，强化党员自律。并首次将执行的纪律处分规定分为团体和个人两种情况。中共七大继往开来，一方面总结民主革命经验与教训，另一方面解答了如何选择新中国的前途和命运。会议通过了新党章，并在制度建设的多个方面开创了“首次”：首次把纪律写入总纲，彰显了纪律的重要性；首次增加了“党的监察机关”一章，具体规定了监察委员会的职权和任务；首次增加了“奖励与处分”一章，规定了“忠于党和人民事业，遵守纪律……出色完成任务，给予奖励”“不执行组织决议……按情况给予处分”❸，丰富了纪律处分的类型，完善了执行纪律的程序等。

1949 年 11 月 9 日，中共中央发出《中共中央关于成立中央及各级党的纪律检查委员会的决定》，明确了中央及各级党的纪律检查委员会的任务与职权，即“检查中央直属各部门及各级党的组织、党的干部及党员违犯党的纪律的行为；受理、审查并决定中央直属各部门、各级党的组织及党员违犯纪律的处分，或取消其处分；在党内加强纪律教育，使党员干部严格地遵守党纪，实行党的决议与政府法令，以实现全党的统一与集中。”中央纪委也于 1954 年 1 月制定了《中共中央纪律检查委员会关于处理控告、申诉案件的若干规定》。1954 年底，中共中央批准了经过反复讨论修改的《关于中央纪律检查委员会的组织机构和业务范围的规定》，明确了中央纪律检查委员会的工作职责。

我国社会主义改造基本完成后，为加强党的执政能力，探索中国社会主义建设道路，1956 年召开了党的八大。八大党章删除了不合时宜的条文，基本保持了七大党章的结构体例。但对民主集中制的内涵作了进一步的阐述，强调在组织纪律和党内政治生活中贯彻民主集中制的重要性，指出任何党的组织都必须严格遵守集体领导和个人负责相结合的原则，任何党员和党的组织都必须受到党的自上而下和自下而上的监督，这对于加强纪律建设，起到了提纲挈领的作用。八大党章将党的纪律处分划分五类，包括警告、严重警告、撤销党内职务、留党察看和开除党籍，这一分类沿用至今。并要求中央和地方各级党委普遍设立“检查委员会”，由“党的委员会全体会议选举”产

❶ 中共中央党校党章研究课题组：《中国共产党章程编介（从中共一大到十八大）》，党建读物出版社 2016 年版，第 195 页。

❷ 中共中央党校党章研究课题组：《中国共产党章程编介（从中共一大到十八大）》，党建读物出版社 2016 年版，第 197 页。

❸ 中共中央党校党章研究课题组：《中国共产党章程编介（从中共一大到十八大）》，党建读物出版社 2016 年版，第 235 页。

生，任务是经常检查和处理党员违反党的章程、党的纪律、共产主义道德和国家法律、法令的案件等。

由于反右派斗争扩大化，八大党章中的正确原则和精神没有得到很好实施。“文化大革命”爆发后，中共九大通过的党章，更是将有关党内监督的条款予以取消，又撤销了党的监察委员会。直到“文化大革命”结束后，党的监督机构和党的纪律建设的相关制度，才得以恢复和重建。

2. 党内问责制的形成期

现代意义的党内问责，包含了“前置于违纪的问责”。此类“问责”主要针对领导干部，不以直接触犯党纪国法为前提。只要在职责范围失职失责，即使尚未构成违纪，也要承担责任。就与问责事由的关系而言，具有间接责任的特点。具体承担责任的方式也有别于党纪国法，在情节严重的情况下，通过与党纪国法的责任形式相衔接，实现全方位问责。

“文化大革命”结束后，1979 年 1 月，在中央纪律检查委员会第一次全会上通过了《中央纪律检查委员会关于工作任务、职权范围、机构设置的规定》，决定在全国县、团以上各级党委中建立纪律检查委员会。1980 年 2 月，在党的十一届五中全会上通过了《关于党内政治生活的若干准则》，顺应新的时代要求，对党员领导干部提出了政治生活中的行为规范，这是中纪委执纪的重要依据，同时对于完善党的制度体系，加强党的建设，发挥了重要作用。1982 年 9 月，党的十二大党章规定“坚决维护党的纪律，是党的每个组织的重要责任，党组织如果在维护党的纪律方面失职，必须受到追究”，这在党章中第一次明确提出了责任追究的概念。但是，党章并未明确规定党的纪律的具体内容。所以，十二大党章中的规定，仅为党纪追究提供了党内法规的根本法依据，在实践中开展党纪追究尚需要具体的制度支撑。这一时期，党的纪律检查工作的制度体系也不断健全。1983 年 7 月，中纪委通过了《中共中央纪律检查委员会关于处分违犯党纪的党员批准权限的具体规定》。1987 年 7 月，中纪委又颁布了《党的纪律检查机关案件审理工作条例》，此后又相继颁行了《关于中共中央纪律检查委员会工作的若干规则（试行）》《纪检机关档案工作管理规定（试行）》《中共中央纪委机关提高办案效率防止案件积压的暂行办法》等规章制度，对于推动党内监督问责具有重要作用。

1997 年 2 月，在十五大召开前夕，中共中央制定了《中国共产党纪律处分条例（试行）》，规定了七类党的纪律，分别是政治类纪律、组织人事类纪律、经济类纪律、失职类纪律、侵犯党员权利和公民权利类纪律、社会主义道德类纪律和社会管理秩序类纪律。十二大党章的原则规定和《中国共产党纪律处分条例（试行）》的细化实施，明确了问责主体、问责事项和问责对象、处理方式等内容，这为党纪追究提供了基本依据。

除了在全党范围内构建普遍性的党纪问责规范，在重点领域也出台了相关的问责制度，而且具有党政领导干部并行问责的特点。为将党委统一领导、党政齐抓共管、纪委组织协调的反腐败领导体制和工作机制固定下来，1998 年 11 月，中共中央、国务院联合制定了《关于实行党风廉政建设责任制的规定》，其中规定领导干部有如下情形，应给予较轻的处理、组织处理或者党纪政纪处分:直接管辖范围内党风廉政建设的失职失责行为;违反《党政领导干部选拔任用工作暂行条例》的规定选拔任用干部的行为;授意、指使、强令下属人员违法违纪;对配偶、子女、身边工作人员严重违法违纪知情不管、包庇、纵容等情形❶。该制度对领导干部责任追究方式,虽然还没有明显区分处分前的问责及党纪处分,但具体方式已经涵盖了上述不同形式。将尚未构成违纪的问责方式与党纪、司法处理相并列,说明制定者已经关注到了三者之间的区别,并在处理方式的运用上作出了相互衔接的规定。

2000 年 12 月,十五届中央纪委五次全会强调:“严格实行责任追究,对出现的重大腐败问题,不仅要追究直接责任人的责任,还要追究不尽职尽责或领导不力的领导干部的政治责任。”2002 年 7 月 9 日,中共中央印发了《党政领导干部选拔任用工作条例》,其中第 56 条规定了“实行党政领导干部辞职制度”。

在党中央层面,对严重失职失责事件中重点追究党政领导干部领导责任的制度需求,及时作出了回应。2004 年 4 月,中共中央办公厅印发了《党政领导干部辞职暂行规定》❷。该规定适用于县级以上各级党委、人大常委会、政府、政协、纪委、人民法院、人民检察院及其工作部门或者机关内设机构的领导成员;上列工作部门的内设机构的领导成员。由党委(党组)及其组织部门组织实施。在第 14 条规定:“党政领导干部因工作严重失误、失职造成重大损失或者恶劣影响,或者对重大事故负有重要领导责任不宜再担任现职,本人应当引咎辞去现任领导职务。”主要包括因工作失职,引发严重的群体性事件,或者对群体性、突发性事件处置失当,造成严重后果或者恶劣影响的;决策严重失误,造成巨大经济损失或者恶劣影响的;在抗灾救灾、防治疫情等方面严重失职,造成重大损失或者恶劣影响的;在安全工作方面严重失职,连续或者多次发生重大责任事故,或者发生特大责任事故的;在市场监管、环境保护、社会管理等方面管理、监督严重失职,连续或者多次发生重大事故、重大案件,造成巨大损失或者恶劣影响的;执行《党政领导干部选拔任用工作条例》不力,造成用人严重失察、失误,影响恶劣的;疏于管理监督,致使班子成员或者下属连续或多次出现严重违纪违法行为,造成恶劣影响的;对配偶、子女、身边工作人员严重违纪违法知情不管,造成恶劣影响等负有主要责任的党政领导干部应当引咎辞职❸。但这一制度具有一定的局限性,一是问责方式比较单一,只及于引咎辞职、责令辞职,其他问责方式尚未涉及;二是问责对象范围较小,局限于主要领导责任,对重要领导责任除了“在安全工作方面严重失职”情形下予以追究外,其他情形尚未顾及;三是问责程序尚不完备,对引咎辞职、责令辞职以及自愿辞去领导职务的干部,在重新起用的条件、程序保障等方面,并没有作出具

❶ 《关于实行党风廉政建设责任制的规定》(1998)第 12 条。

❷ 1995 年颁布的《党政领导干部选拔任用工作暂行条例》,最早引入了“责令辞职”这种形式。2000 年,中办发布了《深化干部人事制度改革纲要》,提出“建立和完善党政领导干部自愿辞职、责令辞职、引咎辞职等制度”“进一步完善调整不称职、不胜任现职干部的制度和办法”。

❸ 《党政领导干部辞职暂行规定》(2004)第 15 条。

体规定。这反映了党政领导干部问责制度形成初期,体系尚不完善的特点。

3. 党内问责制的发展期

在“非典”事件的推动下,问责制度建设开始从行政领域扩大到党务领域。一方面党纪的制度体系、党的纪律检查机关的体制建设也更加趋于完善,专责机构在领导干部责任追究中的作用不容忽视;另一方面,将问责边界前移的一系列问责制度开始发挥举足轻重的作用,并通过统一的制度对党政领导干部问责作出更权威、更全面的规定。

2004 年 9 月,党的十六届四中全会在《关于加强党的执政能力建设的决定》中提出“依法实行问责制”,“问责制”概念首次在党的重要文件中明确下来。同年 9 月召开的中央纪委全会也强调“健全和完善质询制、问责制和罢免制,严格执行党政领导干部辞职制度”❶。2005 年 1 月,胡锦涛同志在十六届中央纪委五次全会上强调:“依法实行质询制、问责制、罢免制。”

在中央政策的推动下,地方党内问责的制度建设和实践探索也开始逐步深入。2005 年 8 月,中共海丰县委颁布《海丰县基层党委问责试行办法》,开创了党内问责制地方探索的先河。2007 年 4 月,中共洞口县委颁布《洞口县基层党建工作问责暂行办法》,将问责内容聚焦于党建工作而非行政事务,明确了问责情形和九种问责方式,进一步健全了地方党内问责制度。同年,中共庐江县委出台了《庐江县党委系统问责制暂行办法》,将问责对象从行政扩展到党委系统。地方党内问责制的实践探索,为在国家层面出台党政领导干部问责制积累了经验❷。

2009 年 7 月 12 日中共中央办公厅、国务院办公厅印发《关于实行党政领导干部问责的暂行规定》(以下简称《暂行规定》),这是党和国家层面首部正式使用“问责”一词和专门规范党政领导干部问责事项的中央党内法规,标志着专门的党政问责制度的正式建立。

在《暂行规定》第 2 条明确问责对象为“中共中央、国务院的工作部门及其内设机构的领导成员;县级以上地方各级党委、政府及其工作部门的领导成员,上列工作部门内设机构的领导成员。乡镇以上党政领导干部,包括党委和政府以及相关工作部门的领导干部,以及县级以上党委、政府直属事业单位以及国有企业、国有金融企业领导人员”,这就从制度上结束了过去地方上实行的单一行政问责的历史。问责情形集中列举了七个方面❸,即决策严重失误;工作失职;政府职能部门管理、监督不力;在行政活

❶ 苏绍龙:《问责词源考略与我国当代党政问责制度的发展》,《中国纪检监察杂志》2019 年第 14 期。

❷ 吕永祥:《新中国成立 70 年党内问责制的历史沿革、现实困境与破解之道》,《河南社会科学》2019 年第 7 期。

❸ 《关于实行党政领导干部问责的暂行规定》(2009)第 5 条规定:“有下列情形之一的,对党政领导干部实行问责:(一)决策严重失误,造成重大损失或者恶劣影响的;(二)因工作失职,致使本地区、本部门、本系统或者本单位发生特别重大事故、事件、案件,或者在较短时间内连续发生重大事故、事件、案件,造成重大损失或者恶劣影响的;(三)政府职能部门管理、监督不力,在其职责范围内发生特别重大事故、事件、案件,或者在较短时间内连续发生重大事故、事件、案件,造成重大损失或者恶劣影响的;(四)在行政活动中滥用职权,强令、授意实施违法行政行为,或者不作为,引发群体性事件或者其他重大事件的;(五)对群体性、突发性事件处置失当,导致事态恶化,造成恶劣影响的;(六)违反干部选拔任用工作有关规定,导致用人失察、失误,造成恶劣影响的;(七)其他给国家利益、人民生命财产、公共财产造成重大损失或者恶劣影响等失职行为的。”

动中滥用职权，强令、授意实施违法行政行为，或者不作为；对群体性、突发性事件处置失当；违反干部选拔任用工作有关规定，导致用人失察、失误其他给国家利益、人民生命财产、公共财产造成重大损失或者恶劣影响等失职行为，追究党政领导干部的相应责任。问责主体区分为问责建议主体和问责决定主体。由纪检监察机关和组织人事部门按照权限和程序进行调查并提出问责建议，由具有干部管理权限的问责决定机关作出问责决定❶。

在中央和国家层面党政领导干部问责有据可依之后，为细化制度的实施，各个省区市和中央部委分别以出台地方性党政领导干部问责的暂行规定和暂行规定实施意见的形式，实现制度的进一步细化，推动了《暂行规定》的执行和落实。《暂行规定》的颁布，标志着党政领导干部问责在国家层面实现了制度化、规范化，在问责对象上真正体现了党政同责。"实现了责任政党和责任政府建设的相辅相成"❷，加强了对党政领导干部的权力约束。

《关于实行党政领导干部问责的暂行规定》出台不久，围绕党执政的重要领域也加快了出台制度、加强问责的进程，其中以追究选人用人责任最为典型。2010 年 3 月，中央办公厅下发了《党政领导干部选拔任用工作责任追究办法（试行）》（下称《责任追究办法（试行）》）规定❸。《责任追究办法（试行）》第 4 条明确规定"违反干部任免程序和规定，个人指定提拔、调整人选的；个人决定干部任免或者个人改变党委（党组）会议集体作出的干部任免决定"等情形，追究党委（党组）主要领导干部或者有关领导干部的责任。处理方式综合考虑情节轻重，给予批评教育或者责令作出书面检查；调离岗位、引咎辞职、责令辞职、免职、降职等；应当追究违纪责任的情形，应当追究纪律处分责任；涉嫌犯罪的，依法移送司法机关处理。《责任追究办法（试行）》在《关于实行党政领导干部问责的暂行规定》的问责处理方式的基础上，将尚未构成违纪的问责方式与党纪、行政处分、司法责任追究相结合，构建了更加完善的领导干部问责体系。同时，《责任追究办法（试行）》与同期出台的《党政领导干部选拔任用工作有关事项报告办法（试行）》《地方党委常委会向全委会报告干部选拔任用工作并接受民主评

❶ 《关于实行党政领导干部问责的暂行规定》（2009）第 11 条规定："对党政领导干部实行问责，按照干部管理权限进行。纪检监察机关、组织人事部门按照管理权限履行本规定中的有关职责。"第 12 条规定："对党政领导干部实行问责，依照下列程序进行：（一）对因检举、控告、处理重大事故事件、查办案件、审计或者其他方式发现的党政领导干部应当问责的线索，纪检监察机关按照权限和程序进行调查后，对需要实行问责的，按照干部管理权限向问责决定机关提出问责建议；（二）对在干部监督工作中发现的党政领导干部应当问责的线索，组织人事部门按照权限和程序进行调查后，对需要实行问责的，按照干部管理权限向问责决定机关提出问责建议；（三）问责决定机关可以根据纪检监察机关或者组织人事部门提出的问责建议作出问责决定；（四）问责决定机关作出问责决定后，由组织人事部门办理相关事宜，或者由问责决定机关责成有关部门办理相关事宜。"第 15 条规定："对于事实清楚、不需要进行问责调查的，问责决定机关可以直接作出问责决定。"第 21 条规定："对经各级人民代表大会及其常务委员会选举或者决定任命的人员实行问责，按照有关法律规定的程序办理。"

❷ 吕永祥：《新中国成立 70 年党内问责制的历史沿革、现实困境与破解之道》，《河南社会科学》2019 年第 7 期。

❸ 2019 年 5 月 13 日中共中央办公厅印发《干部选拔任用工作监督检查和责任追究办法》，2010 年 3 月 7 日中央办公厅印发的《党政领导干部选拔任用工作责任追究办法（试行）》同时废止。

议办法(试行)》《市县党委书记履行干部选拔任用工作职责离任检查办法(试行)》三个试行办法相互支撑、紧密配合,共同构成了“事前要报告、事后要评议、离任要检查、违规失责要追究的干部选拔任用监督体系”❶。通过一系列制度建设,干部选拔任用领域党政领导干部问责制度也建立起来了。

4. 党内问责制的体系化建构时期

党的十八大以来,推进全面从严治党,问责成为“从严治党”的重要利器。随着问责实践的推进,《暂行规定》逐渐暴露出制度权威性不足、问责主体不明确,问责情形不具体,问责程序不完备等问题。同时问责制度呈现出分散化、碎片化,亟待统一权威的制度作为统领。整合不同的问责制度,实现问责合力已经迫在眉睫。

2012 年 11 月,中共中央纪律检查委员会向党的第十八次全国代表大会的工作报告指出:“建立健全制度执行监督和问责机制”“把执行党风廉政建设责任制与党政领导干部问责制结合起来”,加大“对违反责任制的追究力度”。2013 年 11 月,中共中央发布《中央党内法规制定工作五年规划纲要(2013—2017 年)》,提出完善问责制度,“适时修订《关于实行党政领导干部问责的暂行规定》,进一步明确问责情形、规范问责方式”“严格被问责干部复出条件、程序和职务安排”“完善组织处理制度”等,“保证问责制度与党纪政纪处分、法律责任追究制度有效衔接”。

2013 年 11 月,党的十八届三中全会通过的《关于全面深化改革若干重大问题的决定》中强调:“落实党风廉政建设责任制,党委负主体责任,纪委负监督责任,制定实施切实可行的责任追究制度。”2014 年 1 月,十八届中央纪委三次全会工作报告明确:“要分清党委(党组)、有关部门和纪委(纪检组)的责任,有错必纠,有责必问。实行‘一案双查’,既要追究当事人责任,又要追究相关领导责任。”

在全面从严治党逐步深入的背景下,问责实践与制度供给不足的矛盾日益突显。2016 年 1 月,习近平在十八届中央纪委六次全会上强调:“整合问责制度,健全问责机制,坚持有责必问、问责必严,把监督检查、目标考核、责任追究有机结合起来,实现问责内容、对象、事项、主体、程序、方式的制度化、程序化。”❷同时指出:“既追究主体责任、监督责任,又上查一级追究领导责任、党组织责任。”❸这就为出台更权威的《中国共产党问责条例》作出了思想指引。

2016 年,对当时 500 余部党内法规制度中与问责相关的 119 部涉及问责的法规加以梳理,针对制度中暴露的“对事件、事故等行政问责规定比较多;坚持党的领导、坚持全面从严治党的制度支撑不足;问责主体不明确、问责事项规定过于原则、方式多元不统一”等问题,在制度整合的基础上,突出党内问责。2016 年 7 月,中共中央印发了《中国共产党问责条例》(以下简称《问责条例》),这是党内问责制度建设着眼于顶

❶ 杨云成:《党内问责制的历史沿革》,《学习时报》2016 年 9 月 8 日。

❷ 中共中央文献研究室:《习近平总书记重要讲话文章选编》,中央文献出版社、党建出版社 2016 年版,第 376 页。

❸ 本书编写组:《习近平谈治国理政》(第二卷),外文出版社 2017 年版,第 165 页。

层设计的重大举措,是党的历史上第一部立足于推进党的事业,聚焦全面从严治党,对党的建设的各个方面作出问责规定的、位阶比较高的党内法规,为党内问责提供了统一权威的法规依据。《问责条例》有五大亮点:一是问题导向。《问责条例》的出台,主要针对在管党治党过程中不作为、不敢为、不想为、不会为等诸种履职不力的行为,条例明确规定了六个方面的失职失责的情形,包括党的领导弱化、党的建设缺失、全面从严治党不力、维护党的纪律不力、推进党风廉政建设和反腐败工作不坚决、不扎实等。二是关键少数。把担子压给党组织中的党员领导干部。问责主体是有管理权限的各级党组织;问责对象是各级党委(党组)、党的工作机关❶及其领导成员,各级纪委(纪检组)及其领导成员,重点是主要负责人,这就抓住了一把手这个"关键少数中的关键少数"。追究的责任形态是主体责任、监督责任和领导责任。这样,《问责条例》就把问责的责任不仅落实到党委(党组)、纪委(纪检组),也分解到组织、宣传、统战、政法等工作机关,通过细化落实责任、层层传导压力,保障全面从严治党落到实处。三是纪法分开。在问责事项上,《问责条例》紧扣在党的建设、党的事业中失职失责需要问责的情形,与行政问责事项明确区分;在问责方式上,不再重复规定涉嫌犯罪移送司法机关等已有明确规定的方式和程序,体现了纪法分开,纪在法前的原则。四是多管齐下。责任配置层层分解,纵向上,按照管理权限,层层传导压力,把管党治党责任,传递给各级党委和纪委;横向上,把责任分解给党的组织、宣传、统战、政法等机关。同时,三类责任并重,主体责任、监督责任、领导责任一并追究。七种问责方式灵活运用,"检查、通报、改组、诫勉、组织调整或者组织处理、纪律处分"等方式可以单独使用,也可以合并使用。五是终身问责。《问责条例》坚持失责必问,问责必严。实行"终身问责",对失职失责性质恶劣、后果严重的,不论其责任人是否调离转岗、提拔或者退休,都应当严肃问责,追究其应承担的责任。此后,以《问责条例》为龙头法,多个省市和中央国家机关出台了贯彻、细化《问责条例》的规则、办法或细则,进一步提高了党内问责制度的体系化和实效性。

2017 年 10 月,党的十九大把"问责"写入党章,第 44 条规定"党组织如果在维护党的纪律方面失职,必须问责"。第 46 条明确"党的各级纪律检查委员会的职责是监督、执纪、问责"。这为问责制度的体系化建设提供了权威依据。

为保证《问责条例》与党内其他法规相互衔接,形成实施合力,2018 年 8 月修订了《中国共产党纪律处分条例》。早在 1997 年 2 月,中央就曾发布实施《中国共产党纪律处分条例(试行)》,将违纪种类分为七大类。2003 年 12 月,《中国共产党纪律处分条例》(以下简称《纪律处分条例》)正式发布施行,将违纪种类分为九大类。党的十八大之后,随着全面从严治党的不断推进,2015 年 10 月,中央印发了新修订的《中国共

❶ 2016 年出台的《中国共产党问责条例》的表述是"党的工作部门",2019 年修订后改为"党的工作机关"。2017 年 3 月施行的《中国共产党工作机关条例(试行)》对党的工作机关统一做了规范:"党的工作机关是党实施政治、思想和组织领导的政治机关,是落实党中央和地方各级党委决策部署,实施党的领导、加强党的建设、推进党的事业的执行机关,主要包括办公厅(室)、职能部门、办事机构和派出机关。"

产党纪律处分条例》,把党章和其他党内法规中的纪律和要求,整合为政治纪律、组织纪律、廉洁纪律、群众纪律、工作纪律和生活纪律;坚持纪严于法、纪在法前,实现纪法分开,使党的纪律成为管党治党的尺子和全体党员的行为底线。2018 年 8 月修订的《纪律处分条例》在原有纪律约束的基础上,针对"党组织和党员"违反党和国家政策、社会主义道德、党和人民利益的行为,依照规定给予纪律处分。突出了"三个重点""六个从严""八种典型违纪行为"❶,并加强了纪法衔接❷,增强了政治性和科学性,提高了制度体系化水平,党内问责的制度基础更加趋于成熟和完善。

党章修改、党内相关法规内容的更新以及与之密切相关的《监察法》的出台,对稍早出台的《问责条例》的修订形成了倒逼效应。同时,在实施过程中,《问责条例》也暴露出了一些不足。如问责不力,在问责实践中反映出问责制度尚不完备,各类问责主体的作用发挥不平衡,纪委(纪检组)"包打天下""唱独角戏"的问题;问责不到位,一些地方和部门通过要求下级签"责任状"、搞"一票否决"的方式,出了问题让下级"背锅",把问责作为推卸自己责任的"挡箭牌";问责泛化简单化,一些地方和部门把问责当作"筐","沾边就问",导致问责滥用;除此,还有问责程序不完善、问责标准不统一等问题。《中央党内法规制定工作第二个五年规划(2018—2022 年)》将"修订《中国共产党问责条例》等党内法规"纳入工作日程。十九届中央纪委三次全会工作报告强调,应通过修订《中国共产党问责条例》,实施精准问责。

2019 年 9 月 4 日,中共中央印发了修订后的《中国共产党问责条例》(以下简称新《问责条例》)。这部新《问责条例》以党章为根本遵循,注重与其他相关党内法规的协调衔接,聚焦管党治党的重大政治责任,坚持问题导向,推进严格问责,旨在提高党内问责的政治性、精准性、实效性。新《问责条例》在原《问责条例》13 个条文的基础上,增加到 27 条。修订的内容主要体现在:一是突出问责的政治性。新《问责条例》在第 1 条开宗明义"坚持党的领导,加强党的建设,保证党的路线方针政策和党中央重大决策部署贯彻落实"。第 2 条明确了以习近平新时代中国特色社会主义思想为指导,增强"四个意识",坚定"四个自信""两个维护",统筹推进"五位一体"总体布局。二是细化各级党组织的问责职责。第 4 条规定:"党委(党组)应当履行全面从严治党主体责任,纪委应当协助同级党委开展问责工作;党的工作机关应当依据职能履行监督职

---

❶ 2018 年修订的《纪律处分条例》突出了"三个重点",即将不收敛、不收手,问题线索反映集中、群众反映强烈,政治问题和经济问题交织的腐败案件作为重点审查内容写入《条例》;并对六个从严,即对组织、利用宗教活动反党,破坏民族团结,搞有组织的拉票贿选或者用公款拉票贿选,扶贫领域侵害群众利益,民生保障显失公平,组织利用宗族势力对抗中央方针政策、破坏基层组织建设,贯彻新发展理念失职等六种违纪行为从重或加重处分;八种典型违纪行为,即对干扰巡视巡察工作,党员信仰宗教,借用管理和服务对象钱款、住房、车辆等,民间借贷获取大额回报,利用宗族、黑恶势力欺压群众,形式主义、官僚主义突出表现,不重视家风、对家属失管失教等八种新型违纪行为作出处分规定。

❷ 对党纪与国法的衔接在第 27-30 条、第 33 条中作出详细规定,如增加规定党组织在纪律审查中发现党员严重违纪涉嫌犯罪的,原则上先作出党纪处分决定,并按照规定给予政务处分后,再移送有关国家机关依法处理等。

责。”三是强化上级责任。第9条明确了纪委、党的工作机关启动问责调查、作出问责决定等有关事项，应当报经同级党委或者其主要负责人批准的情形；同时规定，对于应当启动问责调查未及时启动的，上级党组织应当责令有管理权限的党组织启动，根据问题性质或者工作需要，上级党组织可以直接启动问责调查，也可以指定其他党组织启动，从而强化了上级党组织对问责工作的领导和监督。四是细化问责事由。新《问责条例》第7条将原有的六大类问责情形修改为十一大类。对原《问责条例》中“党的建设缺失情形”的内容进行拓展，对“维护党的纪律不力”等情形进一步细化。具体情形为“党的政治建设抓得不实、党的思想建设缺失、党的组织建设薄弱、党的作风建设松懈、党的纪律建设抓得不严、推进党风廉政建设和反腐败斗争不坚决、不扎实”等。新《问责条例》突出以人民为中心的思想，增加了两类问责事由：一类是“履行管理、监督职责不力，职责范围内发生重特大突发事件，造成重大损失或者恶劣影响的”。另一类是在事关民生的“教育医疗、生态环境保护等涉及人民群众最关心最直接最现实的利益问题上不作为、乱作为、慢作为、假作为；以言代法、以权压法、徇私枉法问题突出，造成恶劣影响的。”五是分清责任边界。新《问责条例》在第3条问责原则部分增加了“权责一致、错责相当”“集体决定、分清责任”等内容。第6条明确党组织领导班子在职责范围内负有全面领导责任，领导班子成员根据责任轻重分别承担相应的责任。对党组织问责并不能免除负有责任的领导成员的责任。六是细化程序规定。为防止问责泛化，新《问责条例》增加了很多细化程序的具体规定，全面规范启动、调查、报告、审批、实施等各个环节。明确了启动问责调查和作出问责决定必须履行严格的审批程序；保障问责对象的陈述和申辩权；调查报告应客观公正；综合考虑主客观因素，正确区分不同情况，精准提出处理意见；强调问责要做到事实清楚、证据确凿、依据充分、责任分明、程序合规、处理恰当。七是实现精准问责。不论责任人是否辞职、调离、提拔或者退休等，按照“终身问责”的原则，予以严肃问责。同时，按照“严管和厚爱结合、激励和约束并重”的原则要求，对于影响期满、表现好的干部，符合条件的，按照干部选拔任用有关规定正常使用。

二、我国问责制发展演变的主要特点

回顾我国问责制的发展历程，在重大事件推动下，制度建设从初建到实践，再从实践到完善，实现了从点的突破到逐步体系化的演变，制度内涵日趋丰富和完备。从政治问责制、行政问责制、党内问责制的发展演变考察，政治问责制总体比较稳定，但行政问责制和党内问责制在发展演变过程中，却体现了鲜明的特点。以下重点对行政问责制和党内问责制展开分析。

（一）问责主体从单一主体向多元主体转化

“问责”是民主政治发展的产物。在我国责任制度不完备的阶段，制度层面尚未使用“问责”一词。通常根据相关制度及领导人的指示，由党政专门监督机构追究党员领导干部的违纪责任。及至20世纪90年代,一系列制度的出台为这一运行机制提供了更为有力的支撑,如1993年的《国家公务员暂行条例》,1997年的《中华人民共和国行政监察法》《中国共产党纪律处分条例(试行)》等。1998年,中共中央颁发了《关于实行党风廉政建设责任制的规定》,特别是2001年《国务院关于特大安全事故行政责任追究的规定》,为重特大事故的处理提供了准绳。上述制度将实践中的有益经验上升为制度,明确了纪检、监察、人民政府在责任追究中的职责。其中,党员领导干部的责任追究由党的纪律检查机构负责;人民政府内部对行政公务人员的责任追究主要由行政监察机构负责,重特大安全事故由省、自治区、直辖市人民政府作出处理决定;必要时,由国务院作出处理决定。"非典"事件以后,问责主体不再局限于专门性监督机构或人民政府,而是走向了多元化。

一是多层级的政府问责。这集中体现在地方制定的行政问责制度中,《深圳市人民政府部门行政首长问责暂行办法》规定,问责由市长提请市政府常务会议决定启动问责程序。调查组向市长提交书面调查报告,再由市长提交市政府常务会议决定。《长沙市人民政府行政问责制暂行办法》规定:"由市政府常务会议或市长、其他市政府领导提出问责;经市人民政府责成有关部门调查核实,由市人民政府进行责任追究。"《重庆市政府部门行政首长问责暂行办法》将"副市长、秘书长向市长提出问责建议"列入问责启动的条件之中。对需要核查事实的,由监察局进行调查并提出建议,由市长根据市政府常务会议讨论的情况决定追究责任的方式。《天津市人民政府行政责任问责制试行办法》等也作出了类似规定。

二是上级组织问责。对具有领导职务的公务员辞职或引咎辞职,按照干部管理权限,本人以书面形式向党委(党组)提出辞职申请。由党委(党组)集体研究后作出决定❶。对于行政处分,由公务员所在的机关负责。对公务员监督发现问题的,应当区分不同情况,予以谈话提醒、批评教育、责令检查、诫勉、组织调整、处分❷。《公务员行政处分条例》进一步规定,任免机关有权对行政机关公务员给予处分❸。《行政重大决策问责程序暂行条例》明确对决策机关违反条例的行为由上一级行政机关责令改正,对决策机关行政首长、负有责任的其他领导人员和直接责任人员依法追究责任❹。

三是突出党委(党组)主体责任。问责主体依照干部管理权限确定,最早见于2004年《党政领导干部辞职暂行规定》第4条:"党委(党组)及其组织(人事)部门,按照干部管理权限履行本规定中的有关职责负责本规定的组织实施。"此后,《关于实行党风廉政建设责任制的规定》明确,对于需要追究责任的,由有关机关或者部门按照职责和权限调查处理❺。但上述制度关于问责主体的突破并不大,具体的处理部门仍

❶ 《党政领导干部辞职暂行规定》(2004)第16条、第20条。

❷ 《中华人民共和国公务员法》(2019)第57条。

❸ 《公务员行政处分条例》(2007)第34条。

❹ 《行政重大决策程序暂行条例》(2019)第38条。

❺ 《关于实行党风廉政建设责任制的规定》(2010)第24条。

然限定于纪检监察机关和组织人事部门。《关于实行党政领导干部问责的暂行规定》作了类似规定,即按照干部管理权限,对党政领导干部实行问责[1],具体职责由纪检监察机关、组织人事部门履行。真正实现问责主体扩大化的是《中国共产党问责条例》,该条例明确党委(党组)承担主体责任,纪委承担监督责任,且在党委(党组)的领导下开展工作。问责调查程序的启动,必须经同级党委审批,上级党委有对下级党委的监督权,并可以直接启动或指定其他党组织启动问责调查[2]。

(二)问责对象从党政分开向党政同责转变

责任制度建立之初,虽然通过国家法律制度和党内法规,对党政领导干部责任分别作出了规定,但总体上仍遵循国家法律制度规范国家机关、法律法规授权部门领导干部的从政行为,党内法规规范党内领导干部党务行为。在责任设定及追究上,体现的是"党政分开"的原则。这就导致在相当长的时间里,对领导干部的渎职、失职等引发严重后果的行为,只追究国家机关、法律法规授权部门领导干部的责任。党务干部因其职责是"重大事项的决策、选人用人"等非直接性职责,往往能逃脱具体事务的责任追究。在问责实践中,除了在党内廉政领域,党政领导干部要共同承担"一岗双责"的责任外,发生重特大事故,只追究行政责任。但早在2004年《党政领导干部辞职暂行规定》中,对党政领导干部引咎辞职、责令辞职的事由设定,包含大量公共治理的内容,如"在抗灾救灾、防治疫情等方面严重失职,在安全工作方面严重失职,在市场监管、环境保护、社会管理等方面管理、监督严重失职"等。2009年《关于实行党政领导干部问责的暂行规定》设定了党内领导干部公共事务失职、渎职更为全面的责任承担,切实体现党政同责。对因"决策严重失误、工作失职、政府职能部门管理、监督不力、在行政活动中滥用职权、对群体性、突发性事件处置失当等造成重大损失或者恶劣影响的或引发重大事件"的,由党政领导干部共同承担不同后果,如"责令公开道歉、停职检查、引咎辞职、责令辞职、免职"。另外,2019年修订的《中国共产党问责条例》规定,"生态环境保护、安全生产和食品安全等关乎群众切身利益的领域"党委(纪委)要承担责任。明确党组织领导班子在职责范围内负有全面领导责任,领导班子主要负责人和直接主管的班子成员在职责范围内承担主要领导责任,参与决策和工作的班子成员在职责范围内承担重要领导责任。对党组织问责的,应当同时对该党组织中负有责任的领导班子成员进行问责。压实了各级党组织管党治党的责任。而在这些领域,行政机关的责任也不可推卸。自此,党政同责制度就全面建立起来。在问责的重点领域、重点环节,都要求党政领导共担当、同负责,这充分体现了由党政分开向党政同责发展的趋势。

在一些重点领域,还出台了强化党政领导干部问责的专门化法规。以安全生产领域为例,过去这一领域的制度设计,存在着抓安全事故行政问责多、抓管党治党不力问

---

[1] 《关于实行党政领导干部问责的暂行规定》(2009)第11条。

[2] 《中国共产党问责条例》(2019)第9条。

责少，问责规定零散、内容不聚焦的弊端。2018年通过的《地方党政领导干部安全生产责任制规定》明确了不但行政领导干部要承担安全生产责任，党务领导干部也要担当落实安全生产工作的责任。

(三)问责事由从重大事故问责向多领域全覆盖问责拓展

我国的问责制度具有鲜明的重大事件推动的特征。从问责事由的范围来看，最早引发制度关注的，是安全生产领域的重特大事故。这一类事故具有危害性大、影响面广等特征，所以首先加强了这一领域责任追究的相关规定，并不断完善制度夯实基础。在2001年4月颁布的《国务院关于特大安全事故行政责任追究的规定》、2005年9月颁布的《国务院关于预防煤矿生产安全事故的特别规定》对重大事故问责作出了规范。2018年4月施行的《地方党政领导干部安全生产责任制规定》，就安全生产事故对地方党政领导干部问责进行了全面系统的规定。同时，在《公务员法》《行政机关公务员处分条例》《党政领导干部选拔任用工作条例》等制度中，都设定了发生安全生产事故予以责任追究的条款。

同时，选人用人责任、决策失误责任也逐步出台了法律法规。如2004年4月印发的《党政领导干部辞职暂行规定》第15条明确，决策严重失误，造成巨大经济损失或者恶劣影响的；执行《党政领导干部选拔任用工作条例》不力，造成用人严重失察、失误，影响恶劣等，负有主要责任的党政领导干部应当引咎辞职。2009年7月印发的《关于实行党政领导干部问责的暂行规定》第5条对决策严重失误、违反干部选拔任用工作有关规定等，要求追究党政领导干部的相应责任。2010年3月下发的《党政领导干部选拔任用工作责任追究办法(试行)》规定“违反干部任免程序和规定，个人指定提拔、调整人选的”等情形，追究党的领导干部的责任。2019年5月，中共中央办公厅印发《干部选拔任用工作监督检查和责任追究办法》，废止了《党政领导干部选拔任用工作责任追究办法(试行)》，对选人用人责任作了更为细化的规定。第34条明确“对违规选人用人问题，党委(党组)负全面领导责任，领导班子主要负责人和直接主管的班子成员承担主要领导责任，参与决策的领导班子其他成员承担领导责任。组织(人事)部门、纪检监察机关、干部考察组有关负责人和其他责任人员在各自职责范围内承担相应责任。”[1]2007年4月国务院颁布的《行政机关公务员处分条例》，涉及决策问责对“负有领导责任的公务员违反议事规则”的情形予以追责。2019年5月发布的《重大行政决策程序暂行条例》系统规定了重大行政决策责任追究，对决策机关行政首长、负有责任的其他领导人员和直接责任人员的责任予以明确。

在党建领域，呈现出从领导干部的党风廉政责任向全面从严治党责任扩展的趋势。1998年11月的《关于实行党风廉政建设责任制的规定》，对领导班子、领导干部违反党风廉政建设领导责任的情形，如对直接管辖范围内党风廉政建设的失职失责行

[1] 《干部选拔任用工作监督检查和责任追究办法》(2019)第34条。

为,违反《党政领导干部选拔任用工作暂行条例》的规定选拔任用干部的行为等情形,进行较轻的处理、组织处理或党纪政纪处分。严重的移交司法机关依法处理。2016年出台的《中国共产党问责条例》,着眼于推进党的事业,聚焦全面从严治党,对党的建设的各个方面作出了问责规定。2019 年该条例做了进一步的细化,将原有的六大类问责情形修改为十一大类。包括了“党的领导弱化,党的政治建设抓得不实,党的思想建设缺失,党的组织建设薄弱,党的作风建设松懈,党的纪律建设抓得不严,推进党风廉政建设和反腐败斗争不坚决、不扎实”等涵盖了党的领导、党的建设的各个方面。

除了上述重点领域,涉及问责的各类制度还通过“怠于履行职责”“工作严重失误、失职”“不正确履行职责”“管理、监督不力”等表述以及兜底性条款,将领导干部所肩负的其他职能实现了监督问责的“全覆盖”。

(四)问责标准从违纪追责向有责必问深化

对领导干部责任追究的制度标准,呈现出由宽松向严格发展的趋势。在现代意义的问责制度建立之前,对领导干部的责任追究的底线,是违反中央指示,如新中国成立之初中共中央作出的《关于实行精兵简政、增产节约、反对贪污、反对浪费和反对官僚主义的决定》,对贪污犯罪的领导干部予以严惩。

随着纪律检查机构的建立及制度的出台,对领导干部确立了较之普通民众更为严格的纪律约束。特别是 1957 年颁布的《国务院关于国家行政机关工作人员的奖惩暂行规定》,为领导干部“违纪”追究相应的责任提供了初步依据。此后,1997 年 2 月,中共中央制定的《中国共产党纪律处分条例(试行)》、2006 年生效的《公务员法》、2007年颁布的《国务院公务员行政处分条例》,进一步丰富和发展了处分的内容。

21 世纪以来,对尚未构成违纪的领导干部失职失责的问责受到空前关注。此前,对失职失责行为的追究体现在 1998 年的颁布《关于实行党风廉政建设责任制的规定》,对在党风廉政建设工作中失职行为“情节较轻的,给予批评教育、诫勉谈话、责令作出书面检查;情节较重的,给予通报批评;情节严重的,或者给予调整职务、责令辞职、免职和降职等组织处理,给予党纪政纪处分,涉嫌犯罪的,移送司法机关依法处理。”其中确立了领导干部责任追究的新标准,即尚未达到违纪,并不能免除责任,要处以较轻的问责方式或者组织处理。此后,这一标准在一系列问责制度中得到运用。如《公务员法》的 87 条涉及领导成员因工作严重失误、失职,应引咎辞职的处理。《国务院公务员行政处分条例》第 14 条对行政机关公务员违纪行为情节轻微的,可以经过批评教育免予处分。《关于实行党政领导干部问责的暂行规定》将问责的处理“责令公开道歉、停职检查、引咎辞职、责令辞职、免职”限定于尚未构成“违纪”的诸种情形。2019 年《中国共产党问责条例》的修订,汲取了既有制度和实践中的有益做法和经验,成为最为成熟的代表性问责制度。其中,关于问责不同标准的规定最为全面,即对党的领导干部的问责,根据危害程度以及具体情况,可以采取以下方式:比较轻微的,进行通报,作出严肃批评,也可处以诫勉;对失职失责、危害较重的,进行组织调整或者组织处理,采取停职检查、调整职务、责令辞职、免职、降职等措施;对失职失责、危害严重的,给予纪律处分。

(五)问责方式从应急问责向长效问责演进

早期的问责表现了“一事一问”的特征。在重特大事件倒逼之下,被动启动问责。无论问责的程序保障还是对领导干部的责任追究方式,均缺少明确而具体的规定。在制度支撑不足的情况下,通过会议由上级或国务院领导决定,即由权力问责的非常态化来弥补制度问责的短缺。近些年来,随着一系列问责制度的出台,我国在行政问责和党内问责领域已经形成了相对完备的制度体系,制度之间的衔接和配合进一步增强,形成了长效的问责机制。主要表现在如下方面:

一是实现问责程序规范化。领导干部问责,主要包括启动、调查、报告、审批、实施等程序。在2007年的《行政机关公务员处分条例》中,确立了初步调查;报批立案;启动正式调查;向任免机关负责人报告;听取公务员本人的陈述和申辩,经任免机关领导成员集体讨论,作出是否处分的决定;任免机关有关部门将处分决定予以实施并将相关材料归档的程序[1]等。2009年的《关于实行党政领导干部问责的暂行规定》作了进一步细化,对党政领导干部的问责主要遵循:①启动调查。发现问责的线索,由纪检监察机关(组织人事部门)启动调查。②报告。向问责决定机关提起问责建议。③决定。问责决定机关听取被问责人的陈述和申辩,集体讨论作出问责决定。④实施。由组织人事部门或有关部门办理相关事宜,如送达《党政领导干部问责决定书》等;问责决定机关派专人与被问责的党政领导干部谈话,做好其思想及工作交接等工作;组织人事部门将问责有关材料存入被问责者个人档案。⑤对问责对象的救济程序。问责对象有向问责决定机关提出书面申诉的权利。申诉期间,不停止执行[2]。2019年新修订的《中国共产党问责条例》中,程序规定最为完备,在问责的政治性、精准性、实效性上向前推进了一步,不但规定了启动、调查、报告、审批、实施的严密程序,而且有突出亮点:一是强化了启动问责的上级党组织的责任。完善了启动问责的党委审批、上级监督程序。二是进一步保障了问责对象申诉的权利及程序。严格规范调查报告形成过程,要求调查组撰写事实材料,与调查对象见面,听取其陈述和申辩。调查工作结束后,调查组应当集体讨论。三是建立了对不当问责的纠正程序。对不应当问责、不精准问责的情形,必须及时予以纠正;对滥用问责或者在问责工作中严重不负责任的情况要严肃追究责任[3]。

二是制度格局的宽严相济。现行问责制度一方面坚持“有责必问,问责必严”,通过问责达到“问责一个,警醒一片”的效果。对失职失责性质恶劣、后果严重的,实行

[1] 《行政机关公务员处分条例》(2007)第39条。
[2] 《关于实行党政领导干部问责的暂行规定》(2009)第三章“实行问责的程序”。
[3] 《中国共产党问责条例》(2019)第9-12条、第20条、第21条。

终身问责,这是对领导干部问责最具威慑性的制度。早在2010年《关于实行党风廉政建设责任制的规定》首次明确:“已退休但按照本规定应当追究责任的,仍需进行相应的责任追究。”❶2014年党的十八届四中全会确立了“建立重大决策终身责任追究制度及责任倒查机制”的要求。2015年8月公布的《党政领导干部生态环境损害责任追究办法(试行)》规定了对造成生态环境和资源严重破坏的情形,责任人不论是否已调离、提拔或者退休,都必须严格追责。2019年的《重大行政决策程序暂行条例》全面落实了党的十八届四中全会精神要求,明确“决策机关违反本条例规定造成决策严重失误,或者依法应当及时作出决策而久拖不决,造成重大损失、恶劣影响的,应当倒查责任,实行终身责任追究,对决策机关行政首长、负有责任的其他领导人员和直接责任人员依法追究责任”❷。同年修订的《中国共产党问责条例》要求领导干部对党的建设、党的事业的各项工作“实行终身问责,对失职失责性质恶劣、后果严重的,不论其责任人是否调离转岗、提拔或者退休等,都应当严肃问责”❸。另一方面坚持“不同情况,不同对待”。在《中国共产党问责条例》中,落实习近平总书记“三个区分开来”❹的要求,区分不同情况,分别给予不予问责或者免予问责;从轻或者减轻问责;或者从重或者加重问责。明确了干部重新启用的条件、程序,对影响期满、表现好的被问责干部,符合选拔任用的条件,按照有关规定正常使用。

三是强化问责的实效性。现行问责制度强化问责执行,通过一系列机制的实施,增强问责的实效性。一要督促执行。问责决定应当及时宣布,并督促问责对象执行。二要双入档。问责决定材料既要纳入纪委主管的领导干部廉政档案,又要纳入组织部门主管的人事档案。三要作出检讨。问责对象应向作出问责决定的党组织写出书面检讨,并在民主生活会、组织生活会或者党的其他会议上作出深刻检查。四是予以公开曝光。问责典型问题应当建立完善相关制度,予以通报曝光。采取组织调整或者组织处理、纪律处分方式问责的,应当以适当方式公开。五要及时整改。被问责党组织、被问责领导干部及其所在党组织应当深刻吸取教训,加强督促检查,推动以案促改❺。

《中国共产党问责条例》通过完善制度规定,着力提升了制度实施的精准性和实效性。充分考虑不同情形,对屡教不改、性质严重的失职失责行为从严、从重处罚,树立制度的威慑力。保护想干事、敢干事的领导干部的创业热情又对受到问责的领导干部留有出路,促其改过自新。同时,通过建立问责后的一系列执行机制,强化问责的实效性。这标志着我国长效问责机制已经建立。

---

❶ 《关于实行党风廉政建设责任制的规定》(2010)第26条。

❷ 《重大行政决策程序暂行条例》(2019)第38条。

❸ 《中国共产党问责条例》(2019)第16条。

❹ 2019年3月,中共中央办公厅印发了《关于解决形式主义突出问题为基层减负的通知》规定,要把“三个区分开来”的要求具体化,正确把握干部在工作中出现失误错误的性质和影响,切实保护干部干事创业的积极性,为担当者担当,为负责者负责。

❺ 《中国共产党问责条例》(2019)第13条、第14条。

三、我国政治问责与行政问责、党内问责的区别

我国政治问责、行政问责和党内问责都属于问责制度的重要组成部分,但三者之间的区别是明显的。

(一)问责主体不同

政治问责遵循的基本原则是"谁授权、谁追责"。根据"权力来源于人民"这一问责正当性的基石,在我国,政治问责的问责主体是人民代表机关,即人民代表大会及其常务委员会选举或决定产生的中央和地方领导干部对全国及地方各级人大负责,如果出现了违背民意的情形,由各级人民代表大会或常务委员会提起质询或罢免。

行政主体对人民所承担的政治责任具有间接性的特征,而与上级有直接的责权授受关系。行政问责建立在政府体制层级授权关系的基础之上。行政问责是上级行政机关对下级机构及其公职人员或者专责机构按照干部管理权限,对行政机关公职人员予以监督和问责。根据授权关系,由授予权力的、有管理权限的上级进行问责,是行政问责的重要方式。在行政体制内,除了最高行政官员,多数行政系统官员都由上级委任,以保证行政效率。同样,责任追究也由上级组织作出最终决定。此外还包括被授予问责权的专责机构对其权限范围内的官员开展问责。行政问责的方式有上级对下级的问责、行政监察机构问责、行政内部通过财政预算等控制引发的问责等。我国行政问责主要包括根据层级关系而产生的上级政府机构的问责、专责机构即监察委员会对行政机关的监督问责。

党内问责是政党内部问责主体按照其组织规则,对党内政治责任主体进行质问,要求其作出解释说明,对违反责任的情形予以责任追究。我国的党内问责是建立在中国共产党作为中国人民和中华民族的先锋队,代表人民执政、对人民负责的基础上的。根据干部管理权限,由上级党组织对下级党组织或其领导干部违反相关规定的行为追究责任。中国共产党按照"自我净化、自我完善、自我革新、自我提高"的要求,推进全面从严治党,不但制定了严明的党内纪律,还对党的建设、党的事业中失职失责的领导干部进行纪前问责,以保证党的领导干部能够始终不忘初心,牢记使命,担当起中华民族伟大复兴的神圣职责。

(二)问责对象不同

政治问责的对象是拥有政治权力同时负有政治责任的官员。我国公务员范围包括了具有领导职务的公务员,从其产生途径来看,主要有"选任制""委任制和聘任制"。其中,"选任制"公务员产生方式类似于西方的政务官员。党的十三大指出:"党中央和地方各级党委,依照法定程序向人大推荐各级政务类公务员的候选人,监督管理政务类公务员中的共产党员。"按照这一表述,党中央和各级党委依法向各级人大推荐政务类公务员的人选,各级政务性公务员接受各级党委的监督管理。"选任制"公务员根据《宪法》及《地方各级人民代表大会和地方各级人民政府组织法》的规定,通过各

级人民的代表机构“人大”选举或由人大的政治任命产生，具有鲜明的政治立场，担负重大的政治职责。而“委任制”是根据《党政领导干部选拔任用工作条例》❶，通过分析研判和动议、民主推荐、考察、讨论决定等程序产生。按照干部管理权限由党委（党组）集体讨论作出任免决定，或者决定提出推荐、提名的意见（第35条）。我国的干部管理权限原则上实行下管一级，干部“委任制”实质是上级党委（党组）在干部任免中起决定性作用，由上级党委（党组）代表人民进行间接授权。由此可见，我国领导干部产生的途径，主要由人大选举和决定产生或选拔任用（委任制）产生。其中，我国选举产生和人大决定产生的领导干部向各级人大负责。这里的负责，是指对人民的代表机构负有政治责任。而委任的官员，由上级授权，直接对上级负责。这就决定了我国政治问责的对象是选任制或政治任命产生的领导干部；而行政问责的对象是委任制产生的领导干部。

我国党内问责的对象是党组织和党员领导干部。如《中国共产党问责条例》规定：“问责对象是党组织、党的领导干部，重点是党委（党组）、党的工作机关及其领导成员，纪委、纪委派驻（派出）机构及其领导成员”（第5条）。而《关于实行党政领导干部问责暂行规定》明确党内问责的范围包括“中共中央、县级以上地方各级党委；上列工作部门内设机构的领导成员”（第2条）。《中国共产党纪律处分条例》更将所有党员领导干部纳入了纪律处分范围，实现了问责对象的全覆盖。

（三）问责事由不同

政治问责事由以丧失人民信任为要件，应予实现的政治责任未能正当履行，责任人必须承担相应的责任。政治责任是对人民的权益保障、国家社会稳定等重要职责的履行。如果没有对人民担负起相应的责任，损害了人民的利益，则必须承担不利的后果。政治责任的行为方式是通过“作决策”实现和担当责任，这说明一切具有政治决断色彩的行为都是政治行为，都背负政治责任。政治决断的过程就是各种冲突的价值、利益博弈和整合的过程。政治责任的形态通常表现为政治政策的制定，通过出台符合民意的公共政策，实现维护人民利益的目的。如果违背了这一目标指向，就要承担丧失权力等不利后果。然而，政治的复杂性导致因决策而丧失民意的主客观因素纵横交织，对之进行具体化的描述难度很大。这反映出追究政治责任的事由很难完全具体化，也为政治力量的较量和权衡预留了空间。我国《宪法》确立了罢免制度，规定全国人大有权罢免国家主席、国务院总理等重要国家领导人；地方人大有权罢免省长、副省长等

❶ 根据《党政领导干部选拔任用工作条例》（2019）第4条规定：“本条例适用于选拔任用中共中央、全国人大常委会、国务院、全国政协、中央纪律检查委员会工作部门领导成员或者机关内设机构担任领导职务的人员，国家监察委员会、最高人民法院、最高人民检察院领导成员（不含正职）和内设机构担任领导职务的人员；县级以上地方各级党委、人大常委会、政府、政协、纪委监委、法院、检察院及其工作部门领导成员或者机关内设机构担任领导职务的人员；上列工作部门内设机构担任领导职务的人员。选拔任用参照公务员法管理的群团机关和县级以上党委、政府直属事业单位的领导成员及其内设机构担任领导职务的人员，参照本条例执行。上列机关、单位选拔任用非中共党员领导干部，参照本条例执行。选拔任用民族区域自治地方党政领导干部，法律法规和政策另有规定的，从其规定。”

地方主要领导人员(《宪法》第63条、第101条),但对罢免事由并没有作出具体的规定。

我国行政问责事由与行政职责密切相关,通常具体化为职责的某种表现形态,如行政决策、管理职责等。地方政府问责情形多达近20款,如《长沙市人民政府行政问责制暂行办法》共15款;《天津市人民政府行政责任问责制试行办法》共19款;《重庆市政府部门行政首长问责暂行办法》将效能低下、执行不力、瞒报或虚报重大突发事件、盲目决策和在商务活动中不讲诚信等18种情形列为责任追究范围。显然,地方问责更倾向于行政权力的规范和制约作用。而在《关于实行党政领导干部问责的暂行规定》中则相对简练,列举了七个方面的问责情形,如决策严重失误,工作失职,政府职能部门管理、监督不力,在行政活动中滥用职权,强令、授意实施违法行政行为等造成重大损失或严重后果等(第5条)。

而党内问责的事由一般围绕党的意志展开。中国共产党在我国处于长期执政地位,党内问责旨在实现党要管党,从严治党,增强党的凝聚力和战斗力,实现党的历史使命。党内问责的事由主要体现在《中国共产党问责条例》中,包括党的建设、党的事业中失职失责的行为,范围涵盖了党的领导弱化,党的建设缺失,全面从严治党主体责任、监督责任落实不到位,履行管理、监督职责不力,在人民群众最关心最直接最现实的利益问题上不作为,以言代法、以权压法、徇私枉法等方面。除此,《关于实行党风廉政建设责任制的规定》、中共中央办公厅印发的《干部选拔任用工作监督检查和责任追究办法》对党风廉政建设、选人用人责任作了重点规范。

(四)问责程序不同

政治问责具有浓厚的政治色彩,在程序设计上集中体现公众意志的权力机关发挥着关键的作用。我国罢免程序在《中华人民共和国全国人民代表大会议事规则》中明确了启动、审查、调查、决定等环节。包括[1]:一是提出程序。主席团、三个以上的代表团或者十分之一以上的代表提出罢免案。二是申辩程序。罢免案表决前,被罢免人员有权提出申辩意见。三是审议程序。由主席团交各代表团审议。四是表决程序。由全国人民代表大会全体会议表决,过半数通过。在表决前,还可以由主席团提议,经大会全体会议决定,组织特定问题的调查委员会。多数省市制定了本地区的人大议事规则,内容与国家层面的规定大体一致[2]。

---

[1] 《中华人民共和国全国人民代表大会议事规则》(2021)第44条、第61条。

[2] 2005年1月通过的《湖北省人民代表大会议事规则》第48条规定:"主席团、常务委员会或者十分之一以上代表联名,可以提出对常务委员会组成人员、省人民政府组成人员、省高级人民法院院长、省人民检察院检察长的罢免案。罢免案应当写明罢免理由,并提供有关材料。罢免案由主席团交各代表团审议后,提请大会全体会议表决;或者由主席团提议,经大会全体会议决定,组织调查委员会,由下次省人民代表大会会议根据调查委员会的报告审议决定。对个别副省长和由常务委员会任命的省人民政府其他组成人员的罢免案,可以经大会全体会议决定,授权常务委员会在省人民代表大会闭会后六个月内,听取调查委员会的调查报告,并作出相应的决定,报下次省人民代表大会会议备案,或者提请下次省人民代表大会会议审议。罢免案提交大会全体会议表决前,被要求罢免的人员有权在主席团会议或者大会全体会议上提出申辩意见,或者书面提出申辩意见。在主席团会议上提出的申辩意见或者书面提出的申辩意见,由主席团印发会议。"

行政问责程序的设计是在行政机关内部运行的。我国对“尚未构成违纪的失职失责情形”进行问责,地方行政问责的提出和启动主体一般包括两个环节:一是问责建议的提出;二是问责程序启动。如深圳市《政府部门行政首长问责暂行办法》规定:“市长发现部门行政首长有本办法规定的问责情形或者依据下列问责信息,可以提请市政府常务会议决定启动问责程序:1. 公民、法人或其他组织署名的附有相关证据材料的检举、控告材料;2. 上级领导机关的指示、批示;3. 审判机关、检察机关提出的问责建议;4. 审计、行政监察等监督机关提出的问责建议;5. 部门工作考核结果;6. 新闻媒体曝光的材料;7. 其他反映部门行政首长存在问责情形的材料。”问责程序启动后,组成调查组进行调查,限定时间调查完结后,向市长提交书面调查报告,包括问责情形的具体事实、基本结论和是否问责的具体建议等,再由市长提交市政府常务会议决定。而在国家层面,《关于实行党政领导干部问责的暂行规定》第 12 条规定了如下问责程序:纪检监察机关或组织人事部门按照权限和程序,向问责决定机关提出问责建议;问责决定机关作出问责决定;由组织人事部门办理相关事宜。第 15 条规定:“对于事实清楚、不需要进行问责调查的,问责决定机关可以直接作出问责决定。”这些规定明确了问责建议权行使主体是党委和政府的纪检监察机关和组织人事部门,更加鲜明地体现执政党和政府内部自我约束的特征。对公务员的处分程序集中见于《行政机关公务员处分条例》,规定了任免机关调查、处理;立案;陈述和申辩;集体讨论作出决定;归档;申请复核或者申诉等程序❶。

党内问责程序集中体现在 2019 年修订的《中国共产党问责条例》中。这部党内法规全面规范启动、调查、报告、审批、实施等各个环节。具体包括:一是启动程序。党委(党组)、纪委、党的工作机关启动问责调查程序应当经主要负责人审批。二是调查程序。应当组成调查组,按照事实清楚、证据确凿、依据充分、责任分明、程序合规、处理恰当的要求,依规依纪依法开展调查。三是形成处理意见。调查工作结束后,经集体讨论,调查组形成调查报告,提出处理意见以及依据。四是审批程序。问责决定应当由有管理权限的党组织作出。五是实施程序。问责决定作出后,应当及时向被问责党组织、被问责领导干部及其所在党组织宣布并督促执行。六是救济程序。问责对象对问责决定不服的,可以自收到问责决定之日起 1 个月内,向作出问责决定的党组织提出书面申诉❷。

处以党纪处分的程序,党章规定“对党员的纪律处分,必须经过支部大会讨论决定,报党的基层委员会批准;如果涉及的问题比较重要或复杂,或给党员以开除党籍的处分,应分别不同情况,报县级或县级以上党的纪律检查委员会审查批准。”❸除了上述党组织有权作出党纪处分决定外,纪检专职机关根据《中国共产党纪律检查机关案

❶ 《行政机关公务员处分条例》(2007)第 39 条、第 48 条。
❷ 《中国共产党问责条例》(2019)第 9-14 条、第 20-21 条。
❸ 《中国共产党章程》(2017)第 42 条。

件检查工作条例》的规定，履行立案、调查、移送审理等程序。案件经审理并报本级纪委常委会讨论后，送交被调查人所在单位党组织作出处理决定。或在特殊情况下，由县以上纪检机关在征求被调查人所在单位党组织意见的基础上，直接作出处分决定。

（五）问责方式不同

政治问责的处理方式比较典型的是去职。除了引咎辞职的情形，政治问责的主要处理方式是问责主体对问责对象的权力剥夺。一般官员同时追究政治责任和法律责任的情况下，应先作出权力方面的处置，再追究法律责任。这种方式主要适用于由人民直接选举或者人民的代表机构选举产生或者政治任命的官员。一般由人民或其代表机构收回授权。我国《宪法》规定了对重要领导人员的罢免制度，罢免结果是被罢免人员丧失了某一职位的权力。罢免决定一旦通过不能撤销。如果被罢免人有严重的失职渎职行为，应追究司法责任的，罢免也是需要前置处理的程序。

行政问责方式则具有层次多样性，根据情节轻重，处置从轻到重包括名誉惩戒如警告、训诫；财产惩戒如罚款减薪、取消公务员的特殊优惠补贴、停止领取退休金的权利等；身份惩戒如停职、降级、降职或调职、撤职、免职等。我国的行政问责方式除了引咎辞职，其他按照情节轻重，包括批评教育、作出书面检查、给予通报批评、公开道歉、诫勉谈话等；各类组织处理方式，如包括停职检查、调整职务、责令辞职、降职、免职等；处分[1]如警告、记过、记大过、降级、撤职、开除六种；如存在更为严重的情节，移送司法机关依法处理。

党内问责方式是针对执政党内部的党员、干部作出的责任追究的处理。我国党内问责的主要方式有针对党组织或党的领导干部的检查、通报、诫勉；针对领导干部的组织调整或者组织处理，如停职检查、调整职务、责令辞职、免职、降职等措施；党纪处分等。

典型案例　“5·6”大兴安岭特大森林火灾事件

1987年5月6日，黑龙江省大兴安岭地区的西林吉、图强、阿木尔、塔河4个林业局所属的几处林场同时起火。

这起特大火灾事故的发生，主要是由于企业管理混乱、纪律松弛、违反规章，制度、违章作业和领导上严重官僚主义所造成的。这次火灾充分暴露了这个地区护林防火制度和措施落实不到位，防火力量严重不足，消防设备、工具和手

---

[1] 《中华人民共和国公职人员政务处分法》（2020）第2条规定："本法适用于监察机关对违法的公职人员给予政务处分的活动。""本法第二章、第三章适用于公职人员任免机关、单位对违法的公职人员给予处分。""监察机关应当按照管理权限，加强对公职人员的监督，依法给予违法的公职人员政务处分。""公职人员任免机关、单位应当按照管理权限，加强对公职人员的教育、管理、监督，依法给予违法的公职人员处分。"这些规定确立了政务处分与处分并行的二元处分体制。党的十九大党章修正案在党的基层组织基本任务中，把国法政纪修改为国家法律法规。政纪概念是特定历史条件下的产物，随着我国社会主义法治建设步伐逐步加快，对公职人员依法履职的相关要求，已经全部通过法律、行政法规、地方性法规和规章等作出规范。参见《正确理解和适用政务处分与处分》，《中国纪检监察报》2020年7月3日第2版。

段准备差等问题，以致火灾发生后不能及时彻底扑灭，小火酿成大火，造成了新中国成立以来损失最为惨重的特大火灾事故。由58800多名军、警、民（其中解放军官兵3.4万人，森警、消防干警和专业扑火人员2100多人，预备役民兵、林业职工和群众2.27万人）经过28个昼夜的奋力扑救，于6月2日火场明火、余火、暗火全部熄灭，火场清理完毕。此次特大森林火灾火场总面积为1.7万平方千米（包括境外部分），境内森林受害面积101万公顷，大火中丧生211人，烧伤266人，受灾居民1万多户，灾民5万余人。致使人民的生命财产、国家的森林资源损失惨重，生态环境遭受巨大破坏，造成直接经济损失达5亿多元，间接损失达69.13亿元。

森林防火工作是林业部的主要职责之一。大兴安岭特大森林火灾事故的发生，充分暴露了林业部领导对这项重要工作没有给予应有重视，也没有吸取近年来频频发生森林火灾的教训，对国家的森林资源和人民的生命财产不负责任。这是严重的官僚主义和重大的失职行为。林业部主要负责同志对此负有不可推诿的重大责任。但是，从这场大火燃烧起，一直到彻底扑灭的25天内，林业部主要负责同志没有任何自我批评和检讨，只是在中央和国务院领导同志多次批评后，才做了表态性的检查。为了严肃认真地处理这次火灾事故，国务院全体会议决定：一、撤销杨×的林业部部长职务，提请全国人大常委会审议批准。二、责成林业部和大兴安岭扑火前线总指挥部对这次特大森林火灾进行认真调查，总结经验教训，提出改进措施，并对其他负有直接责任的人员进行严肃处理，并将处理情况报国务院。

典型案例 贵州“6·28”瓮安事件[①]

2008年6月28日，贵州省黔南州瓮安县发生一起影响全国的“打、砸、抢、烧”恶性事件，导致瓮安县委、县政府和瓮安县公安局、财政局被烧毁，一百多名公安民警被打伤。直接起因是中学生李树芬22日凌晨溺水身亡起，一些“小道消息”就在瓮安县城内传播，激起了不少群众对死者的同情。2008年6月28日下午，大堰桥头的围观群众买了一块白布，现场签名写字制作成横幅，让两个学生在前面举着，从西门河边上出发，到县政府请愿。游行的消息传开后，瓮安县城此前在政府征地、城市拆迁等行为中利益受损的一些失地农民和市民等，也纷纷跟在后面一起往县政府走。最终游行队伍抵达县政府时，已达上千人的规模。由于当天是星期六，县政府没人上班，请愿者在县政府门前表达诉求后，又转到距县政府100米左右的公安局大楼。16时30分左右县公安局民警与请愿者发生冲突，此时围观人群已有上万人。当天14时50分，事件发生前，县委书记王×、县政府办主任宋×等人正在县电信局参加“全国处理信访突出问题”电视电话会议。16时许，游行队伍从李树芬死亡的大堰桥出发。收到消息的玉华乡政法委书记李××、派出所所长陈××立即向上级报告了这一情况。会场内的县委书记王×接到汇报,继续参加会议,并未作出及时有效的处置。其间,县政府办主任宋×接到县政府值班人员电话后,离开会场赶到县政府大楼劝说学生离开,并于16时40分左右电话报告了县长王××。因了解到现场小青年比较多,县委书记王×立即打电话给县教育局局长张××,要求其通知各校校长带教师到现场去劝散学生。接到指示的张××立即通知城区各校校长安排老师到现场疏散学生。但此时聚集围观的人越来越多,警戒线已开始受到冲击,并有人冲进一楼开始打砸。17时50分左右,结束了电视电话会议的王×安排工作人员通知县四家班子领导到电信局集中商量对策。18时20分左右,县长王××从都匀赶到瓮安县电信局临时指挥部。19时许,黔南州公安局负责人赶到现场,未采取措施。与此同时,黔南州委组织召开了处置瓮安事件专题会议。会后,原州委一位负责人赶往瓮安县城,并等候从省里赶来的领导。23时左右,与县政府大楼相邻的县委大楼被点燃,并因是木结构,最后全被烧毁。

瓮安"6·28"事件发生后,按照省委书记、省人大常委会主任石××,省委副书记王××,省委常委、省委政法委书记、省公安厅厅长崔××等领导同志的指示,全省公安机关立即抽调精兵强将组成专案组,查清事件真相,开展专案侦查,打黑除恶,全力维护社会稳定。

2008年7月3日,中共贵州省委在贵阳召开瓮安"6·28"事件阶段性处置情况汇报会,决定严查彻究在此次事件中严重失职渎职的干部特别是领导干部的责任,建议免去瓮安县委常委、政法委书记、县公安局政委罗××和县公安局党委书记、局长申××的职务。同时,要求纪检监察部门按照《中国共产党纪律处分条例》查究瓮安县委、县政府主要领导和有关领导的责任。2008年7月4日,贵州继续严肃追究瓮安"6·28"事件干部责任,贵州省委和黔南州委分别作出决定,王×被免去中共瓮安县委书记、常委、委员职务;王××被免去中共瓮安县委副书记、常委、委员职务,提请瓮安县人大常委会免去其县人民政府县长职务。2008年12月16日下午,中共黔南州九届六次全委(扩大)会表决通过了追认给予王×、王××撤销党内职务处分的决定。决定称,在2008年瓮安县发生"6·28"事件处置过程中,该县原县委书记王×,县委副书记、县长王××处置不当,存在工作失职行为。根据《中国共产党纪律处分条例》之规定,经黔南州委常委会2008年8月21日决定,并报贵州省委常委会2008年8月29日批准,给予王×同志撤销黔南州第九届州委委员,瓮安县委书记、常委、委员,瓮安县人民武装部党委第一书记等职务的处分,职级由正县级降为副县级;给予王××撤销黔南州第九届州委委员,瓮安县委副书记、常委、委员职务处分,职级由正县级降为副县级的处分。

第四章 我国的政治问责制

建立健全政治问责制，是政权属于人民的必然体现，也是建立责任政府、完善政府问责体系的重要方面。为此，需要进一步完善人民代表大会的质询、罢免等政治问责制度，明确政治问责的主体和对象、建构政治问责的机制和程序、细化政治问责的事由和后果，强化人民代表大会的监督和问责职能。这就需要完善人民代表大会的质询、罢免等政治问责制度，使之成为党和政府落实权为民所赋、利为民所谋执政理念的重要制度保障❶。

第一节 政治问责制概述

政治问责是政治责任实现的重要保障。政治责任是肩负政治职责的领导干部制定符合民意的公共政策，并推动这一政策实施的职责；当无正当理由未能尽职履责时，应承担惩罚性后果。政治责任反映的是领导干部与人民之间的责权关系，领导干部的权力来自人民的授权，必须接受人民的监督，对人民负责。政治责任以保障人民的利益为出发点和归宿，是否履行了责任也以是否维护了人民的利益来衡量。人民有权对作出偏离人民意愿的决策或者实施未能符合民意的政策负有责任的领导干部追究相应的政治责任。所以，提起政治问责的主体，通常是人民的代表机关。由人民的代表机关代表人民判断领导干部的决策行为是否符合民意，实施是否得当。如果认为其违背了民意，则有权要求其承担丧失权力的不利后果。

一、政治问责的概念及特点

政治问责是人民的代表机关对负有政治责任的领导干部不当履职的情况予以责任追究的行为。在我国广大领导干部❷都负有不同程度的政治责任，但只有选举产生或由人大任命产生的领导干部，对人民负有直接的政治责任；委任或聘任制产生的领导干部对人民的政治责任具有间接性的特点，关于此类领导干部的问责将在行政问责

---

❶ 王若磊：《科学建构政治问责制》，《法制日报》2012年3月28日。

❷ 根据《关于领导干部报告个人有关事项工作的规定》（中办发〔2010〕16号）和中央组织部《关于进一步做好领导干部报告个人有关事项工作的通知》（组电明字〔2013〕25号）的界定，领导干部包括：（1）各级党的机关、人大机关、行政机关、政协机关、审判机关、检察机关中县处级副职以上（含县处级副职，下同）的党员干部。（2）人民团体、事业单位中相当于县处级副职以上的党员干部。（3）国有大型、特大型企业中层以上领导人员中的党员，国有中型企业领导人员中的党员，实行公司制的大中型企业中由上级党组织、行政机关或者国有资产授权经营单位委派、任命、招聘的领导人员中的党员以及其他经上述单位批准执行职务的领导人员中的党员。为尊重我国政治文化传统，涉及我国问责制度统一使用“领导干部”这一称谓。

部分论及。本节所涉及的是人民代表机关对负有直接政治责任的领导干部问责的情形。政治问责的特点包括如下方面：

第一，政治问责的主体是人民，一般由人民的代表机关来行使。我国的政权组织形式是人民代表大会制度，人大代表由人民选举产生，人民代表大会是立法机关，同时也是最高权力机关，行政机关、监察机关、司法机关由其产生，对其负责。因此，人民代表大会的属性和功能，决定了由其代表人民进行政治问责，具有问责主体的政治性基础。

第二，政治问责的对象是由人大选举或决定产生的拥有政治权力的领导干部。我国干部队伍管理的龙头法是《公务员法》，对我国公务员的界定比较宽泛，包括了“依法履行公职、纳入国家行政编制、由政府财政负担工资福利”的（第2条）、涵盖了党、人大、政府、司法系统的所有工作人员。从职务维度，分为“领导类与非领导类”（第17条）；从其产生途径来看，主要有“选任制”“委任制和聘任制”。其中，“选任制”公务员通过各级人民的代表机构人大选举或由人大决定产生，具有鲜明的政治立场❶。政治问责的对象，主要是公务员中选任产生的这类领导干部。

第三，政治问责的事由主要与政治决策或政治品德有关。包括如下方面：一是重大决策失误。制定出台的重大决策违背人民的利益，实施成效不符合人民的预期，甚至严重侵害了人民的近期或长远利益。二是对重大决策实施过程疏于监管等原因导致决策执行偏离政策初衷，导致人民生命财产遭受重大损失或者引发其他严重后果。三是负有政治责任的领导干部个人品德存在重大瑕疵，难以胜任人民所赋予的职责要求，影响了国家机关的形象，丧失了人民的信任。

第四，政治问责的形式主要包括由人民代表机关进行质询或提起罢免。质询要求报告、说明和解释其行为，对特定事故和事件由代表机关授权专门委员会进行调查和报告，在严重情形下可能启动罢免程序❷。罢免是宪法赋予人民的代表机关代表人民行使的直接剥夺由其选举或决定产生的领导干部公权力的重要权利，它是人民监督领导干部的重要方式，同时也是保证权力始终服务于人民利益的制度保障。

第五，政治问责的后果主要体现为权力的丧失。承担政治责任的方式一般有两种：一是自责。面对来自人民谴责的政治伦理拷问，被问责者自认有负人民的委托，而向人民表达歉意或引咎辞职。道歉是政治官员就履职不当向公众道歉，争取人民的谅解。引咎辞职直接引发权力丧失的后果，是自责的最严厉形式。如因决策严重失误、导致严重后果或者恶劣影响的，由本人主动提出辞去现任领导职务的行为。二是他责。这是承担政治责任的基本方式。因丧失人民的信任等政治行为而失去行使政治权力的资格❸。如果由人大选举或决定产生的领导干部失职情节严重且拒不辞职，则

---

❶ 党的十三大指出：“党中央和地方各级党委，依照法定程序向人大推荐各级政务类公务员的候选人，监督管理政务类公务员中的共产党员。”按照这一表述，党中央和各级党委依法向各级人大推荐政务类公务员的人选，各级政务性公务员接受各级党委的监督管理。这一类公务员担当的政治责任更为重大、鲜明。

❷ 王若磊：《科学建构政治问责制》，《法制日报》2012年3月28日。

❸ 张贤明：《政治责任与法律责任的比较分析》，《政治学研究》2000年第1期。

由授权的人民代表大会启动罢免，剥夺被问责的领导干部的权力，这是一种强制剥夺权力的方式。

二、政治问责的基本原则

政治问责的基本原则是开展政治问责的基本遵循，具体包括人民当家作主原则、权力与责任一致原则、政治性与法律性并重原则。

(一)人民当家作主原则

人民当家作主原则是政治问责的根本性原则，是马克思主义的重要组成部分。马克思对西方启蒙思想家卢梭等人民主权思想扬弃的基础上，予以批判式继承，结合无产阶级斗争实践，形成了马克思主义的人民主权理论，并提出了人民当家作主思想。1847 年 11 月，恩格斯在《共产主义原理》一文中明确提出："首先无产阶级革命将建立民主制度，从而直接或间接地建立无产阶级的政治统治。"❶在马克思主义经典《共产党宣言》中再次强调："工人革命的第一步就是使无产阶级上升为统治阶级，争得民主。"❷这集中阐释了最广大的人民群众只有夺取政权才能翻身做主人的思想。

早在第二次国内革命战争时期，我们党领导苏区人民建立工农民主政权，翻身做了主人。及至抗日战争和解放战争时期，在抗日革命根据地和解放区，建立了属于人民的民主政权，实现人民当家作主。毛泽东在《论人民民主专政》中明确指出："中国人民在几十年中积累起来的一切经验，都叫我们实行人民民主专政。""对人民内部的民主方面和反动派的专政方面，互相结合起来，就是人民民主专政。"❸

新中国以人民当家作主为原则构建新的政权，是在临时宪法《中国人民政治协商会议共同纲领》中确立的，纲领明确"中华人民共和国的国家政权属于人民。人民行使国家政权的机关为各级人民代表大会和各级人民政府""中华人民共和国境内各民族，均有平等的权利和义务""各级政权机关一律实行民主集中制"❹。1954 年 9 月第一届人大一次会议通过的《中华人民共和国宪法》，对以人民当家作主为原则的社会主义政治制度赋予了宪法保障。在此基础上，人民当家作主原则的内涵不断丰富和发展。党的十三大确立"社会主义民主政治的本质和核心是人民当家作主"❺，是关于人民当家作主理论的重大发展。人民当家作主在国家政权层面，最集中的体现就是实行人民民主专政的国体和人民代表大会制度的政体。在 1982 年通过的《中华人民共和国宪法》中重申："中华人民共和国是工人阶级领导的、以工

❶ 《马克思恩格斯选集》第 1 卷，人民出版社 1972 年版，第 219 页。

❷ 《马克思恩格斯选集》第 1 卷，人民出版社 1972 年版，第 272 页。

❸ 《毛泽东著作选读》(下册)，人民出版社 1986 年版，第 681-682 页。

❹ 赵永红：《人民当家作主制度体系的由来、构成、优势与发展》，《新疆师范大学学报(哲学社会科学版)》，2020 年第 3 期。

❺ 中共中央党校教务部：《十一届三中全会以来党和国家重要文献选编》，中共中央党校出版社 2008 年版，第 215 页。

农联盟为基础的人民民主专政的社会主义国家”“中华人民共和国的一切权力属于人民。人民行使国家权力的机关是全国人民代表大会。”在国体、政体的基础上，我国的人民当家作主基本制度体系包括“中国共产党领导的多党合作和政治协商制度、爱国统一战线制度、民族区域自治制度、基层群众自治制度”，以制度为载体，公民享有广泛的民主权利。我国赋予人大代表的“质询权、罢免权”，是宪法予以保障的人大代表的重要权利，也是政治问责制度的核心内容。政治问责必须以实现人民民主权利作为基本遵循，这也是人民当家作主原则的具体体现。党的十八大以来，习近平总书记围绕“人民当家作主是社会主义民主政治的本质特征”这一核心，“坚持党的领导、人民当家作主、依法治国的有机统一”❶，确保人民享有更加广泛、更加充分、更加真实的民主权利，保证人民广泛参与国家治理和社会治理。党的十九届四中全会进一步指出，必须坚持人民主体地位，健全民主制度，丰富民主形式，拓宽民主渠道，加强人民当家作主的制度保障。这为坚持人民当家作主原则，不断发展和完善政治问责制度指明了方向。

（二）权力与责任一致原则

权责一致是政治领域的重要原则，在政治问责领域体现得尤为充分。因为政治问责制正是追究行使权力的公职人员相应责任的制度，该原则的确立，是民主政治发展的产物。英国政治思想家斯图亚特·密尔在其名著《代议制政府》中，对权力与责任相统一的原理极为重视。他说，如果能够将权力和责任统一起来的话，那就完全可以放心地将权力交给任何一个人❷。在民主化进程中，各国在政治领域中普遍贯彻了这一原则。正如俄罗斯学者 В. А. Вннотрадов 所指出的“一方面，主体的权力和义务范围，权力范围及其责任，应该是平衡的，按比例依赖的，即权力的衡量标准应与其责任的衡量标准相关”❸。我国最早在 2004 年 4 月的《全面推进依法行政实施纲要》中明确提出，“权责统一”是依法行政的基本原则，但该《纲要》将其作为依法行政的上位原则，仍然具有很强的政治色彩。2012 年 12 月 4 日，习近平总书记在首都各界纪念现行宪法公布施行 30 周年大会上将“权责一致”作为领导干部的要求，他说：“我们要健全权力运行制约和监督体系，有权必有责，用权受监督，失职要问责，违法要追究，保证人民赋予的权力始终用来为人民谋利益。”❹这一表述将权责一致落实到了实施层面。权责一致原则的含义是政治官员所拥有的权力与其所承担的责任相适应，包含了如下

❶ 《习近平在中国共产党第十九次全国代表大会上的报告》（2017 年 10 月 18 日），《习近平谈治国理政》第三卷，外文出版社 2020 年版，第 28 页。

❷ 陈素慧：《论责任政府及政府责任体系》，《改革研究》2010 年第 6 期。

❸ Виноградов В. А. Актуальные проблемы конституционно-правовой ответственности // Законодательство. 2002. № 10. С. 63. цитирую по：ЧЕПУС Алексей Викторович. Парламентская ответственность правительства как форма конституционной ответственности：общая характеристика . Юридическая наука. 2013. № 4.

❹ 习近平：《在首都各界纪念现行宪法公布施行 30 周年大会上的讲话》（2012 年 12 月 4 日），《十八大以来重要文献选编》（上），中央文献出版社 2014 年版，第 92 页。

几项内涵：第一，权力与责任是对立统一的，没有无权力的责任，也没有无责任的权力。二者相互依存，相伴共生。第二，权力与责任是对等的，有多大的责任，才授予多大的权力。第三，权力与责任二者之间，责任居于本位的地位，责任是目的，而权力是手段。人大选举或决定产生干部的环节既是授权，也是赋责，而且实现责任是赋予权力的基础和前提，背离责任就要承担丧失权力的后果。政治问责正是从保证政治权力“取之于民，用之于民”、始终在实现责任的轨道上运行而创设的制度，如果发现偏离轨道的失职行为，就追究其政治责任。

（三）政治性与法律性并重原则

政治问责兼具政治性与法律性特征，其运行也必须遵循政治与法治的规律。政治问责首先是重要的政治制度设计，它关涉政治最核心的“权力”要素，即授予权力后，如何收回权力的问题。然而，政治“不是平静稳定的，更不是和谐的场所，而是充满斗争、充满较量的‘力的场域’”[1]，政治问责作为政治制度的重要组成部分，其提起的事由具有高度的概括性和模糊性，这与政治变动不居的特点相适应。责任追究的方式主要是权力的剥夺，具有典型的政治惩罚色彩。

政治问责上升为宪法规定，法律技术性与政治机动性的冲突是不可避免的。因此必须寻求二者的结合点，既涉及法治对政治的包容性问题，也涉及政治对法治的契合性问题。法治有形式法治与实质法治之分，法治要件相应的包括形式和实质两个方面。形式要件是法律的外在表达和形式载体。马克思说，“法律是肯定的、明确的、普遍的规范。”[2]著名的现代自然法学家富勒立足于“法律是使人的行为服从于规则之治的事业”[3]，将“正义”作为法的外在道德，将法的形式要件作为法的内在道德。他提出了八项“程序法治”原则，即“法律的一般性、法律的公布、适用于将来的而非溯及既往的（retroactive）法律、法律的公开性、避免法律中的矛盾、法律不要求不可能实现的事情、法律的稳定性、官方行动和法律的一致性[4]。”这是好法律的主要表征。而法治的实质要件是法治的精神内核，表现为法的价值取向，法学家们对此有不同的表述。1959年印度德里法学家大会所通过的《德里宣言》，在其关于法治三原则的主张中，第一条就明确提出法治不仅要保障和促进个人的公民与政治权利，且应确保个人合法期望与尊严得以实现的社会、经济、文化条件。将政治问责纳入法治化轨道，必须符合法治的形式和实质要件。

政治问责在宪法中，体现为质询、罢免规范，并在其他宪法性法律文件中作出了进一步细化的规定。政治问责同时具有法律规范的特征，其中政治的灵活性、价值性、模

---

[1] ［法］高宣扬：《当代政治哲学（下）》，人民出版社2010年版，第905页。

[2] 《马克思恩格斯全集》（第1卷），人民出版社1956年版，第71页，转引自李步云、高全喜主编：《马克思主义法学原理》，社会科学文献出版社2014年版，第6页。

[3] ［美］富勒：《法律的道德性》，郑戈译，商务印书馆，2009年版，第188页，转引自严海良：《作为法治要素的法治原则》，《金陵法律评论》2015年春季卷。

[4] 沈宗灵：《现代西方法理学》，北京大学出版社1991年版，第45-48页。

糊性有所减弱，而法治的公正性、强制性、预期性有所显现。但政治问责的规范性具有“不可避免的模糊性”[1]，追究事由表现出了政治事由模糊性的特点，这导致了宪法规范的抽象性。政治责任在宪法中的静态设定，有赖于模糊性条款，但动态运行却需要程序性保障，这在宪法及其相关文件中由程序性条款予以规范。这是政治问责纳入于法律框架，但仍保有其特点的体现。

三、政治问责的意义

政治问责是民主政治的产物。同时，这一问责形式对保证人民当家作主，实现人大的监督职能，推动国家机关及领导人员不忘初心，为民尽责具有重要意义。

（一）维护人民当家作主的地位

我国由人民选举产生的代表组成代议机构来行使国家权力，其思想渊源，可追溯至马克思，在其理论中摒弃了卢梭“直接民主”的理想主义幻想，充分实现了“将一切政治权力集中于人民代议机关之手”[2]的政治设想。以马克思主义思想为指导，我国《宪法》明确规定：“中华人民共和国的一切权力属于人民。”“人民当家作主是社会主义民主政治的本质和核心。人民民主是社会主义的生命。没有民主就没有社会主义，就没有社会主义的现代化，就没有中华民族伟大复兴。”[3]人民由大量的社会个体组成，在现阶段，尚不具备由每个个体直接行使权力的经济社会条件。我国由选民选举产生各级人大代表，组成人民代表大会，代表人民行使权力。这就需要逐步完善人民代表大会制度，保证其真正履行职责，代表人民管理国家、监督权力，切实保障人民当家作主。为了保证国家治理有序运行，人民代表大会的主要职权之一是“选举产生国家主要机构的重要领导人员”。我国《宪法》第62条规定：“全国人民代表大会选举中华人民共和国主席、副主席；根据中华人民共和国主席的提名，决定国务院总理的人选；根据国务院总理的提名，决定国务院副总理、国务委员、各部部长、各委员会主任、审计长、秘书长的人选”等；第101条规定：“地方各级人民代表大会分别选举本级人民政府的省长和副省长、市长和副市长、县长和副县长、区长和副区长、乡长和副乡长、镇长和副镇长”。《中华人民共和国地方各级人民代表大会和地方各级人民政府组织法》明确县级以上的地方各级人民代表大会“选举省长、副省长，自治区主席、副主席，市长、副市长，州长、副州长，县长、副县长，区长、副区长”等；“新的一届人民政府领导人员依法选举产生后，应当在两个月内提请本级人民代表大会常务委员会任命人民政府秘书长、厅长、局长、委员会主任、科长。”[4]

---

[1] Graham Gee and Gregoire C. N. Webber, supra note〔35〕, p. 286. 转引自刘小平：《政治宪法及其规范性问题——英国政治宪法观的中国启示》，《当代法学》2015年第5期。

[2] 《马克思恩格斯全集》第17卷，人民出版社1963年版，第358页。

[3] 习近平：《在庆祝全国人民代表大会成立六十周年大会上的讲话》，《人民日报》2014年9月6日。

[4] 《中华人民共和国地方各级人民代表大会和地方各级人民政府组织法》(2015)第8条、第57条。

如何保证这些身居领导岗位的公职人员能够按照人民的委托，正当行使权力？政治问责制度设计的初衷在于保障“人民的权力始终属于人民”。质询权、罢免权赋予了人民通过其选举的代表向国家机构与其领导人员质疑、询问甚至收回授权的权力。

（二）保障人民代表大会监督权的实现

人民代表大会制度是我国的政权组织形式，是“坚持党的领导、人民当家作主、依法治国有机统一的根本制度安排”❶，彰显了我国国家权力的来源与本质，明确人民行使国家权力的国家机关形式。我国政权的组织原则是民主集中制。《宪法》第3条规定：“中华人民共和国的国家机构实行民主集中制的原则。全国人民代表大会和地方各级人民代表大会都由民主选举产生，对人民负责，受人民监督。国家行政机关、监察机关、审判机关、检察机关都由人民代表大会产生，对它负责，受它监督。”《宪法》同时规定了地方各级人民代表大会对地方行政、监察、法院、检察院基于民主集中制而产生的监督关系。《中华人民共和国全国人民代表大会组织法》《中华人民共和国地方各级人民代表大会和地方各级人民政府组织法》《中华人民共和国各级人民代表大会常务委员会监督法》贯彻宪法精神及相关规定，对人民代表大会的监督职权作了进一步的落实。人大监督制度在我国的政治生活中具有极其重要的意义。人大监督权集中体现在人大代表质询权、罢免权等政治问责制度的安排中。质询、罢免的功能旨在实现人大代表对政府、其他国家机关及其领导人员进行质问、追责，监督权力是否在“以人民为中心”的轨道上运行。党的十九届四中全会通过的《中共中央关于坚持和完善中国特色社会主义制度　推进国家治理体系和治理能力现代化若干重大问题的决定》再次重申，要“坚持和完善人民代表大会制度这一根本政治制度。……支持和保证人大及其常委会依法行使职权，健全人大对‘一府一委两院’的监督制度”❷。这为强化人民代表大会监督权提供了政策指引。

（三）监督国家机关及其领导人员按照人民的意志行使权力

我国的全国人民代表大会和地方各级人民代表大会是由人民选举代表组成的国家权力机关，其重要职责就是进行进一步的授权，产生行政机关、监察机关、人民法院、人民检察院等，选举或决定产生其主要领导人员。上述国家机关的权力庞大，特别是行政权，具有主动性、活跃性等特点，掌握着巨大的资源配置权，对社会的干预广泛而深远。我国《宪法》规定：“中华人民共和国国务院是最高国家权力机关的执行机关，是最高国家行政机关。”❸国务院行使的、人大授予的职权重要而广泛，如规定行政措

---

❶ 习近平：《在庆祝全国人民代表大会成立六十周年大会上的讲话》，《人民日报》2014年9月6日。

❷ 《中共中央关于坚持和完善中国特色社会主义制度　推进国家治理体系和治理能力现代化若干重大问题的决定》（2019年10月31日），《中共中央关于坚持和完善中国特色社会主义制度　推进国家治理体系和治理能力现代化若干重大问题的决定》辅导读本，人民出版社2019年版，第11页。

❸ 《中华人民共和国宪法》（2018）第85条。

施，制定行政法规，发布决定和命令；领导全国性的行政工作；领导和管理经济工作和城乡建设；领导和管理教育、科学、文化、卫生、体育和计划生育工作；领导和管理民政、公安、司法行政和监察等工作❶。县级以上地方各级人民政府根据地方人大授权，负责“管理本行政区域内的经济、教育、科学、文化、卫生、体育事业、城乡建设事业和财政、民政、公安、民族事务、司法行政、监察、计划生育等行政工作，发布决定和命令等职责。乡、民族乡、镇的人民政府执行本级人民代表大会的决议和上级国家行政机关的决定和命令，管理本行政区域内的行政工作❷。如此庞大的权力，如不加以监督和控制，极易偏离权力最初设立的初衷，侵害人民的自由和权利。

从权力授受的角度，国家行政、监察、司法等机构由人大产生，对人大负责；而人大的权力来自人民，对人民负责，受人民监督。所以，人民才是权力的最终所有者。如何保证国家机关及其领导人员按照人民的意志行使权力？这就必须保留人民对国家权力的最终控制权，赋予人民以监督和问责、收回授权的权力。对人大的控制，主要通过人民选举和罢免代表来实现；那么国家机关及其领导人员的权力控制，就必须依托人大及其代表行使政治问责的权力，向领导干部提出质问，要求其作出回应，提出罢免，免除领导干部的职务。

第二节　政治问责制的内容及实施

我国是人民主权国家，各级领导干部的权力来自人民，权为民所赋，利为民所谋，享有权力就必须担当起对人民的责任。当人民通过其代表组成的立法机关把责任赋予其他国家机关、并最终落实到选举或决定产生的领导干部手中，这就实现了人民与公仆之间责任的异体设置，这是政治责任产生的源头。关于此类政治责任，在宪法规范中设计了质询、罢免制度予以监督和责任追究，这是政治问责的重要形态，也是体现人民主权，保证政治方向的重要制度设计。党的十八大报告提出了“推进权力运行公开化、规范化，……健全质询、问责、经济责任审计、引咎辞职、罢免等制度”的要求。十八届三中全会也明确指出“完善人大工作机制”，“通过询问、质询、特定问题调查等积极回应社会关切”。重视并充分发挥质询、罢免制度的作用，对于维护社会主义制度，保证人民权益的实现具有重要意义。

一、质询

质询是人大代表通过监督、质问，督促行政机关等国家机构履行其职责；如果无正当理由，不尽职履责，会引发更为严重的政治后果的制度安排。质询制度是人民主权的重要体现，对保证人大代表充分行使质询权，促进民主法治进程具有重要意义。

---

❶ 《中华人民共和国宪法》(2018)第89条。

❷ 《中华人民共和国宪法》(2018)第107条。

(一)质询的概念及特点

质询是指人大代表机关的代表依据宪法和法律的规定,对政府及其他国家机关职责范围内的事项提出质疑和问询,并要求其在法定期限内,以法定形式予以答复的活动,是国家权力机关监督问责国家机关及其工作部门的重要工作形式。质询的核心是质询权的行使。质询权是指我国人大代表或者委员会成员向行政机关等国家机关提出质问的权力,由行政机关等国家机关的有关负责人按照法定程序作出公开答复或者说明。质询具有如下特点:

第一,质询的价值核心在于保障人民的权利、制约国家公权力。

作为宪法制度的重要组成部分,质询必然承载宪法的核心理念,彰显正义、保障人权,防范公权力的滥用。制度设计上,从权力监督角度是人大作为权力机关对一府一委两院的监督问责;从权利的视角是人民作为权力的抽象主体,通过赋予人大代表这一具体个体以质询权,来监督、质问授予权力的国家机关及其领导干部的施政方针、政策制定等工作,回应社会和民众普遍关切的话题,以督促其改进工作中的不足,提高工作效率和依法办事水平。质询制度在人大、政府、公众三者之间搭建一个沟通的桥梁,既保障人大代表监督权和知情权的实现,也在推动行政机关等国家机关政策落到实处。

第二,质询的作用是监督行政机关及其他国家机关。

在我国的政治框架中,一切权力属于人民,人民行使权力的机关是全国人民代表大会和地方各级人民代表大会。人民代表大会制度是我国的政体,是国家政权人民性的集中体现。各级人民代表大会既是国家权力机关,同时也肩负着立法机关以及监督机关等职责。全国人民代表大会和地方各级人民代表大会负有监督由其产生的行政、监察、司法机关的职责。按照质询制度的安排,是人大代表以人民代表身份监督行政机关等按照人民的意志行使权力,要求上述机关对质询的问题作出解释、说明等回复。这是人大作为监督机关监督职责的重要体现。

第三,质询的性质具有主动性和强制性。

质询与人大其他工作机制的启动条件不同。人大提案权、审议权、决定权等有固定的阶段、场合和形式,而质询依赖于一定数量代表的提出。只有人大代表对民众关切的社会问题负有强烈的社会责任感,才能积极主动地行使质询。所以,主动行使人大代表的权利,是这一制度运行的重要前提。质询的强制性体现在权利行使的法治化保障。程序化流程和规范化运行贯穿于从质询启动到答复的整个过程。如质询立案后,被质询对象必须在法定时限内做出答复;如答复未经过半数代表同意,则被质询人应继续予以答复。如果答复最终未能获得代表通过,可能引发更为严重的政治后果。质询启动的主动性和效力的强制性,是质询制度的重要特点。

(二)质询的运行机制

我国现行的质询制度以 1982 年宪法的原则性规定为核心,以《全国人民代表大会组织法》《地方各级人民代表大会和地方各级人民政府组织法》《人大代表法》《预算法》《人大常委会监督法》《全国人民代表大会议事规则》以及《全国人民代表大会常务委员会议事规则》等法律作为支撑保障，以各地方性立法为细化规范，形成了具有一定可操作性的运行体系。

1.提出质询的主体

在我国《宪法》及相关法律中，各级人大代表享有质询权，这是对政府及其相关部门、法院和检察院进行监督问责的重要法定权利，各级人民代表大会代表及其常委会都有权对“一府一委两院”的工作提出质疑询问，旨在推动人大产生的各个国家机关担负起对人民的责任。提出质询的主体必须是人大代表或人大常委会成员，且只能在会议期间提出。在全国人民代表大会会议期间，一个代表团或者三十名以上的代表，可以书面提出对国务院和国务院各部、各委员会的质询案❶。地方各级人民代表大会举行会议的时候，代表十人以上联名可以书面提出质询案❷。全国人民代表大会常务委员会组成人员十人以上联名，省、自治区、直辖市、自治州、设区的市人民代表大会常务委员会组成人员五人以上联名，县级人民代表大会常务委员会组成人员三人以上联名，可以向常务委员会书面提出对本级人民政府及其部门和人民法院、人民检察院的质询案❸。质询案必须写明质询对象、质询的问题和内容。

我国质询提起主体的设计有自身的特色。由于我国代表大会会期短，议程多，要求各级人大代表提出质询案需具备一定的法定人数，有助于集中代表所关注的问题，防止质询案过于分散。

2.质询的对象

质询的对象是指质询向哪个机关及其领导人员提出。1982年《宪法》只明确了针对“国务院或者国务院各部、各委员会”的质询，但在《地方各级人民代表大会和地方各级人民政府组织法》(以下简称《地方组织法》)《全国人民代表大会和地方各级人民代表大会代表法》(以下简称《代表法》)《各级人民代表大会常务委员会监督法》(以下简称《监督法》)将“人民法院和人民检察院”纳入受质询的范围。如《地方组织法》第28条、第47条规定，地方各级人民代表大会举行会议的时候，代表可以提起对本级人民政府和它所属的各工作部门以及人民法院、人民检察院的质询案。质询案必须写明质询对象、质询的问题和内容。在常务委员会会议期间，省、自治区、直辖市、自治州、设区的市、县级的人民代表大会常务委员会组成人员可以提起对本级人民政府、人民法院、人民检察院的质询案。《监督法》作了相同的规定。《代表法》第14条补充了“乡、民族乡、镇的人民代表大会代表有权依照法律规定的程序提出对本级人民政府的质询案。”主要理由是乡镇一级不设人民法院和人民检察院，乡镇人大代表只能

❶ 《中华人民共和国全国人民代表大会组织法》(2021)第21条，《全国人民代表大会和地方各级人民代表大会代表法》(2015)第14条。

❷ 《中华人民共和国地方各级人民代表大会和地方各级人民政府组织法》(2015)第28条。

❸ 《中华人民共和国各级人民代表大会常务委员会监督法》(2006)第35条。

针对本级的人民政府，即乡镇政府提出质询。虽然根本法与实施性的组织立法对质询对象范围的规定不尽一致，但从民主发展的趋势来看，将“两高”纳入质询范围是大势所趋。另外，从权力授受的视角，各级法院、检察院由人民代表大会产生，必须对人大负责。而质询是监督其尽职履责的重要制度安排。

3.质询的事由

质询的事由，主要指针对质询对象的哪些工作、根据什么理由提出质询，要求对方予以答复。从对质询规范的法律数量和层级来看，质询制度在我国政治生活中占据重要的地位，共有六部国家法律、两则议事规则[1]予以规定，但内容多具重复性，特别是在质询事由方面没有实质性的突破。《宪法》第73条只赋予全国人民代表大会代表依照法律规定的程序提出对国务院或者国务院各部、各委员会的质询案的权利，但针对哪些事由提出，并没有具体规定。《全国人民代表大会组织法》《地方各级人民代表大会和地方各级人民政府组织法》《全国人民代表大会和地方各级人民代表大会代表法》《各级人民代表大会常务委员会监督法》在质询事由方面停留在对《宪法》规定的重复，没有作出进一步的规定。唯一涉及质询具体内容的国家立法是《预算法》第85条：“各级人民代表大会和县级以上各级人民代表大会常务委员会举行会议时，人民代表大会代表或者常务委员会组成人员，依照法律规定程序就预算、决算中的有关问题提出询问或者质询，受询问或者受质询的有关政府或者财政部门必须及时给予答复。”值得一提的是，2001年出台的《海南省人民代表大会及其常务委员会处理质询案的规定》第4条明确了提出质询案的范围包括“有关执行宪法、法律、行政法规和本省地方性法规方面的重大问题；有关贯彻国家方针、政策方面的问题；有关执行上级和本级人民代表大会及其常务委员会的决议、决定方面的问题；有关经济建设和社会发展方面的重大事项；有关严重失职、渎职及重大决策失误方面的问题；有关人民群众反映强烈、迫切需要解决的重大事项和重大案件的办理情况等。”地方立法的具体性规定，使质询制度更具可操作性。

从立法对质询案提出主体的人数限制、书面格式的要求，以及质询案提交主任会议决定、由其交由被质询机关等内容来分析，质询案虽然没有使用“议案”的称谓，但从程序正规性的规定推断，具有类似于议案的性质。而从质询制度的重要地位来看，质询是对比较重要的事项提起质疑和询问，要求政府等国家机构予以回应的制度。原则上，质询的事由应当限定在人大所赋予的行政机关和其他国家机关的法定职责范围内。根据我国《宪法》及相关法律的规定，行政机关的主要职责是本行政区域内的根本的、长远的和重大的问题，司法机关的主要职责是司法领域的重大问题等。所以，人大的法律监督和工作监督，是对国家机关履行职责情况进行监督、质问。

---

[1] 六部国家法律包括《中华人民共和国宪法》《中华人民共和国全国人民代表大会组织法》《中华人民共和国地方各级人民代表大会和地方各级人民政府组织法》《中华人民共和国全国人民代表大会和地方各级人民代表大会代表法》《中华人民共和国各级人民代表大会常务委员会监督法》《中华人民共和国预算法》，两则议事规则包括《中华人民共和国全国人民代表大会议事规则》《中华人民共和国全国人民代表大会常务委员会议事规则》。

4. 质询的程序

质询程序是对质询运行流程的制度规范。在《宪法》和相关立法中,质询的运行遵循有如下程序:

一是书面提起质询。由符合法律规定的人大代表或人大常委会成员向主席团或人大常委会书面对行政机关或法院、检察院的质询。质询案必须写明质询对象、质询的问题和内容。根据法律规定,符合人数要求的人大代表、常委会成员只能在代表大会或常委会会议期间提出质询案。但人大代表在列席常委会会议时,不能提出质询案,也不能与常委会成员共同联名提出质询案。质询案所针对的对象包括本级政府及其各部门、法院、检察院。政府部门,既包括政府组成部门,也包括办事机构、直属机构,但不包括上述机构的下属机构。一个质询案应当向一个质询对象提出一个问题的质询,且要做到内容清晰、明确,使受质询人作出有针对性的回应。

二是决定交受质询机关及其领导人。全国人大及地方各级人大由主席团决定交给受质询机关书面答复,或者由受质询机关的领导人在主席团会议上或者有关的专门委员会等会议上口头答复。在全国及各级人大常务委员会上提出质询,由全国人大常委会委员长会议或地方各级人大常委会的主任会议决定交给受质询人。委员长会议或者主任会议决定的事由包括答复的形式,答复的场合。如果决定口头答复,应明确是在常委会会议上答复,还是在专门委员会会议上答复。答复的时间,是在常委会会议或主任会议期间答复,还是闭会期间答复,以及具体的答复日期。"质询案通常应当在本次常委会会议期间答复,如因提出质询的问题比较复杂,确实无法在本次常委会会议期间答复的,经委员长会议或者主任会议决定,并征求提质询案的常委会组成人员的意见,也可以在闭会期间提出书面答复或者在有关的专门委员会会议上答复。"

三是受质询人口头或者书面答复。全国人民代表大会期间在专门委员会会议或者代表团会议上答复的,有关的专门委员会或者代表团应当将答复质询案的情况向主席团报告。各级人大主席团认为必要的时候,可以将答复质询案的情况报告印发会议。质询案以书面答复的,受质询机关的负责人应当签署,由主席团决定印发会议。在全国及各级人大常务委员会上提出的质询,由受质询机关的负责人在常务委员会会议或者有关的专门委员会会议上口头答复,或者由受质询机关书面答复。可以将答复质询案的情况报告印发会议。答复质询案的情况报告,通常由常委会工作机构负责起草。

四是答复未获通过再次答复。提质询案的代表或常委会成员过半数对受质询机关的答复不满意的,可以提出要求,经主席团决定或委员长会议(地方常委会主任会议)决定,由受质询机关再做答复[1]。在实践中,对受质询机关的答复不满意,一般是

[1] 质询的程序参见《全国人民代表大会组织法》(2021)第21条;《全国人民代表大会议事规则》(2021)第12条、第49条、第50条;《全国人大常务委员会议事规则》(1987)第25-28条;《地方各级人民代表大会和地方各级人民政府组织法》(2015)第28条、第47条;《全国人民代表大会和地方各级人民代表大会代表法》(2015)第14条、《各级人民代表大会常务委员会监督法》(2007)第35-38条。

因为答复的针对性不强、隐瞒真实情况；或不能接受质询代表的批评，有抵触情绪；还可能是受质询机关坚持原有的意见和做法等。提质询案的代表或常委会成员对再次答复仍然不满意的，在必要时，可考虑向主席团或常委会提出“由受质询人就所质询的事项作专项工作报告”的建议等。

（三）质询制度的实施

质询作为人大代表监督、问责行政机关等国家机关的重要方式，尚未实现常态化。在我国有 4 万多个各级人大机构，300 多万名各级人大代表，在各级人大代表中提出质询案的概率是比较低的。以广东省人大为例，2006 年至 2014 年期间便未提出过一起质询案，可见质询制度的作用远未达到国家治理现代化的要求。质询制度在实施过程中存在的问题，主要有以下几个方面：

一是现行法律保障不充分。目前，在《宪法》和相关宪法性文件中，对质询的规定过于原则化，对可提出质询案的事项及范围、酝酿的时限、提交的时限并未予以强制性规定，这导致质询的提出无章可循。质询启动后，质询人的提问、被质询人的答复和解释等程序性保障缺失。在实践中，各地人大多制定了议事规则，但由于缺少比较权威、明确的顶层设计，导致地方规则或制定过于简单或各行其是。所以，要激活质询权的行使，必须加强制度建设。在国家立法层面，落实《宪法》中的原则性规定，在其他组织法或议事规则中，统一规定质询的范围，启动的条件，降低质询的提出、通过的门槛，为提起更多质询案扫清障碍。如在提起质询积极性不高的情况下，对代表团或代表联名的人数限制，无疑成为质询制度常态化的制约因素，在立法修订中可考虑适度放宽限制。另外，要完善具体的运行程序，如提出、通过、提交程序等；强化对人大代表或人大常委会组成人员的权利保障。补充质询人及被质询人双方的法律责任、明确回避的事由及跟进解决制度等。在地方层面，地方各级人大及其常委会要在国家立法的框架下，修订和完善地方性法规、地方人大及常委会议事规则等与质询相关的制度。为质询活动的开展提供依据，以法律法规的强制性倒逼质询制度落地。

二是各相关部门对质询的本质属性认识不到位。从质询人的角度分析，一些人大代表、常委会组成人员对质询制度的监督、问责功能认识不到位，担心受到“不支持政府工作”“唱对台戏”的指责，存在畏难情绪，不敢提出质询；还有的存在“大事化小、小事化了”“做好好先生”的思想，不愿提出质询。即使提出了质询，经沟通说服，多调整为询问。如 2009 年，深圳代表团中 10 名代表在广东省人大会议期间提出质询案，但省人大认为询问方式更合适，最后经协商该质询案被改成询问。从被质询人的视角分析，由于质询案备受媒体关注，容易被炒作，产生放大效应，对被质询人产生不良影响，故而被质询人存在一定的抵触情绪。由于质询实践有限，被质询人对如何应对质询也缺少必要的经验。质询制度作为《宪法》中人大制度的重要组成部分，各级领导干部应加强学习，深化对其本质属性和功能的认识。质询制度所保障的最基本的民主权利是知情权，人大代表和常委会组成人员代表人民对方针政策、决策部署有权质疑和询问,政府或其他国家机关必须作出回应和解释,这是保障知情权的重要环节。经过被质询的国家机关的解答,进一步有针对性地了解相关情况。质询制度所保障的另一项重要的民主权利是监督权。对了解到的施政情况、决策的科学性等方面存在偏差,有权利和责任督促"一府一委两院"纠正其不足或过失行为。被质询方应以"有则改之,无则加勉"的对人民负责的态度,客观地解释情况,分析不足,提出整改的措施建议。对人大代表的回应通过媒体向社会公众宣传说明,更易于得到人民群众的理解或接受,从而监督"一府两院"工作始终围绕"服务于人民"这个中心,提高工作效率和水平。

三是人大代表、常委会组成人员的履职能力和动力有待进一步提高。由于我国人大代表实行非常任制,目前人大常委会组成人员多数也为非常任。人大代表多是各行各业的精英,具有较高的专业素质,但政治素养却因人而异;常委会组成人员专业背景也不同,阅历也存在差异。所以,对某项"拟质询事项达成一致"存在一定的困难,这也是"质询制度"被束之高阁的一个原因。人大代表和常委会组成人员作为人民的代表,其职责定位并不是某一个专业领域,而是代表人民行使权力。为此,必须将"政治素质""群众观念""人民立场"等作为选举人大代表或常委会成员的必要条件,把好代表入口关,使人大代表或常委会成员切实担当起应担当的责任和使命,在其位、谋其政,代表人民积极履行职责。能够深入群众调查研究,了解人民群众普遍关心和反映集中的难点热点问题,提出有针对性、有科学依据的质询案,为人民代言,充分行使好质询权。我国各级人大代表虽由选民直接或间接选举产生,但代表在履职过程中与选民之间尚未建立起有效的联系机制,选民也难以有效监督代表的履职情况。人大代表是否积极的履行质询权,缺少外部有效的动力机制,难以发挥监督政府的预设功能。在实践中,需要完善代表与选民的联系、监督机制,畅通沟通渠道,保证代表能够洞察民情、体察民意,接受人民的监督,真正实现人大代表为人民的宗旨。

习近平总书记在纪念人大制度建立60周年的讲话中说:"只有让人民来监督政府,政府才不会懈怠;只有人人起来负责,才不会人亡政息。"[1]在今后的民主法治建设进程中,要进一步完善法律制度,深化对质询制度本质和功能的认识,不断提高人大代表履行职责的能力和动力,使质询成为人大监督问责政府的重要制度。

二、罢免

罢免权与选举权是一体两面,都是"人民主权原则"的具体体现。罢免权是选举权的反制性权力。人民通过选举授予公职人员一定的权力,当公职人员未能正当履行职责时,通过罢免收回授权。所以,罢免权是保障人民权益的重要制度设计。

---

[1] 习近平:《在庆祝全国人民代表大会成立六十周年大会上的讲话》,《人民日报》2014年9月6日。

(一)罢免的概念及特点

罢免是指选民或人大代表根据有关法律规定,对当选的公职人员的失职失责行为或违法行为,任期届满前用投票的方式剥夺其任职资格,旨在保证民选公职人员行使权力始终服务于人民。罢免的主要特点包括:

第一,罢免具有充分的人民性。

人民代表大会对公职人员的罢免权,是我国社会主义人民民主专政国体的重要体现,是人民当家作主,执掌和行使国家权力的重要表现形式,是实现宪法赋予人大对其他国家机关公职人员任免权的具体实施。人民通过人大代表,按照法定程序和方式,行使任免权这一根本性的权力,彰显了人民了在我国权力结构中的基础性地位。在授权后,对授予权力的公职人员进行监督,并可以运用罢免的手段收回授权,旨在保证公职人员行使权力的行为与人民的意志保持一致。罢免权是体现我国民主制度的一项基础性政治权利。罢免权的政治性集中体现在罢免的主体是人民代表,罢免的事由是对人民利益、意志的背离,罢免的后果是人民授予的权力重新回归人民。所谓"民心是最大的政治",罢免制度是人民意愿的根本体现。

第二,罢免具有鲜明的国家意志性。

我国是社会主义国家,一切权力属于人民。国家意志,就是通过国家政权表现出来的人民意志。人民通过选举代表组成各级人民代表大会来行使权力。人民代表大会是国家机器的中枢部分,是权力机关同时也是立法机关,其所表达的意志代表了国家意志。所以,人大对公职人员的罢免具有国家意志性,这种意志通过立法予以保障。在《宪法》和相关立法中赋予了人大以罢免权,并规定了提起的条件、程序等内容,旨在通过国家意志的强制性保障罢免权的实现。人大罢免权的行使和实现就代表了国家意志,任何机构和个人不得违背。

第三,罢免具有严格的程序性。

罢免被赋予了人民意志的高度、国家意志的强制,但人大罢免权的行使并不能肆意妄为,必须表现为国家立法形式,通过立法来保障其实现,才具有权威性。关于罢免的立法规定集中体现在我国《宪法》《选举法》《代表法》等法律中。其中对罢免程序的规定,保障了罢免按照法律规定的程序运行。人大作为反映人民意志的代议机关,本身也要遵守法定的程序和要求,只有这样才能保证人大有序的行使罢免权。所以,依法定程序行使罢免权,是人大履职的重要原则。其他组织和国家机构也应当在法律的框架之内,支持人大行使罢免权。

(二)罢免的运行机制

按照法律规定,人大行使罢免权的运行机制主要包括以下方面:

1. 罢免提出的主体

根据《中华人民共和国全国人民代表大会议事规则》第44条的规定,全国人民代表大会启动罢免的主体,是全国人大主席团、三个以上的代表团或者十分之一以上的代表；地方各级人民代表大会提起罢免的主体集中规定在《中华人民共和国地方各级人民代表大会和地方各级人民政府组织法》第26条，即“县级以上的地方各级人民代表大会主席团、常务委员会或者十分之一以上代表联名，可以提出罢免案。乡、民族乡、镇的人民代表大会主席团或者五分之一以上代表联名，可以提出罢免案。”

2. 罢免的对象

法律赋予人大代表罢免的对象，包括人大代表和由人大选举产生的“一府一委两院”的领导人员。

我国1954年《中华人民共和国宪法》规定，全国人民代表大会有罢免权❶。1982年《中华人民共和国宪法》在1954年《中华人民共和国宪法》基础上，增加了罢免“中央军事委员会组成人员”的规定，即全国人民代表大会代表有权依照法律规定的程序提出对全国人民代表大会常务委员会组成人员，中华人民共和国主席、副主席，国务院组成人员如总理、副总理，国务委员、各部部长、各委员会主任、审计长、秘书长的罢免案。地方各级人民代表大会有权罢免本级人民政府的省长和副省长、市长和副市长、县长和副县长、区长和副区长、乡长和副乡长、镇长和副镇长。县级以上的地方各级人民代表大会有权罢免本级监察委员会主任、本级人民法院院长和本级人民检察院检察长。《中华人民共和国地方各级人民代表大会和地方各级人民政府组织法》对地方人大罢免各地方领导人员，作出了同样的规定❷。

3. 罢免的程序

罢免程序在《中华人民共和国宪法》《中华人民共和国全国人民代表大会和地

---

❶ 《中华人民共和国宪法》(1954年)第28条："全国人民代表大会有权罢免下列人员：(一)中华人民共和国主席、副主席；(二)国务院总理、副总理、各部部长、各委员会主任、秘书长；(三)国防委员会副主席和委员；(四)最高人民法院院长；(五)最高人民检察院检察长。"第101条规定："地方各级人民代表大会分别选举并且有权罢免本级人民政府的省长和副省长、市长和副市长、县长和副县长、区长和副区长、乡长和副乡长、镇长和副镇长。"

❷ 《中华人民共和国地方各级人民代表大会和地方各级人民政府组织法》(2015)第10条："地方各级人民代表大会有权罢免本级人民政府的组成人员。县级以上的地方各级人民代表大会有权罢免本级人民代表大会常务委员会的组成人员和由它选出的人民法院院长、人民检察院检察长。罢免人民检察院检察长，须报经上一级人民检察院检察长提请该级人民代表大会常务委员会批准。"第26条第1款："县级以上的地方各级人民代表大会举行会议的时候，主席团、常务委员会或者十分之一以上代表联名，可以提出对本级人民代表大会常务委员会组成人员、人民政府组成人员、人民法院院长、人民检察院检察长的罢免案，由主席团提请大会审议。"第2款："乡、民族乡、镇的人民代表大会举行会议的时候，主席团或者五分之一以上代表联名，可以提出对人民代表大会主席、副主席，乡长、副乡长，镇长、副镇长的罢免案，由主席团提请大会审议。"《地方各级人民代表大会和地方各级人民政府组织法》(2015)第26条第3款："罢免案应当写明罢免理由。"《地方各级人民代表大会和地方各级人民政府组织法》第26条第4款："被提出罢免的人员有权在主席团会议或者大会全体会议上提出申辩意见，或者书面提出申辩意见。在主席团会议上提出的申辩意见或者书面提出的申辩意见，由主席团印发会议。"《地方各级人民代表大会和地方各级人民政府组织法》(2015)第26条第5款："向县级以上的地方各级人民代表大会提出的罢免案，由主席团交会议审议后，提请全体会议表决；或者由主席团提议，经全体会议决定，组织调查委员会，由本级人民代表大会下次会议根据调查委员会的报告审议决定。"

方各级人民代表大会代表法》《中华人民共和国全国人民代表大会组织法》中并未明确，但在法律性文件《中华人民共和国全国人民代表大会议事规则》中，对罢免领导人员规定了主要程序❶：一是提出程序。主席团、三个以上的代表团或者十分之一以上的代表提出罢免案。罢免理由未做明确规定，但要求应写明罢免理由，并提供有关的材料。二是申辩程序。罢免案表决前，被罢免人员有权提出申辩意见。三是审议程序。由主席团交各代表团审议。四是表决程序。全国人民代表大会决定任命的国务院总理、副总理、国务委员、各部部长、各委员会主任等在全国人民代表大会会议期间被罢免的，由中华人民共和国主席根据全国人民代表大会的决定，签署主席令并予以公布。多数省市制定了本地区的人大议事规则，内容与国家层面的规定大体一致❷。

4. 罢免的后果

罢免的后果是由法律严格限定的。罢免将直接导致违背人民意志行使公权力的人员被收回授权、撤销职务。但"罢免本身既不引发定罪量刑，也不剥夺被罢免者重新担任政府职务的权利"❸。在实践中，由人大代表提议罢免政府领导官员的事件罕见，仅在1989年发生了湖南人大罢免副省长的事件，此后罢免一般是问责的补充程序。《关于实行党政领导干部问责的暂行规定》第21条明确"对经各级人民代表大会及其常务委员会选举或者决定任命的人员实行问责，按照有关法律规定的程序办理。"这一规定并没有明确是先"问责"还是先履行"罢免"，但表明，人大的罢免程序是因实行问责而启动的，按照干部管理权限启动的问责与人大的罢免相结合，免除领导干部职务。《行政机关公务员处分条例》规定，对经全国人民代表大会及其常务委员会决定任命的国务院组成人员给予处分，由国务院决定。对经地方各级人民代表大会及其常务委员会选举或者决定任命的地方各级人民政府领导人员给予处分，由上一级人民政府决定。对地方各级人民政府工作部门正职领导人员给予处分，由本级人民政府决定。其中，拟给予撤职、开除处分的，由国务院、本级人民政府向全国人民代表大会或其常务委员会提出罢免或免职的建议，或者向地方各级人民代表大会或其常务委员会提出罢免或撤销职务的建议。《公职人员政务处分法》也作了类似规定："监察机关对经各级人民代表大会、县级以上各级人民代表大会常务委员会选举或者决定任命的公职人员予以撤职、开除的，应当先

---

❶ 《中华人民共和国全国人民代表大会议事规则》(2021)第44条。

❷ 2005年1月通过的《湖北省人民代表大会议事规则》第48条："主席团、常务委员会或者十分之一以上代表联名，可以提出对常务委员会组成人员、省人民政府组成人员、省高级人民法院院长、省人民检察院检察长的罢免案。罢免案应当写明罢免理由，并提供有关材料。罢免案由主席团交各代表团审议后，提请大会全体会议表决；或者由主席团提议，经大会全体会议决定，组织调查委员会，由下次省人民代表大会会议根据调查委员会的报告审议决定。对个别副省长和由常务委员会任命的省人民政府其他组成人员的罢免案，可以经大会全体会议决定，授权常务委员会在省人民代表大会闭会后六个月内，听取调查委员会的调查报告，并作出相应的决定，报下次省人民代表大会会议备案，或者提请下次省人民代表大会会议审议。罢免案提交大会全体会议表决前，被要求罢免的人员有权在主席团会议或者大会全体会议上提出申辩意见，或者书面提出申辩意见。在主席团会议上提出的申辩意见或者书面提出的申辩意见，由主席团印发会议。"

❸ 阚晶：《论我国宪法责任制度的完善》，《湖北广播电视大学学报》2011年第9期。

依法罢免、撤销或者免去其职务,再依法作出政务处分决定。”❶对于免职与撤销职务的区别,一般认为,撤职具有惩罚性,适用于被撤职人员犯有过错,如违反各类纪律、工作严重失误等。免职可适用于正常情况下的职务免除,也可以适用于有过错行为的国家机关工作人员,但相比撤职而言,其过错程度要轻一些,或者是其行为的性质还有待于进一步查清核实,只是现在已不适于继续任职而先行免职。所以,撤职的程序要求更为严格和复杂。但就其本质而言,由于常委会是本级人大的常设机关,在人大闭会期间行使部分国家权力,因此人大常委会的免职或撤职权实质是人大罢免权的延伸。

罢免也是领导干部追究司法责任的前置程序。从这一点可以推断,违法犯罪可构成罢免的事由之一。1990 年 3 月 13 日,因工作的实际需要,河北省人大常委会曾向全国人大常委会法工委提出如下问题:“副市长因犯受贿罪被法院判处有期徒刑,其职务是否自然撤销?”❷而人大是权力机关,应由人大选举、任命或罢免、撤销重要的领导人员的职务。根据《宪法》规定,人民法院是国家的审判机关❸。《中华人民共和国刑事诉讼法》第 3 条、第 12 条也规定,“审判由人民法院负责”;“未经人民法院依法判决,对任何人都不得确定有罪”。所以,法院不具有撤销领导干部职务的权限。在责任追究层面政治责任优先于法律责任。拟追究刑事责任或认定有罪的领导干部必须经人大或常委会按照法定程序依法罢免,免去其职务。

(三)罢免制度的实施

在实践中,我国罢免制度的独立监督问责作用尚未充分显现。从罢免案例反馈的情况来看,由人大代表独立启动对公职人员罢免的案例非常少见。目前,只有 1989 年 5 月 15 日,在湖南省七届人大二次会议上,177 位人大代表向大会主席团提出对工作

---

❶ 《行政机关公务员处分条例》(2007)第 35 条:“对经全国人民代表大会及其常务委员会决定任命的国务院组成人员给予处分,由国务院决定。其中,拟给予撤职、开除处分的,由国务院向全国人民代表大会提出罢免建议,或者向全国人民代表大会常务委员会提出免职建议。罢免或者免职前,国务院可以决定暂停其履行职务。”第 36 条规定:“对经地方各级人民代表大会及其常务委员会选举或者决定任命的地方各级人民政府领导人员给予处分,由上一级人民政府决定。拟给予经县级以上地方人民代表大会及其常务委员会选举或者决定任命的县级以上地方人民政府领导人员撤职、开除处分的,应当先由本级人民政府向同级人民代表大会提出罢免建议。其中,拟给予县级以上地方人民政府副职领导人员撤职、开除处分的,也可以向同级人民代表大会常务委员会提出撤销职务的建议。拟给予乡镇人民政府领导人员撤职、开除处分的,应当先由本级人民政府向同级人民代表大会提出罢免建议。罢免或者撤销职务前,上级人民政府可以决定暂停其履行职务;遇有特殊紧急情况,省级以上人民政府认为必要时,也可以对其作出撤职或者开除的处分,同时报告同级人民代表大会常务委员会,并通报下级人民代表大会常务委员会。”第 37 条规定:“对地方各级人民政府工作部门正职领导人员给予处分,由本级人民政府决定。其中,拟给予撤职、开除处分的,由本级人民政府向同级人民代表大会常务委员会提出免职建议。免去职务前,本级人民政府或者上级人民政府可以决定暂停其履行职务。”《公职人员政务处分法》第 50 条规定:“监察机关对经各级人民代表大会、县级以上各级人民代表大会常务委员会选举或者决定任命的公职人员予以撤职、开除的,应当先依法罢免、撤销或者免去其职务,再依法作出政务处分决定。”

❷ 乔晓阳、张春生:《全国人民代表大会和地方各级人民代表大会选举法释义及问题解答》,中国民主法制出版社 2011 年版,第 184-185 页。

❸ 《中华人民共和国宪法》(2018)第 128 条、第 131 条:“中华人民共和国人民法院是国家的审判机关”“人民法院依照法律规定独立行使审判权,不受行政机关、社会团体和个人的干涉”。

不力的副省长进行罢免，开创了新中国人民代表大会罢免公职人员的先河。但对被处以责令辞职、免职或者构成贪污、贿赂等犯罪的公职人员，如其由人大选举产生，罢免作为将其免职的必经程序并不鲜见。但此种情形并非由人大独立启动，而是作为问责的附属程序，由作出问责处理的有管理权限的机构向人大提出罢免或免职建议。罢免制度在实施中暴露出一些不足，主要表现在：

1. 罢免制度的作用尚未充分发挥

我国罢免制度的独立作用并没有充分展现。在实践中出现了案件处理“过程体外运行、结果由人大确认”的特殊处理方式，由政府提议免职权在一定程度上代替了罢免制度的作用。罢免与免职是两种性质不同的处理。罢免权的行使是在监督的基础上启动的，并引发公职人员免除职务的消极后果；而免职含义具有中性色彩，其中的正常免职与处罚并无关联，而非正常免职，只表达一种处理结果，并无监督的意蕴。在实践中，对于因为“不正当履行职责”等事由，或由于违法犯罪需要追究法律责任应先予免职、开除处分的情形，按照干部管理权限，对于全国人大选举或决定任命的领导干部，由国务院向全国人大提出罢免建议，或者向全国人大常务委员会提出免职建议。拟给予经县级以上地方人大及其常务委员会选举或者决定任命的县级以上地方人民政府领导人员撤职、开除处分的，应当先由本级人民政府向同级人大提出罢免建议。其中，拟给予县级以上地方人民政府副职领导人员撤职、开除处分的，也可以向同级人大常务委员会提出撤销职务的建议。遇有特殊紧急情况，省级以上人民政府认为必要时，也可以对其作出撤职或者开除的处分，同时报告同级人民代表大会常务委员会，并通报下级人民代表大会常务委员会❶。向人大提出罢免建议的，由人大开会时予以履行法律程序；由人大常委会免职或者撤职的，由人大常委会作出决定。

在这一机制运行中，人大处于被动地位，只是履行相关手续，而没有独立意志的表达。选民或人大代表的监督作用、人大对其选举的领导干部是否予以罢免或免职，缺少实质决定权。罢免权是与选举权相匹配的政治权利，由于机制设计的不完善，人民作为权力的主人并没有发挥应有的作用。作为选举产生的领导干部，被罢免是承担政治责任的一种方式。但现行机制导致追究政治责任成为问责或者追究法律责任的倒逼结果，没有体现出应有的价值。

我国罢免制度尚未充分发挥作用，固然有人大代表非常任、非专业化等原因，但更重要的是作为政治问责的重要制度，目前仅止于通过《宪法》及相关法规确认的法制表达，法治机制设计不完善，法律规定还不够细化，影响其作用的发挥。

2. 罢免理由不明确

罢免启动的理由，实际上表明了选民或代表监督的权限，也是政治问责的范围。

虽然现行制度规定“罢免应该说明理由”，但因何种事由启动罢免程序，在制度中

❶ 《行政机关公务员处分条例》(2007)第35条、第36条。

并没有明确。这一问题在实践中曾受到质疑。早在1989年湖南省人大罢免湖南省副省长,罢免事由尚未构成犯罪。对这一案件,同年5月14日,全国人大常委会法工委答复:"罢免副省长要有什么标准,法律没有规定,不能要求一定要符合什么标准才能提出罢免案。"根据《宪法》规定,我国宪法的解释权属于全国人大常委会。所以,全国人大常委会法工委的说明,并不具有严格的宪法解释效力,但仍在一定程度上反映了人大常委会的基本立场。这也反映出,我国罢免政府组成人员,并不局限于犯罪等严重理由,根据代表所作的判断,只要人大代表提起罢免的理由是基于道义上的考量,认为违背了人民的委托,就可以提起罢免。所以罢免理由相对宽泛,凡是能够使人大代表丧失信任的言行,都能成为人大代表罢免政府组成人员的理由❶。学界对于罢免是否需要法定理由的争议集中于"罢免理由是罢免成立的形式要件,即提出理由即可;还是实质要件,即必须符合一定的要求"。一部分学者认为,罢免不需要理由,只要人民不满意就可以罢免官员。也有学者认为,应有明确的理由,而且"罢免的原因应适当公开化、透明化,民主政治的一个重要特征是淡化宫廷政治的神秘氛围,将权力操作尽可能公开在阳光下——不仅仅公开结果,也应该公开过程和程序"❷。从实践中看,罢免理由主要有四种:一是违法犯罪,二是违纪,三是道德上存在问题,四是不履行职责。

罢免理由不明确,会造成提起罢免的盲目性与随意性。从领导干部的角度看,罢免理由是承担政治责任的范围,即哪些职责履行不到位要承担政治责任,实则是政治问责的范围。这一范围不明确,领导干部对自身所应承担的责任缺乏清晰的认知,容易导致责任意识模糊。从提起罢免的选民或者人大代表的角度分析,笼统地将"人民不满意""人民不信任"作为理由,过于概括和抽象。因为人民是一个整体的政治概念,而每位选民或者代表受制于个人知识水平、能力以及利益诉求的制约,具有个人的局限性,一旦丧失"公共"立场,从一己之私出发提出罢免,难以代表人民的心声。

罢免理由的放任和空泛,有可能造成罢免权的滥用,在实践中发生过提起罢免的事由与其职务无关的情形,对此人大也要启动相关程序予以处置,造成了人力、财力等的浪费,干扰了人大的正常工作。同时,人大是国家权力机关,享有主导罢免程序并作出最终决定的权力。而罢免决定事关被罢免者权力的去留,处置结果非常严肃、重大。如果缺乏合理的、有信服力的理由,不但难以令被罢免者接受,而且因其随意化会产生极大的权力寻租空间,有可能沦为政治斗争的工具。所以,罢免权的行使应有一定的标准和尺度。罢免理由反映的是政治问责的追究范围,必须遵循法律规范的形式要求。追究政治责任的理由不宜仅仅局限于对政治责任的简单规定,还应尽可能体现法律规范明确性、预期性等特点,将违反宪法职责的要求作为罢免理由,并细化为法律条

❶ 邹奕:《人大罢免政府组成人员的机制问题探究——基于我国既有的宪法秩序》,《政治与法律》2016年第4期。

❷ 马岭:《宪法权力解读》,北京大学出版社2013年版,第138页。

文,使提起罢免者有所依据。然而,政治的复杂性、价值性、灵活性等特点,明确追究责任的具体理由,是十分困难的。这必然导致明晰化的理由难以包容形形色色复杂的情形,而使不履行责任者逃避制裁。所以,对罢免理由的设定应充分考虑到政治与法律的双重特点,既要有所遵循,又要留有适度的运作空间。

3.程序性规定比较单薄

我国立法对罢免程序各个环节的规定清晰而简洁,明确了启动、审查、调查、决定等程序。罢免决定者通过决议方式作出是否罢免的决定,没有其他权力制约,自由裁量权较大。我国《宪法》规定可以组织关于特定问题的调查委员会,但调查委员会按照怎样的流程开展调查,调查权的具体内容、权限范围并没有具体规定,是否有权采取查封、扣押等强制措施、能否予以强制执行也没有明确。但规定了一个概括性条款,即调查时,“一切有关的国家机关、社会团体和公民都有义务如实向它提供必要的材料。”这样无限的权力是否受到制约?从现行规定来看,在调查取证过程中,人权保障并不充分。被调查人承担哪些义务?当被调查人拒绝提供材料时,调查委员会享有哪些权力?相关人员是否回避?这些问题都没有明确。除此,全国人大(其闭会期间,由全国人大常委会代行)决定是否罢免领导人员的相应程序也缺少具体规定,如决定以何种形式作出?作出决定后,被罢免人是否有相应的救济措施?目前在宪法制度上都是空白。当然也可以考虑由全国人民代表大会成立专门的决定机构,这一机构的运行同样需要相应的程序保障,这需要在后续的改革中逐步明确和完善。

目前,我国罢免程序尚未摆脱政治框架,政治议事程序鲜明,法治化程度不高。主要表现在:一是程序具有“纠问”特征,被罢免人程序保障不足,除了“罢免案表决前,被罢免人员有权提出申辩意见”的规定,缺少质证、辩论等程序保障,同时证据的证明标准有待确立,判断证据是否采信的主体也不明确。二是中立第三方角色缺位。人大既是提出主体,又是决定主体,缺少独立于启动罢免者与被罢免者之间的中立主持人,程序的公正性与权威性受到削弱。三是缺少超脱地位的决定者。人大作为决定主体虽然具有权威地位,但提出罢免的人大代表也是人大的组成部分,如何使二者之间保持一定的安全距离,这是制度设计者需要考虑的问题。

习近平指出:“社会主义民主政治的体制、机制、程序、规范以及具体运行上还存在不完善的地方,在保障人民民主权利、发挥人民创造性精神方面也还存在一些不足,必须继续加以完善。”❶在民主法治进程中,要不断完善质询、罢免实施的制度保障,要“支持和保证人大依法行使立法权、监督权、决定权、任免权,更好发挥人大代表作用”,❷切实保障人民的知情权、监督权,制约公权力行使,规范权力运行,督促公职人员切实担当起“为人民服务”的政治责任。

❶ 习近平:《习近平谈治国理政》第二卷,外文出版社,2017年版,第289页。

❷ 习近平:《习近平谈治国理政》第三卷,外文出版社,2020年版,第29页。

典型案例 云南大理人大常委会质询农村个人建房管理

近年来,随着大理旅游市场持续升温,人民群众物质文化生活水平不断提高和住房改善需求的日益增长,大理市洱海流域农村个人建房数量逐年攀升,加上市级有关部门及镇村监管不力,部分农户违建抢建问题较为突出。这不仅成为全市农民群众极为关注的问题,也引起州、市党委、政府的高度重视。为了解实情,2020 年 9 月上旬,大理市人大常委会调研组,深入有关乡镇、街道开展实地调研,并同市政府相关工作部门负责人座谈,深入了解全市农村个人建房管理工作情况。调研发现,大理市先后于 2015 年 4 月 8 月、2016 年 10 月、2018 年 11 月、2020 年 4 月开展了五轮农村个人建房及违章建筑整治工作,全市农村建房行为和秩序在一段时期内得到规范和管控,但还存在一些亟待解决的问题,确需引起高度重视。

9 月 21 日,大理市第九届人大常委会第三十二次会议如期举行。会议期间,常委会组成人员李金善等 9 名委员向大会联名提出对市政府及相关工作部门的质询案。质询案的事由是“为认真履行监督职责,促进市政府正视问题,强化措施,切实改进农村个人建房管理工作,我们在深入有关镇(街道)调研的基础上,申请对大理市洱海流域农村个人建房管理工作相关问题进行质询。”这也是大理市人大及其常委会成立以来第一次开展质询监督。根据《大理市人民代表大会及其常务委员会质询案的提出和办理办法(试行)》的规定,经大理市第九届人大常委会主任会议研究决定,对大理市政府开展全市洱海流域农村个人建房管理工作情况进行质询,由大理市政府及市自然资源局、市住房城乡建设局、市农业农村局在第三次全体会议上口头和书面答复质询案。

9 月 22 日,大理市第九届人大常委会第三十二次会议举行第三次全体会议,市人大常委会主任王梅芬主持会议,市人大常委会组成人员、市级各有关部门、乡镇、街道负责人、市人大代表等共 100 多人参会。“2015 年 4 月以来,大理市对农村个人建房管理工作先后五次叫停并开展集中整治,市政府虽然出台了多个联审联批、分类处置的政策文件,也采取了一些管理措施,但管控缺失、违建抢建、疏堵结合不畅、精准分类处置不力等问题时有发生。为什么还出现此类情况?按照‘管住当前、消化过去、规范未来’的要求,市政府下一步如何完善疏堵结合的长效机制?”市人大常委会副主任李金善第一个在会上发起了质询。该市政府副市长周国鸿从“执法人员履职不到位、基层管控水平低、配套政策不明晰、建房选址与洱海保护有冲突”等方面做了详细答复。紧接着,常委会委员段金梁继续发出质询:“2015 年 4 月至 2020 年 6 月,洱海流域农村个人建房(村规区)总建筑面积规定不得超过 450 平方米,此标准农民群众已广泛知晓。请问:新修订的洱海保护管理条例实施后,此标准是否继续执行?市政府及相关部门下一步如何规范农村个人建房建筑标准?”市政府副市长周国鸿又从两个方面作出了答复,市国土资源局局长黄建红做了补充。质询会上,联名提质询案的委员一个接一个,分别就“如何加强农村建筑工匠管理,如何传导压力、压实责任,提高行政管理效能,如何保障执法经费,农村宅基地管理职责如何划分,如何整治农村个人建房侵占村心道路及沟渠、房屋基础部分高程过高”等问题进行了质询,市政府分管副市长及相关工作部门负责人依次进行了针对性答复。

该次会议要求市政府及有关部门要以此次质询为契机,进一步摸清全市农村个人建房管理工作的基本情况,提高工作的主动性、有效性;进一步找准全市农村个人建房管理工作中存在的主要问题和不足,坚持问题导向,有的放矢地建立长效机制;进一步加大工作力度,认真抓好相关问题的解决落实,并按照监督法的要求,各责任单位要在规定时限内向市人大常委会报告整改落实情况。该市人大常委会将认真综合整理与会常委会组成人员在审议《关于对全市洱海流域农村个人建房管理工作的调研报告》时提出的意见,连同调研组在调研报告中提出的意见建议,一并交由市政府及有关部门研究处理。下一步,该市人大常委会将进一步加强跟踪问效,对全市洱海流域农村个人建房管理工作进行持续监督,杜绝质询会后我行我素、办理落实“文来文往”现象的发生,对指出的有关问题的整改监督情况将适时听取专项工作汇报,做到有质询、有答复、有结果,增强质询的监督实效。

典型案例　1989 年湖南人大罢免副省长事件[1]

1989 年 5 月 15 日,湖南省七届人大二次会议上,由人大代表提出的对“清理整顿公司不力负有领导责任”的湖南省副省长杨 × × 罢免案,获得表决通过。省级人民代表大会通过法定程序依法罢免副省长,这在新中国历史上还是第一次。

1989 年初,中央要求清理整顿公司,杨 × × 担任省政府清理整顿公司领导小组组长。该年的人大会议开幕后,代表们对湖南省的廉政建设和清理公司等问题格外关注。5 月 12 日下午,根据代表要求,杨 × × 与湖南省工商局、审计局、外经委等部门负责人接受了代表质询。这次质询进行了三个小时。

一位代表提出:“湖南省国际经济开发公司到底有没有非法经营?”“湖南省国际经济开发公司”成立于 1984 年 9 月,是一家享有进出口权的全民所有制企

[1] 《“人民万岁!”——湖南省人代会罢免副省长纪实》,《人民日报》1989 年 5 月 23 日。

业,但其在经营活动中存在许多严重的问题。1988年8月,该公司总经理定居香港。湖南省工商局负责人回答:“该公司存在违法经营。”“早在去年4月份,省工商部门就已经发现。”一位代表追问,“既然去年4月就发现问题,而且该公司主要负责人问题这样严重,他却一走了之,是谁批准他去香港定居?请杨××副省长回答。”对于这个提问,杨××只简单介绍了这位经理的身份,但对“谁批准”这个关键问题却说“不清楚”。

一位人大代表又要求杨××回答省级干部子女在湖南省国际开发公司任职的情况。湖南省外经委一位副主任如实将领导干部子女在该公司任职的情况作了说明。其中,杨××的女婿曾在这家公司任副总经理。

几位代表又抛出另一个更为犀利的问题:1988年春天的广交会期间,湖南华湘公司在广州东方宾馆请客,杨××和女儿、女婿接受宴请,那一餐共吃掉4437.1元。一位人大代表站起来,要求他“将此事说清楚”。三小时的质询,杨××成了众矢之的。关于宴请一事,他当场向代表们作了说明和检查。质询的结果代表们并不满意。

5月13日,长沙、湘潭、邵阳等五个地市人大代表团的177名代表向大会主席团正式提出议案,要求罢免杨××的副省长职务。代表团提出的理由是:“副省长杨××同志,在清理整顿湖南省国际经济开发公司时很不得力,不能很好地按照中央有关精神,将湖南的清理整顿工作迅速地进行下去,在答复代表质询时,对许多代表认为是重大的问题,态度很不明朗,辜负了人民的希望。”实际上,当时代表团有两种提议,第一种是先成立“特定问题调查委员会”对杨××进行调查,然后决定罢免与否;第二种是不经调查,直接由人大代表进行投票。罢免案提出后,为了听取代表意见,大会主席团决定会议延期一天闭幕。5月15日上午,对两种提议的举手表决中,有超过400名代表同意后者。一位代表质疑,湖南省国际经济开发公司成立于1984年9月,是一家享有进出口权的全民所有制企业,但其在经营活动中存在许多严重的问题。1988年8月,该公司总经理却定居香港。湖南省工商局负责人回答:“该公司存在违法经营。”“早在去年4月份,省工商部门就已经发现。”一位代表追问,“既然去年4月就发现问题,而且该公司主要负责人问题这样严重,他却一走了之,是谁批准他去香港定居?请杨××副省长回答。”对于这个提问,杨××只简单介绍了这位经理的身份,但对“谁批准”这个关键问题却说“不清楚”。

一位人大代表又要求杨××回答省级干部子女在湖南省国际开发公司任职的情况。湖南省外经委一位副主任如实将领导干部子女在该公司任职的情况作了说明。其中,杨××的女婿曾在这家公司任副总经理。

几位代表又抛出另一个更为犀利的问题：1988年春天的广交会期间，湖南华湘公司在广州东方宾馆请客，杨××和女儿、女婿接受宴请，那一餐共吃掉4437.1元。一位人大代表站起来，要求他"将此事说清楚"。三小时的质询，杨××成了众矢之的。关于宴请一事，他当场向代表们作了说明和检查。质询的结果代表们并不满意。

5月13日，长沙、湘潭、邵阳等五个地市人大代表团的177名代表向大会主席团正式提出议案，要求罢免杨××的副省长职务。代表团提出的理由是："副省长杨××同志，在清理整顿湖南省国际经济开发公司时很不得力，不能很好地按照中央有关精神，将湖南的清理整顿工作迅速地进行下去，在答复代表质询时，对许多代表认为是重大的问题，态度很不明朗，辜负了人民的希望。"实际上，当时代表团有两种提议，第一种是先成立"特定问题调查委员会"对杨××进行调查，然后决定罢免与否；第二种是不经调查，直接由人大代表进行投票。罢免案提出后，为了听取代表意见，大会主席团决定会议延期一天闭幕。5月15日上午，对两种提议的举手表决中，有超过400名代表同意后者。在大会表决前，主席团还请示了全国人大常委会，是否先成立"特定问题调查委员会"，但未被通过。5月15日下午，人大代表们开始对罢免案进行无记名投票表决。下午5点40分左右，大会主席团执行主席宣布投票结果，"赞成罢免的506票，反对罢免的162票，弃权98票。这次会议应到代表870名，实到代表766名，表决结果有效，罢免案通过。"《人民日报》就此次罢免案专门发表社论：《人民万岁》。

第五章　我国的行政问责制

在民主制背景下，政府的职责行为都是公民授权他们的代表所采取的行动。责任机制是民主政府的基本要素。随着责任政府建设的推进，行政问责制度逐步发展和完善，问责实践日趋常态化，这引发了理论研究的关注。行政问责是由美国学者杰·M·谢菲尔茨首次提出的，他认为通过法律授权或组织授权的官员，应该对其行为负责。我国学者对行政问责的界定尚未形成统一标准❶。目前，对行政问责的认识可谓仁者见仁，智者见智。有的学者采异体问责的观点，认为行政问责是立法机关对政府领导及公职人员展开的问责，如顾杰认为，行政问责是指行政人员有义务就与其工作职责有关的工作绩效及社会效果接受责任授权人的质询并承担相应的处理结果❷。也有学者从同体问责的视角，认为行政问责是行政机关内部上级对下级或专责监察机关对政府领导及其他公职人员展开的问责。如韩剑琴认为，所谓行政问责制，就是指对现任各级行政主要负责人由于不履行或者不正确履行法定职责给行政机关造成不良影响和后果的行为，进行内部监督和责任追究的制度。其依据是2003年我国第一部行政问责法规《长沙市人民政府行政问责制暂行办法》对行政问责的规范❸。余望成、刘江南等学者也持此观点❹。由于立法机关对政府的问责已在政治问责部分论及，下文采用同体行政问责的界定，结合问责实践经验与理论研究成果，对行政问责的概念、特点等基本问题予以阐释。

第一节　行政问责制概述

党的十八届四中全会提出："完善行政组织和行政程序法律制度，推进机构、职能、权限、程序、责任法定化。""法定职责必须为"，要"勇于负责、敢于担当""坚决惩处失职、渎职"。政治责任通过各种方式向行政系统渗透，形成了由上而下的职责配置体系，实现了责权的分工协作。但根据"责任不可下授"的原则，"最终责任"以及与之相应的"决策控制权力"是不能下授的。这就不难理解，政府部门实行首长责任制，政府最高级别的领导干部由代表大会选举产生，要对下级行政主体的行为承担总的政治责任，同时下属各级官员也要承担相应的行政职责。为保障政治责任的实现，我国

---

❶ 蒲江涛：《中外行政问责制比较研究》，《湖北警官学院学报》2013年第9期。

❷ 宋涛：《行政问责概念及内涵辨析》，《深圳大学学报(人文社会科学版)》2005年第2期。

❸ 韩剑琴：《行政问责制——建立责任政府的新探索》，《探索与争鸣》2004年第8期。

❹ 余望成、刘江南：《行政问责制：由来、困惑与出路初探》，《湖南科技学院学报》2005年第6期。

建立了较完善的行政法律法规体系，包括行政机构与人员法、行政行为法、行政程序法、行政监督与救济法等。作为行政的规范体系，行政法具有约束性、内部性等特征。

政治责任在行政法中有三种表现形式：一类是各级政府最高行政首长由各级人大选举产生，对人大直接担当政治责任；第二类是由上级通过层级授权配置给下级行政官员行使的具有一定的政治决断特点的行政职责（具有间接的政治责任属性）；第三类是行政公职人员执行职责。其中，第一类具有直接政治责任属性，在《宪法》《国务院组织法》《各级人民代表大会及地方人民政府组织法》中都有所涉及，但责权授受关系主要体现在《宪法》中。后两类责权授受关系主要体现在行政法中，大体有两种情形：一类具有政治决断色彩，以抽象行政行为为主；一类属于政治责任的执行，主要表现为具体行政行为。对于行政首长的政治责任，在政治问责部分已经论及。行政问责主要是对上述具有政治性质的行政职责、执行职责的责任追究。

一、行政问责的概念及特点

行政问责是我国行政体制内部上级对下级机构及其公职人员或者负责监察的专责机构按照干部管理权限对行政机关公职人员予以监督，发现失职失责的情形，予以追究责任。行政问责的特点包括如下方面：

一是行政问责的主体是上级行政机关或专责监察机构。

行政问责的主体包括行政层级间上级对下级提起的问责；还包括专责监督机构提起的问责。监察体制改革后，将原隶属于政府的行政监察权、行政违法预防权，原隶属于检察机关的反贪污贿赂、反渎职侵权与职务犯罪预防权整合成为国家监察权，使其成为党中央统一领导下、人民代表大会产生的与行政权、审判权、检察权相平行的新型国家权力[1]。国家监察权由国家监察委员会行使，负责对包括行政机关在内的公职人员履职情况依法监督检查、调查，并作出处置。由于监察委员会吸收了原行政监察部分的职责，负责对行政机关公职人员的监督和责任追究。所以，作为专责机构，仍然属于行政问责的组成部分。

二是行政问责的对象是行政机关的领导干部及其他公职人员，重点是领导干部。

根据处分方式，行政问责可以分为处分和尚未构成处分的问责。行政处分的历史几乎伴随着行政机关发展的整个过程。早在 1957 年 10 月的《国务院关于国家行政机关工作人员的奖惩暂行规定》，就将行政机关工作人员作为行政处分的对象。随着公务员分类改革的深化，2006 年 1 月实施的《中华人民共和国公务员法》，界定了一个比较宽泛的公务员范畴，包括“依法履行公职、纳入国家行政编制、由政府财政负担工资福利”的（第 2 条）、涵盖了党、人大、政府、司法系统的所有国家工作人员。但在我国行政权独大的体制背景下，行政机关公务员是公务员队伍的主体，更具有代表性。2018 年《公务员法》虽有修订，但对公务员的范围并没有作出修改。

[1] 徐汉明：《国家监察权的属性探究》，《法学评论》（双月刊）2018 年第 1 期。

2007 年《行政机关公务员处分条例》明确，追究责任的对象是行政机关公务员，包括领导人员。

对尚未构成违纪的情形予以大规模问责，是以 2003 年非典问责风暴作为起点的。主要对象涵盖了各级行政领导干部。2009 年 7 月《关于实行党政领导干部问责的暂行规定》，在追究党务干部责任的同时，将"国务院的工作部门及其内设机构的领导成员；县级以上地方各级政府及其工作部门的领导成员，上列工作部门内设机构的领导成员等"都列为问责对象。《党政领导干部生态环境损害责任追究办法（试行）》的规定适用于"县级以上地方各级党委和政府及其有关工作部门的领导成员，中央和国家机关有关工作部门领导成员；上列工作部门的有关机构领导人员"❶。《地方党政领导干部安全生产责任制规定》也作出了类似的规定❷。

三是行政问责事由包括不作为、乱作为、懒政、怠政等失职渎职行为。

对于"尚未构成给予处分"的问责情形，集中规定于《关于实行党政领导干部问责的暂行规定》第 5 条，范围涵盖"决策严重失误、因工作失职发生重大事故、政府职能部门管理、监督不力发生重大事故、在行政活动中滥用职权引发重大事件、对群体性、突发性事件处置失当、违反干部选拔任用工作有关规定等造成重大损失或者恶劣影响的失职行为。"中央和国家层面也就某一个领域的问责事由作出全面的规定，如《党政领导干部生态环境损害责任追究办法（试行）》集中对"环境保护领域"各类失职失责行为予以问责❸；而《地方党政领导干部安全生产责任制规定》专门规范"安全生产领域"的各类渎职、怠政行为❹。

地方行政问责事由罗列更为详细。如《深圳市人民政府部门行政首长问责暂行办法》，共 5 条 34 款，包括对执行上级机关的决策和部署不力、违反规定进行决策发生重大决策失误、不认真履行管理职责、不认真履行内部管理职责以及职业自律和修养不良等情形均要进行行政问责。又如《北京市行政问责办法》区分未履行职责、违法履行职责、不当履行职责规定了 3 条共 26 款追责事由。《天津市人民政府行政责任问责制试行办法》规定了共 19 款问责事由。显然，地方问责更倾向于对行政权力的规范和制约作用。

而应给予处分的情形则宽泛得多。在我国《行政机关公务员处分条例》中，责任追究的事由涉及"滥用政治权力如破坏选举；违规作出或改变重大决策；拒绝执行上级依法作出的决定、命令的；不依法履行职责引发重特大事故或者瞒报的；行政执法中的违法行为"❺等。《公职人员政务处分法》将党的纪律要求中与公职人员相关的内容转化为公职人员的法律义务，实现了党纪与法律的衔接。如"在政务处分期内再次故意违法，阻止他人检举、提供证据的，串供或者伪造、隐匿、毁灭证据的，包庇同案人员

❶ 《党政领导干部生态环境损害责任追究办法（试行）》（2015）第 2 条。

❷ 《地方党政领导干部安全生产责任制规定》（2018）第 2 条。

❸ 《党政领导干部生态环境损害责任追究办法（试行）》（2015）第 5-8 条。

❹ 《地方党政领导干部安全生产责任制规定》（2018）第 1826 条。

❺ 《行政机关公务员处分条例》（2007）第 18-21 条、第 23-24 条、第 25-28 条。

的，胁迫、唆使他人实施违法行为的，拒不上交或者退赔违法所得的、构成刑事犯罪”等情形作出了明确规定❶。

四是行政问责的程序包括处分前的问责程序和处分程序。

尚未构成处分的行政问责程序体现在系列问责制度中。《关于实行党政领导干部问责的暂行规定》第12条明确，对党政领导干部实行问责应遵循如下程序：一是提出问责建议。根据问责线索，纪检监察机关或组织人事部门按照权限和程序进行调查，确需问责的提出问责建议。二是作出问责决定。问责决定机关可以根据纪检监察机关或者组织人事部门提出的问责建议作出问责决定。这些规定明确了问责建议权行使主体是党委和政府的纪检监察机关和组织人事部门，这鲜明地体现了执政党和政府内部自我约束机制的特征。

《党政领导干部生态环境损害责任追究办法（试行）》第11条规定，各级政府负有生态环境和资源保护监管职责的工作部门，发现有本办法规定的追责情形的，对相关党政领导干部应负责任和处理提出建议，按照干部管理权限，将有关材料及时移送纪检监察机关或者组织（人事）部门。需要追究党纪政纪责任的，由纪检监察机关按照有关规定办理；需要给予诫勉、责令公开道歉和组织处理的，由组织（人事）部门按照有关规定办理。同时，赋予了被追究责任的人员向作出责任追究决定的机关和部门提出书面申诉的权利。

地方行政问责一般包括两个环节：一是问责建议的提出；二是问责程序启动。如《长沙市人民政府行政问责制暂行办法》规定：“由市政府常务会议或市长、其他市政府领导根据上级或同级党委、政府和人大常委会的要求，或公民、法人和其他组织的检举、控告、投诉，新闻媒体曝光、工作考核评估结果以及实际工作情况提出；经市人民政府责成有关部门进行调查核实，提出事实依据，由市人民政府进行责任追究。”

处分❷程序集中体现在《行政机关公务员处分条例》中，主要规定如下：一是任免机关对涉嫌违法违纪的行政机关公务员的调查、处理，确定是否立案；二是决定立案后，形成书面调查材料，向任免机关负责人报告；三是听取公务员的陈述和申辩；四是经任免机关领导成员集体讨论作出处分、免予处分或者撤销案件的决定；五是通知公务员处分决定并归档。六是公务员对处分决定不服的，可以申请复核或者申诉❸。

《公职人员政务处分法》对涉嫌违法的公职人员的处分程序作出了规定。一是对

---

❶ 《公职人员政务处分法》（2020）第13条、第14条。

❷ 《公职人员政务处分法》（2020）第2条确立了政务处分与处分双轨并行的二元处分体制。党的十九大党章修正案在党的基层组织基本任务中，把国法政纪修改为国家法律法规。目前脱离于党纪、国法之外的政纪已经不复存在。对公职人员依法履职的相关要求，已经全部通过法律、行政法规、地方性法规和规章等作出规范。参见《正确理解和适用政务处分与处分》，https://www.ccdi.gov.cn/yaowen/202007/t20200703_221290.html，来源：中央纪委国家监委网站，发布时间：2020-07-03，06：26。《重磅！中央纪委官媒明确：“政纪”已不存在，只有党纪和国法！》，https://jiwei.sdwu.edu.cn/info/1080/3373.htm，来源：中纪委监察部网站，发布时间：2018-03-21。

❸ 《行政机关公务员处分条例》（2007）第39条、第48条。

涉嫌违法的事实进行调查;二是听取被调查人的陈述和申辩;三是作出政务处分决定、撤销案件、作出免予、不予政务处分决定或者移送司法;四是公职人员对决定不服的,有权申请复审及复核❶。

五是行政问责的处理结果包括处分前的问责方式和处分。

在尚未构成处分的问责情形制度化之前,行政问责形式限于行政处分。2006 年 1 月实施的《公务员法》对领导成员因工作严重失误、失职造成重大损失或者恶劣社会影响的行为处以“警告、记过、记大过、降级、撤职、开除”❷。2018 年修订《公务员法》对上述规定予以维持,未做修改❸。同时,《行政机关公务员处分条例》第 6 条也作出了相同的规定。但对尚未达到处分程度的问责方式比较全面的规定,体现在 2009 年 7 月 12 日中共中央办公厅、国务院办公厅印发的《关于实行党政领导干部问责的暂行规定》中,这是国家层面首部正式使用“问责”这一术语的党内法规,问责方式包括“责令公开道歉、停职检查、引咎辞职、责令辞职、免职”等,具有典型的针对尚未构成处分的情形予以追究责任的特点。这标志着党政领导干部问责进一步实现了制度化、规范化。

在一些重要领域,行政问责制度还确立了终身问责原则。如《重大行政决策程序暂行条例》38 条规定,决策严重失误,造成严重后果的,实行终身责任追究,对决策机关行政首长、负有责任的其他领导人员和直接责任人员依法追究责任。《党政领导干部生态环境损害责任追究办法(试行)》《地方党政领导干部安全生产责任制规定》也确立了终身责任追究制度。

关于处分前问责处理方式与处分的关系,处分前的问责处理方式是对处分的有益补充。二者可以独立使用,也可以并用,但由于适用情形、对象等不同,二者不可相互替代。《行政机关公务员处分条例》第 17 条涉及了二者之间的衔接:“违法违纪的行政机关公务员在行政机关对其作出处分决定前,已经依法被判处刑罚、罢免、免职或者已经辞去领导职务,依法应当给予处分的,由行政机关根据其违法违纪事实,给予处分。”《党政领导干部生态环境损害责任追究办法(试行)》第 10 条不但规定了尚未构成处分的问责方式,还将党纪政纪处分纳入责任追究范围,同时与“移送司法机关依法处理”相衔接❹。《地方党政领导干部安全生产责任制规定》第 19 条除对“责任人员采取通报、诫勉、停职检查、调整职务、责令辞职、降职、免职或者处分等方式问责作出规定”外,明确涉嫌职务违法犯罪的,由监察机关依法调查处置。

二、行政问责的基本原则

行政问责的基本原则,既是行政问责制度构建的基本遵循,也是规范问责活动的基本要求。行政问责的基本原则主要包括权责一致原则、责任原则、法定原则、公开

❶ 《公职人员政务处分法》(2020)第 42-44 条、第 55 条。

❷ 《公务员法》(2006)第 82 条、第 56 条。

❸ 《公务员法》(2018)第 62 条、第 87 条。

❹ 《党政领导干部生态环境损害责任追究办法(试行)》(2015)第 10 条。

原则。

(一)权责一致原则

权责一致原则是现代民主政治体制构建的基本原则,在政治问责部分已经从政府授权的角度予以论述,此处重点从行政权的视角予以分析。在公共行政领域的责任,表现为某个特定职位或机构所要求的职责。

行政领域除了国家和地方最高行政首长(我国是行政正、副职)由选举或决定任命产生,其他行政领导人员由上级通过委任制产生,这个过程体现为由人民授予责权的机构或者领导人员对下级进行逐级责权授受的过程。因为上级将责权通过层级逐级授予下级,行使权力者在对上级负责的同时,从终极意义上必须对人民负责。在履职中失去上级信任,在某种程度上,也丧失了人民的信任。行政问责是国家行政体制内部上下级间基于责权授受而产生的责任追究关系。行政内部的授权关系,从人民的视角是一种间接授权,是由人民赋予责任、授予权力的上级组织或领导干部,根据"谁授权、谁问责"的原则,对不履行间接政治责任的下级直接作出调整或者剥夺权力的决定。有学者基于契约关系和分权关系,将政治责任分为"契约性责任"和"授权性责任",其中"契约性责任"更充分地体现出责任的直接性和政治性;而"授权性责任"则实现了政治责任向国家机构职责责任的转化,更具间接性和行政性❶。体现在问责上,除了上级问责,一般还有公民参与的程序设计,如公民的控告、检举等,这是"人民性"因素的重要体现。同时,行政职责与职权的关系主要表现在如下三个方面:一是行政机关公职人员特别是领导人员的职责与职权是相互依存的,没有无职责的职权,也没有无职权的职责。第二,职权与职责是对等的,有多大的职责,才授予多大的职权。公共权力的主旨是实施公共管理,保障公民利益,但也存在被滥用的可能性。所以,必须以职责作为职权的约束力量。第三,职权与职责之间,职责居于核心本位,而职权是实现职责的手段。或者说职责是第一位的,是职权产生和存在的前提;而职权是第二位的,是职责实现的手段和方式。正如恩格斯指出:"一切自由的首要条件:一切公务人员在自由的一切职务活动方面都……向每一个公民负责。"❷

(二)责任原则

责任是民主政治的本质要求。"拥有权力及使用权力的严格负责的态度是良好政治的主要内容。"❸对于民主政府而言,虽然效率与责任都是重要的价值,但长远来看,"行政责任对行政效率有更大的贡献。实际上,民主政府首要的要求是责任,随后是效率。"❹所以,责任是行政管理的首要价值,也是行政管理实践的中心问题。如列

---

❶ 中国社会科学院法学研究所法律辞典编委会:《法律辞典》,法律出版社 2004 年版,第 719 页。

❷ 《马克思恩格斯选集》第 3 卷,人民出版社 1972 年版,第 30 页。

❸ [美]威尔逊:《国会政体》,商务印书馆 1986 年,第 156 页。

❹ Finer, Herman, 1941, Administrative Responsibility in Democratic Government. Public Administration Review, Vol. 1, No4;335. 转引自李军鹏:《责任政治与政府问责制》,人民出版社 2009 年版,第 2 页。

宁所言："管理的基本原则——一定的人对所管的一定工作完全负责。"[1]担当某种职责是行政的基本属性，是现代政府合法性的基础，也是行政问责制度建构和实践运行的前置条件。防止权力滥用是责任安排的最终目的。行政机关每个行政岗位根据角色要求的不同，配置不同的职权，违反职责行使职权会导致追究责任。所以，责任原则是指行政机关及其公职人员对职责的担当和失职时应承担的不利后果。责任原则的关键是保证行政机关及其公职人员特别是领导人员的行为是负责任的，"它使公众授权及期望的目标得以有效实现，公共管理者的负责任的行政行为可以被概念化为合乎伦理的、有道德的、诚实的、合法的、考虑周全的以及富有成效的行为，目的在于为公众服务。"[2]行政问责应以责任原则为基本遵循，监督行政机关或公职人员履职情况，在违背责任的情况下启动问责。责任原则具有以下几点内涵：一是行政机关最根本的责任是一切行政行为符合人民的意志，其目的是服务于公共利益。二是在行使职责过程中，政府必须对社会公众的质疑、请求，迅速有效地作出回应。三是如果履职未能达到预定的目标，出现失职或造成严重后果，应承担调整或免职的后果。

（三）法定原则

行政法作为宪法的延伸，与宪法的价值目的指向是一致的，继承和落实宪法确认的对人民的责任，也构成了公共行政的终极政治责任。

我国《宪法》开宗明义："中华人民共和国的权力属于人民，人民通过人民代表大会行使国家权力，国家行政机关由人民代表大会产生，对它负责，受它监督。"[3]这是我国行政领域政治责任的法源，是行政法制定的重要依据。行政法是动态宪法，必然要贯彻宪法的主旨。"公共行政无论在总体上还是在行政人员个体那里，都应当把维护公共利益作为不可移易的目标，任何脱离这一目标的行为，都是对其责任的背离，而且应当承担其后果和责任。"[4]行政法一方面要制约控制权力，另一方面要保障公民、法人、其他组织的合法权益。其中，制约控制权力的目的是保障公众的合法权益。关于这一点，各国行政法开篇均有所体现。我国的《行政处罚法》《行政强制法》等重要法律中也做了相应规定。

在行政领域，政治责任的法治化建立在两类责任关系的基础上，即内部责任关系和外部责任关系。内部责任关系是行政科层之间的内部责任配置，通常会形成一套责任制，并通过问责制实现监督和追究相应责任。而外部责任关系，是行政主体与公民之间的管理关系，是政治责任的执行领域。责任关系转化为法律形态，也形

---

[1] 《列宁全集》第35卷，人民出版社，1959年版，第554页。

[2] ［美］肯尼思·F·沃伦：《政治体制中的行政法（第三版）》，中国人民大学出版社2005年版，第161页。

[3] 曾鲲、皮祖彪：《论行政权责不对等》，《行政论坛》2004年第2期。

[4] ［澳］欧文·E·休斯：《公共管理学导论》，中国人民大学出版社2001年版，转引自蔡放波：《论政府责任体系的构建》，《中国行政管理》2004年第4期。

成了两个法律体系，即内部法律体系和外部法律体系。其中，内部法律体系是行政权的自我制约体系，是政府官员在履行职责和执行过程中，为保障目标的实现，在职责、程序等方面的法制化；以及违反职责，在行政系统内部承担不利后果的规范形态。内部法律体系旨在加强政府自身建设，如人员组织法（含职责性规定）、程序法、监督法等，是政府自我规制的、具有一定独立性的行政法体系。行政问责法制是其中的重要组成部分。行政问责应遵循法定原则，主要体现在国家行政机关及其公职人员特别是领导人员的职责、履行职责的程序、失职失责的情形、责任追究都有法律的明确规定。具体而言，包括：一是问责主体、对象法定，即由哪一级行政机关或专责机关提起、决定问责作出明确规范，同时哪些行政公职人员应予追究责任应作出明确的规定。特别是对尚未达到处分的领导责任的追究，必须制定层级较高的法律法规予以明确。二是问责事由法定。明确对哪些领域、哪些情形予以问责，是展开问责的前提。通常“行政决策、重大事故、治庸提效”是问责的重点领域，对问责情形的设置宜具体细化，对因“造成严重后果”“造成不良社会影响”等宜明确操作标准，根据对国家、社会造成侵害程度的不同，对责任者进行责任追究。三是问责程序法定。问责程序是问责实施的重要保障，不但要明确启动、调查、报告、决定等程序，还要赋予当事人以陈述和申辩的权利，保障问责的权威性和精准性。四是问责方式法定。行政内部追究责任的方式是调整、剥夺与职务相匹配的权力。其中，免职这种方式具有浓厚的政治色彩。对失职情节不同的问责对象处以哪些不同的问责方式，应由法律作出明确规定。同时注意不同处理方式如组织处理与处分、司法追究之间的无缝衔接。

（四）公开原则

公开是监督的前提。列宁指出：“没有公开性而谈民主是很可笑的。”[1]政府信息不公开，民众就无法行使知情权，在一无所知的情况下，也无法对行政机关的履职行为进行有效的监督。虽然目前的制度尚未赋予公民直接问责政府的权力，但公民举报等提供线索的方式，是问责主体启动问责的重要信息渠道之一。所以，公开是行政问责的重要原则。2021 年 1 月发布的《法治中国建设规划（2020—2025 年）》要求“坚持以公开为常态、不公开为例外”“逐步扩大公开范围，提升公开服务水平”。为落实这一精神，行政问责应从如下方面遵循公开原则：一是行政职责公开。通过完善职能职责法定，制定权力清单、责任清单，在明确职责边界的基础上，公开各级行政机关及其派出机构、授权组织的职责信息，以及行政首长、领导人员、其他公职人员的岗位职责信息。这既便于公众的监督，在问责时也能避免相互推诿责任。二是行政信息公开。行政机关对社会进行广泛的管理，进行大量的决策、执行、监督活动，除涉及国家秘密和依法受到保护的商业秘密、个人隐私外，行政信息都应当公开，以便于社会公众了解其

---

[1] 《列宁全集》第 6 卷，人民出版社 1956 年版，第 131 页。

履职情况。三是问责的事由、方式、程序、处理结果等除涉密外，应向社会公开。允许媒体报道进行新闻监督，保证公众对问责过程的知情权。行政问责主体也要接受公众监督。

三、行政问责的意义

构建行政问责制是法治政府建设的应有之义。党的十八届四中全会提出“依法全面履行政府职能，推进机构、职能、权限、程序、责任法定化”。行政问责制实质上是“依法行政”原则在责任领域的具体体现。同时，实施和完善行政问责，也是深化责任政府建设的必然要求，对于推动行政机关特别是领导人员尽职职责、保障公民的政治民主权利，具有重要意义。

（一）行政问责是深化责任政府建设的重要途径

责任政府的内涵实质就是政府对公众负责。“在现代民主社会，承认对公民负责已成为普遍认同的理念，任何政府都会以一定的形式承诺对公民负责。”[1]所以，现代政府是一种责任构成体系。责任政府是我国政府建设的目标之一。政府部门履职的目的在于造福公众，每一项决策部署都应以人民为出发点，并以实现人民的利益为归宿。对于拥有强大而集中权力的行政机关，如何规范公职人员“不行为、乱作为、懒政、庸政、怠政以及失职、渎职”的行为，保障权力行使不偏离初心？各国实践证明，行政问责伴随着责任政府而产生，构建行政问责制是建设责任政府的制度保障和重要实现途径。一个负责任的政府就是把政府部门及其公职人员的职责与其所应承担的道德、行政、法律责任紧密联系在一起，就是能够对政府部门及其公职人员，特别是领导干部进行责任追究的政府。行政问责制在推动责任政府建设中发挥如下作用：一是行政问责制明确了政府履职的底线。在明确问责主体和问责对象的前提下，行政问责制重点规范政府职责履行的底线，即延迟履行或者履行不到位、不履行甚至滥用职权的行为，将予以追究责任。二是行政问责制提供了追究政府责任的制度依据。行政问责制度明确了问责主体、问责对象、问责事由、程序及处理方式。当行政机关公职人员的行为触犯了问责规定，则依法追究行政机关公职人员的责任，作出组织处理、处分等行政决定，严重的追究刑事责任。三是行政问责促进公职人员责任观念的形成。在我国传统的政治文化中，存在“官本位”思想，行政管理，只享有权力而不承担责任。这种错误观念与责任政府观念是背道而驰的。推进行政问责“倒逼”公职人员特别是领导干部树立“责任意识”，努力做到励精图治、勤政为民，这是推进责任政府建设的重要软实力。

（二）行政问责是推动行政机关公职人员履职尽责的有力抓手

通过构建行政问责制度，明确规定政府公职人员特别是领导干部的职责边界，在

---

[1] 陈国权：《政治监督论》，学林出版社2000年版，第179页。

违反职责的情况下，给予相当的强制惩罚。一是有助于增强公职人员履职的积极性与使命感，提高行政机关领导人员履职尽责的主动性。将手中的职权与应负的责任相挂钩，以对自己的工作高度负责的精神，廉洁奉公，勤勉尽责，切实担当起对人民的责任。二是有利于促进“干部能上能下”观念的形成。行政问责客观上导致了干部的更替，这有利于增强领导干部的危机意识，形成压力机制，引导其不断提高领导素质；同时干部的更新换代，能够实现优胜劣汰，为干部队伍不断补充新鲜血液，进而提高干部的整体素质。三是以问责倒逼担责。行政问责制明确了公职人员特别是领导干部的职责边界以及应承担的责任。对行政决策、危机应对、行政管理等不履行或者不正确履行职责甚至失职、渎职的行为，造成严重损失、产生恶劣社会影响的公职人员，明确规定予以严厉的问责，从而督促公职人员谨慎行权、履职尽责，以问责倒逼责任担当。四是教育、威慑其他公职人员严以律己。问责是手段而不是目的，行政问责通过惩处功能，目的在于实现对其他公职人员的事前警示、威慑，使公职人员清醒地认识到，失责要被严厉问责、承担不利的甚至追究法律责任的后果。这种警示会促使其正当履行职责，提高工作成效，发挥“惩前毖后、治病救人”的惩戒、预防作用。

（三）行政问责是公民民主政治等权利行使的制度保障

政府的行政行为与民众的权益息息相关。无论是作出针对不特定主体的行政立法、决定、命令，还是作出针对特定相对人的具体行政行为，都会对社会公众利益产生或大或小的影响。如果有违法、违规行政或其他失职渎职行为，就会侵害公众的合法权益。推行行政问责能为民众权益提供制度保障，具体表现为：一是督促公职人员依法行政。行政问责的惩戒功能，能够警示公职人员从公众利益的角度出发履职。特别是对自由裁量空间较大的行政行为，督促其依法审慎的判断权衡，作出的行政行为不但合法还要合理。此外，行政决策涉及诸多复杂、多元的因素，也要求发挥行政程序中“公民参与”的作用，重视公民反馈的意见和建议，提高决策科学化、民主化水平。二是有助于提高政府的回应性。行政问责要求问责对象公开作出申辩和说明，这种回应性的程序设计，能够增强公众与公职人员之间的沟通，既形成对权力的有效监督，也能有力地维护民众的合法权利。三是有利于保障公民的参与权、表达权、监督权。大量的行政问责制度赋予了公民、法人和其他组织有向有关部门提出投诉、控告、检举的权利，有关部门按照干部管理权限，必须予以调查核实，对需要进行行政问责的，及时作出问责处理。公众适度参与行政问责，能够对行政公职人员进行有力监督，进而实现公民的民主权利。

行政问责制实质是政府体制内部的自我约束机制，其依据是上下级之间责任与权力的授受关系，在行政首长负责制中起到一种规范、监督和制约行政首长权力的作用。行政首长负责制是权力集中的体制，根据我国的人民代表大会制度，各级政府的最高行政首长对所管辖的行政事务，主要对他的授权机关——人大负责，接受人大的监督，向人大报告工作；其下级各级政府领导干部并非人大选举产生，而是由上级选拔任命，按照“谁授权、谁问责”的原则,由上级追究下级的责任,实现下级政府和行政部门负责人对上级负责、最高行政首长对人民负责的机制。行政问责制是“责权一致”“有责必究”等原则在行政体系内部的体现。实质是行政体制内的自我约束机制,属于政府内部的责任追究制度,是下级政府及其公职人员对上级政府负责的一种制度设计。

第二节　行政问责制的内容及实施

行政问责主要针对政府公职人员特别是领导人员履职过程中的失职失责行为进行责任追究,所涉及的职责事由丰富、范围广泛。其中,重特大事故问责是行政问责长期关注的重点,而近年来重大行政决策问责制度建设,逐渐成为行政问责的重心。这两类行政问责与领导干部履职关系密切,以下逐一分析。

一、重特大事故问责

对重特大事故开展问责,是问责制度较早规范的领域,主要原因在于重特大事故会对人民群众生命财产安全造成严重危害。习近平强调:“要以对人民极端负责的精神抓好安全生产工作,站在人民群众的角度想问题,把重大风险隐患当成事故来对待,守土有责,敢于担当,完善体制,严格监管,让人民群众安心放心。”[1]为防范重特大事故的发生,对有关责任人员形成强大威慑,近年来对重特大事故的问责制度日趋完善,而且党政领导干部责任追究已成为责任制度规范的重点内容。

(一)重特大事故问责的概念及特点

事故可以分为一般事故、较大事故、重大事故、特别特大事故等四个级别[2]。其中重特大事故是指伤亡人数较多,直接经济损失比较大的事故,覆盖了火灾、交通事故、建筑质量安全事故、民用爆炸物品安全事故、重大化学品安全事故等诸多领域。因其对国家和社会的危害比一般事故和较大事故更为严重,通过强化问责,惩治失职渎职行为,规范权力运行,对防范风险、减轻损害、保护人民生命财产安全,具有重要意义。

重特大事故问责是指在安全生产领域中,对负有监督管理职责的行政机关及其工作人员,因不履行职责或不正当地履行职责造成严重后果,依法予以责任追究的制度。重特大事故问责具有如下特点:

---

[1] 《习近平对加强安全生产和汛期安全防范工作作出重要指示强调　守土有责敢于担当　完善体制严格监管　以对人民极端负责的精神抓好安全生产工作　李克强作出批示》,《人民日报》2016年7月21日。

[2] 《生产安全事故报告和调查处理条例》(2007)第3条:“根据生产安全事故(以下简称事故)造成的人员伤亡或者直接经济损失,事故一般分为以下等级:(一)特别重大事故,是指造成30人以上死亡,或者100人以上重伤(包括急性工业中毒,下同),或者1亿元以上直接经济损失的事故;(二)重大事故,是指造成10人以上30人以下死亡,或者50人以上100人以下重伤,或者5000万元以上1亿元以下直接经济损失的事故;(三)较大事故,是指造成3人以上10人以下死亡,或者10人以上50人以下重伤,或者1000万元以上5000万元以下直接经济损失的事故;(四)一般事故,是指造成3人以下死亡,或者10人以下重伤,或者1000万元以下直接经济损失的事故。”

1. 贯彻过错原则与结果原则相结合的归责原则

重特大事故问责具有鲜明的事后追责的特点。因为存在失职失责的行为而引发事故发生并导致严重后果,或重特大事故处置不当的,应追究相应的责任。归责所遵循的主要原则是过错与结果原则相结合,即指因行为人因存在主观故意或者过失,并造成某种负面后果,该行为人应对自己的行为承担相应的责任。如果行为人能够证明自己没有过错的,可予免责。这一原则在《国务院关于特大安全事故行政责任追究的规定》中有充分的体现,只有存在"失职、渎职情形引发特大安全事故并负有领导责任"的情况下,才追究"地方人民政府主要领导人和政府有关部门正职负责人"的责任。"失职、渎职"是主观过错的表达,此处把"引发特大事故负有领导责任"作为追究责任的理由,似乎有对领导责任追究"严格责任"的意味,即"追究责任时,不考虑行为人的主观过错,而以行为结果作为判定是否承担责任的依据。但允许行为人以法定理由(一般为不可抗力、第三人过错和受害人过错)进行抗辩,并可因法定理由免责。"❶由于国务院这一规定出台较早,追究领导责任的原则表述尚不严谨。但 2018 年通过的《地方党政领导干部安全生产责任制规定》第 23 条作了进一步完善的规范,"职责范围内全面履行了法定的职责,并全面落实了党委和政府有关工作部署的,不予追究地方有关党政领导干部的领导责任",即因重特大事故追究领导责任,只要能证明尽职履职,即可免除责任;只有存在主观过错并造成严重后果的情况下,才承担相应的责任。可见,重特大事故追究领导责任,遵循的是过错原则与结果原则相结合的原则。关于这一点,较早出台在《关于实行党政领导干部问责的暂行规定》中,"因工作失职、监管不力"是其主观过错状态,"发生特别重大事故、事件、案件,或者在较短时间内连续发生重大事故、事件、案件,造成重大损失或者恶劣影响"是其结果状态,只有满足这两个条件,才符合追究领导责任的条件。同时,主观状态会对损害结果产生影响,并影响责任后果的轻重。对工作不力导致生产安全事故人员伤亡和经济损失扩大,或者造成严重社会影响负有主要领导责任的地方党政领导干部,应当从重追究责任;对主动采取补救措施,减少生产安全事故损失或者挽回社会不良影响的,可以从轻、减轻追究责任。❷ 对于直接责任人员的责任追究,同样要考虑这两个因素,如《行政机关公务员处分条例》规定,公务人员出现"不依法履行职责"这种主观过错,致使发生爆炸、火灾、传染病传播流行、严重环境污染、严重人员伤亡等重大事故,应给予处分。

2. 重特大事故问责注重领导责任追究

严格追究安全生产事故的领导责任,是重特大事故问责的特点之一。领导责任追究主要体现在对"安全生产监管职责履行不到位引发重特大事故发生负有责任及处置不力的责任"两个环节。在较早出台的《国务院关于特大安全事故行政责任追究的规定》中,明确追究"省长、自治区主席、直辖市市长和国务院有关部门正职负责人、市

---

❶ 徐国利:《论行政问责的责任与归责原则》,《上海行政学院学报》2017 年第 1 期。

❷ 《地方党政领导干部安全生产责任制规定》(2018)第 21 条、第 22 条。

(地、州)、县(市、区)人民政府监管机构等的主要领导人的责任。在重特大事故处置中,对于隐瞒不报、谎报或者拖延报告等情形,追究政府主要领导人和政府部门正职负责人"的责任。2009年中办、国办出台《关于实行党政领导干部问责的暂行规定》对"重特大事故"追究领导干部责任的基础上,2018年中办、国办又专门出台《地方党政领导干部安全生产责任制规定》,规范领导干部责任的配置、履行、追究等,明确"地方各级党委和政府主要负责人是本地区安全生产第一责任人,班子其他成员对分管范围内的安全生产工作负领导责任"❶。专门出台针对党政领导干部责任追究的专项规定,对领导干部责任追究的力度空前加大,说明党和国家对安全生产监管工作的重视。而且,《地方党政领导干部安全生产责任制规定》中对"负有领导责任且失职失责性质恶劣、后果严重的,不论是否已调离转岗、提拔或者退休,都应当严格追究其责任",这实质上在安全生产领域实行了终身责任追究。

3. 重特大事故问责承担强调党政同责

问责制度从单一的行政问责向党政同责转变的趋势,在安全生产领域中体现得尤为明显。2001年《国务院关于特大安全事故行政责任追究的规定》只对政府领导人员及直接责任人员课以责任,至2009年出台《关于实行党政领导干部问责的暂行规定》中,将因为工作失职、监管不力而引发特大事故或在较短时间内连续发生重大事故并造成重大损失或恶劣影响、突发性事件处置失当作为追究中央及地方各级党委、政府及其工作部门领导干部责任的重要事由。但这一制度中,因"重大事故对领导干部问责"只是问责情形之一,还包括选人用人等其他问责情形。而2018年的《地方党政领导干部安全生产责任制规定》是专项规范安全生产领导责任的制度,它"适用于县级以上地方各级党委和政府领导班子成员""坚持党政同责、一岗双责、齐抓共管、失职追责",明确规定地方各级党委主要负责人安全生产职责,如认真贯彻执行党中央以及上级党委关于安全生产的决策部署,把安全生产纳入党委议事日程、纳入党委常委会及其成员职责清单、坚持"一岗双责"制度等;地方各级党委常委会其他成员按照职责分工,抓好分管行业(领域)、部门(单位)的安全生产工作;县级以上地方各级政府主要负责人安全生产职责如组织制定安全生产规划并纳入国民经济和社会发展规划,在政府有关工作部门"三定"规定中明确安全生产职责等;县级以上地方各级政府其他领导干部安全生产职责如组织分管行业(领域)、部门(单位)贯彻执行党中央、国务院以及上级、本级党委政府关于安全生产的决策部署,安全生产方针政策、法律法规;指导分管行业(领域)、部门(单位)把安全生产工作纳入相关发展规划和年度工作计划等❷。一旦违反上述职责,对地方党政领导干部进行问责。2019年修订的《中国共产党问责条例》补充规定了"履行管理、监督职责不力,职责范围内发生重特大生产安全事故、群体性事件、公共安全事件,或者发生其他严重事故、事件,造成重大损失或者

---

❶ 《地方党政领导干部安全生产责任制规定》(2018)第4条。

❷ 《地方党政领导干部安全生产责任制规定》(2018)第5-9条。

恶劣影响的"情形作为追究党组织、党的领导干部责任的重要事由。这说明在安全生产领域进一步夯实了党组织及领导干部的责任,强化了安全监管党政同责的制度保障。

(二)重特大事故问责的要素

重特大事故问责的要素主要围绕问责主体、对象、事由、程序和方式予以阐述。

1. 重特大事故问责的主体

重特大事故问责主体的确定,必须遵循两个标准:一是按照属地原则,根据事故级别,确定由不同行政级别的政府组织调查和问责。这一规定见于2001年颁布的《国务院关于特大安全事故行政责任追究的规定》中,但没有规定具体提起、决定等程序;二是按照干部管理权限,由对领导干部有管理权限的上级部门予以问责。这集中见于《关于实行党政领导干部问责的暂行规定》中,对问责线索来源、问责建议、问责决定等作出了规定,从而对前一个标准起到了补充作用。

《生产安全事故报告和调查处理条例》中,比较详细地规定了安全事故报告和调查处理程序,由县级以上人民政府负责事故调查处理工作;事故发生地的地方人民政府予以支持、配合。事故发生后,事故现场有关人员或单位负责人接到报告后,应当立即向事故发生地县级以上人民政府安全生产监督管理部门和负有安全生产监督管理职责的有关部门报告❶。《国务院关于特大安全事故行政责任追究的规定》明确,调查报告应当包括依照本规定,对有关责任人员追究行政责任或者其他法律责任的意见。省、自治区、直辖市人民政府应当自调查报告提交之日起30日内,对有关责任人员作出处理决定;必要时,国务院可以对特大安全事故的有关责任人员作出处理决定❷,但并没有规定比较清晰的问责主体。究其原因,这一规定出台于2001年,当时还没有出台配套的问责制度。

此后,《行政机关公务员处分条例》将责任追究主体具体到任免机关或者监察机关,由其对因为不依法履行职责,引发爆炸、火灾、传染病传播流行、严重环境污染、严重人员伤亡等重大事故或者群体性事件进行问责。

而对领导干部问责,根据《关于实行党政领导干部问责的暂行规定》《地方党政领导干部安全生产责任制规定》,由纪检监察机关、组织人事部门和安全生产监管部门按照权限和职责,对"因为政府职能部门管理、监督不力而引发特别重大事故、连续发生重大事故造成重大损失或者恶劣影响"❸的情形,进行问责。

2. 重特大事故问责的对象

重特大事故问责的对象是对安全监管负有监管职责的公职人员。根据公职人员与重大事故发生之间是间接或直接的关系,可分为领导责任或直接责任。

---

❶ 《生产安全事故报告和调查处理条例》(2007)第5条、第9条。

❷ 《国务院关于特大安全事故行政责任追究的规定》(2001)第19条。

❸ 《关于实行党政领导干部问责的暂行规定》(2009)第5条。

在安全生产领域责任追究的专门性立法《国务院关于特大安全事故行政责任追究的规定》中，从职责配置的视角，明确了安全生产监管职责，规定“市（地、州）、县（市、区）人民政府应当组织有关部门按照职责分工对本地区容易发生特大安全事故的单位、设施和场所安全事故的防范明确责任。”“对本地区或者职责范围内防范特大安全事故的发生、特大安全事故发生后的迅速和妥善处理负责。”❶同时，具体规定了“隐患查处、排除、上报，特大事故上报、救助”❷等职责。该制度同时对领导责任追究作出了规定，明确市（地、州）、县（市、区）人民政府监管机构、审批机构、应当履行而未履行或者未按照规定履行，引发特大安全事故的，追究政府主要领导人的责任。社会影响特别恶劣或者性质特别严重的，由国务院对负有领导责任的省长、自治区主席、直辖市市长和国务院有关部门正职负责人的责任予以追究❸。对于“特大安全事故的防范、发生直接负责的主管人员和其他直接责任人员”的责任追究也作出了规定❹。同时，在《安全生产法》《生产安全事故报告和调查处理条例》对“直接负责的主管人员和其他直接责任人员”依法给予处分等做了强调❺。

《行政机关公务员处分条例》的处分范围，虽然没有明确追究引发“重大事故”追究领导责任，但其适用范围限定于负责监管安全生产领域的行政机关公务员❻，包括领导干部在内。

另外，有两部法规专门适用于领导干部问责。《关于实行党政领导干部问责的暂行规定》明确引发特大事故的追究“中共中央、国务院的工作部门及其内设机构的领导成员；县级以上地方各级党委、政府及其工作部门的领导成员，上列工作部门内设机构的领导成员”的责任。《地方党政领导干部安全生产责任制规定》是一部专门规范地方党政领导安全生产责任的法规，主要追究“县级以上地方各级党委和政府领导班子成员”在安全监管、事故发生、处置不利❼的责任。

3. 重特大事故问责的事由

重特大事故问责的事由，主要包括因失职失责导致重特大事故发生以及处置不利；阻挠干涉事故调理；迟报、漏报、谎报等情形。从规范角度分析，特大事故行政问责的事由集中体现在《国务院关于特大安全事故行政责任追究的规定》第 2 条，地方人民政府主要领导人和政府负责行政审批的部门或者机构、负责安全监督管理的有关部门公职人员对火灾、交通安全、建筑质量安全、危险品安全等领域对特大安全事故的防范、发生，依照法律、行政法规和本规定有失职、渎职情形或者负有领导责任的，依照本

❶ 《国务院关于特大安全事故行政责任追究的规定》（2001）第 4 条、第 6 条。

❷ 《国务院关于特大安全事故行政责任追究的规定》（2001）第 8 条、第 9 条、第 16 条、第 17 条。

❸ 《国务院关于特大安全事故行政责任追究的规定》（2001）第 14-16 条。

❹ 《国务院关于特大安全事故行政责任追究的规定》（2001）第 2 条。

❺ 《安全生产法》（2020）第 87-89 条；《生产安全事故报告和调查处理条例》（2007）第 39 条。

❻ 《行政机关公务员处分条例》（2007）第 2 条。

❼ 《地方党政领导干部安全生产责任制规定》（2018）第 2 条。

规定给予行政处分;构成玩忽职守罪或者其他罪的,依法追究刑事责任。同时,对特大安全事故发生后,隐瞒不报、谎报或者拖延报告等情形❶。

其他法规着眼于安全生产事故,如《地方党政领导干部安全生产责任制规定》对各级党委主要负责人、各级政府主要负责人、担任本级党委常委的分管安全生产工作的政府领导干部、县级以上地方各级政府其他领导干部的主要职责做了明确规定❷。履行上述职责不到位的,或者阻挠、干涉安全生产监管执法或者生产安全事故调查处理工作的;对迟报、漏报、谎报或者瞒报生产安全事故负有领导责任的;对发生生产安全事故负有领导责任的等情形❸,追究相关人员的责任。《安全生产法》规定了直接责任人员的追究事由,即负有安全生产监督管理职责的部门的工作人员,如果存在"有关地方人民政府、负有安全生产监督管理职责的部门,对生产安全事故隐瞒不报、谎报或者迟报的,对直接负责的主管人员和其他直接责任人员依法给予处分;构成犯罪的,依照刑法有关规定追究刑事责任"❹。

4.重特大事故问责的程序

在安全生产领域的专门性立法《生产安全事故报告和调查处理条例》中规定了"事故调查、事故处理"程序❺,特别重大事故由国务院或者国务院授权有关部门组织事故调查组进行调查。重大事故、较大事故、一般事故分别由事故发生地省级人民政府、设区的市级人民政府、县级人民政府负责调查。省级人民政府、设区的市级人民政府、县级人民政府可以直接组织事故调查组进行调查,也可以授权或者委托有关部门组织事故调查组进行调查。未造成人员伤亡的一般事故,县级人民政府也可以委托事故发生单位组织事故调查组进行调查。根据事故的具体情况,事故调查组由有关人民政府、安全生产监督管理部门、负有安全生产监督管理职责的有关部门、监察机关、公安机关以及工会派人组成,并应当邀请人民检察院派人参加,可以聘请有关专家参与调查。事故调查组应当自事故发生之日起60日内提交事故调查报告;特殊情况下,可以适当延长。事故责任的认定以及对事故责任者的处理建议,重大事故、较大事故、一般事故,负责事故调查的人民政府应当自收到事故调查报告之日起15日内作出批复;特别重大事故,30日内作出批复。问责由党委(党组)、政府按照干部管理权限,根据《关于实行党政领导干部问责的暂行规定》所规定的程序进行,或者由任免机关依照《行政机关公务员处分条例》规定的权限和程序,应当按照人民政府的批复,对负有事故责任的国家工作人员进行处分。负有事故责任的人员涉嫌犯罪的,依法追究刑事责任。对于监察机关主导的责任追究,由监察机关依照《公职人员政务处分法》规定的程序予以处理。

---

❶ 《国务院关于特大安全事故行政责任追究的规定》(2001)第16条。

❷ 《地方党政领导干部安全生产责任制规定》(2018)第5-9条。

❸ 《地方党政领导干部安全生产责任制规定》(2018)第18条。

❹ 《安全生产法》(2014)第87条、第107条。

❺ 《生产安全事故报告和调查处理条例》(2007)第三章事故调查、第四章事故处理。

5. 重特大事故问责的方式

重特大事故问责有领导干部尚未构成违纪的问责处理、处分或政务处分、移送司法三种处理方式。《关于实行党政领导干部问责的暂行规定》对引发特别重大事故或在较短时间内连续发生重大事故、事件、案件,造成重大损失或者恶劣影响的,对负有责任的党政领导干部实行问责的方式分为:责令公开道歉、停职检查、引咎辞职、责令辞职、免职[1]。《地方党政领导干部安全生产责任制规定》对发生安全事故的责任人员,应当根据情况采取通报、诫勉、停职检查、调整职务、责令辞职、降职、免职或者处分等方式问责,并将责任处理与考核评优、评选先进相挂钩,受到处分者,不得晋升职务、级别或者重用任职。同时,区分情形轻重,对造成伤亡、损失扩大,或者造成严重社会影响的从重处理;对主动补救减少损失或者挽回社会不良影响的,从轻、减轻处理;对已经全面履行职责的,不予追究领导责任;负有领导责任且失职失责性质恶劣、后果严重的,终身追究其责任[2]。

《国务院关于特大安全事故行政责任追究的规定》明确,地方人民政府和政府有关部门,比照本规定给予行政处分。对于影响特别恶劣、性质特别严重的,国务院对负有领导责任的省长、自治区主席、直辖市市长和国务院有关部门正职负责人给予行政处分。特大安全事故发生后,有关地方人民政府及政府有关部门隐瞒不报、谎报或者拖延报告的,对政府主要领导人和政府部门正职负责人给予降级的行政处分[3]。在其后制定出台的《行政机关公务员处分条例》集中规定"不依法履行职责,致使可以避免的爆炸、火灾、传染病传播流行、严重环境污染、严重人员伤亡等重大事故或者群体性事件发生的"给予"记过、记大过处分;情节较重的,给予降级或者撤职处分;情节严重的,给予开除处分"。构成玩忽职守罪或者其他罪的,依法追究刑事责任。《地方党政领导干部安全生产责任制规定》补充规定了"涉嫌职务违法犯罪的,由监察机关依法调查处置"[4]的规定。

(三)重特大事故问责的实施

由于重特大事故风险大、危害大,对人民生命财产安全、国家安全、公共安全、环境安全、社会秩序构成了重大威胁。以问责为抓手,倒逼公职人员特别是领导干部强化安全生产监管责任是化解风险、降低损害的重要途径。从制度层面,不同部门出台了多部涉及重特大事故问责的规定,对开展重特大事故问责起到了一定的规范作用。但在问责实践中,也暴露了一些亟待解决的问题。

一是完善问责的程序设计。

重特大事故问责程序规定散见于不同的法规制度中,主要存在如下问题:其一,缺少完善统一的问责程序。如,程序不完善,表现为程序规定不具体、不明确、不全面。关于

---

[1] 《关于实行党政领导干部问责的暂行规定》(2009)第7条。
[2] 《地方党政领导干部安全生产责任制规定》(2018)第19-24条。
[3] 《国务院关于特大安全事故行政责任追究的规定》(2001)第2条、第15-16条。
[4] 《地方党政领导干部安全生产责任制规定》(2018)第19条。

重特大事故的责任追究尚没有形成一个完备的环环相扣的程序体系。在《生产安全事故报告和调查处理条例》中，规定了事故报告、调查处理程序，在问责环节，仅规定了对“对负有事故责任的国家工作人员进行处分”“构成犯罪的，依法追究刑事责任”。但由哪个主体进行处分并没有明确，对公务员及领导干部如何问责也没有规定具体的程序。在《行政机关公务员处分条例》中规定了公务员处分的程序，但并没有涉及尚未构成违纪的领导干部问责的情形。在《关于实行党政领导干部问责的暂行规定》中，规定了党政体制内对领导干部重特大事故问责的程序，但对问责干部的权利保障、复出等程序性规定并不完备。另外，还存在程序不统一，体现为党政问责程序不一致。2019 年修订的《中国共产党问责条例》全面规范了启动、调查、报告、审批、实施等各个环节，赋予了被问责人的陈述和申辩、申诉等权利，对问责领导干部的复出作出了权威规定。但该《条例》只适用于追究党组织和党的领导干部在重特大事故中的责任，尚不能覆盖到行政领导干部。虽然在《关于实行党政领导干部问责的暂行规定》中的程序性规定及于行政部门的领导干部，《行政机关公务员处分条例》中也涉及对引发重大事故责任人员问责的程序性规定。但总体上，党政问责程序处于零散状态，不同的问责主体对不同问责对象的问责，缺少顺畅的程序衔接，不利于对重特大事故展开及时有效的问责。鉴于重特大事故对国计民生的影响甚大，应根据重特大事故的特点，整合现有程序性规定，制定统一的问责程序制度，覆盖举报、立案、调查、证据审查、申辩、审议、决定、复议、申诉、责任追究、执行（实施）等责任追究环节，为开展问责提供清晰权威的程序保障。

二是加大程序的公开透明度。

程序的核心在于公开透明与民主参与。重特大事故的调查和问责过程，都是在党组织或政府主导下完成的。从整个问责流程来看，属于同体问责的制度设计，问责标准不明确，问责过程不透明，公众力量难以介入其中。重特大事故发生后，由于事故发生地的领导人员存在可能影响政绩、影响经济发展、给民众带来恐慌等顾虑，隐瞒不报、谎报或者拖延报告的情况时有发生，这导致事故不能够及时处理，容易引发连锁、次生事故，这方面的教训是非常沉痛的。究其原因，虽然现行制度规定了公众有向安全生产监督管理部门或负有监管职责的部门进行事故举报，对事故报告和调查处理中的违法行为，任何单位和个人有向有关部门举报的权利❶。但缺少更具可操作性的制度、机制保障。

在重特大事故调查环节，目前的做法是根据事故的级别，成立由不同层级的政府部门组成的调查组，成员多是行政机关的公职人员，也包括一些专业技术人员，但尚未允许新闻媒介、利害关系人或者其他社会公众参与到调查活动当中。调查组提出处理建议，由政府及其有关部门作出处理决定，特别是对于性质恶劣、后果严重的事件会引发终身责任追究，这是比较严厉的处理方式，会对被问责人产生重大影响。而问责标准具有模糊性，如重特大事故“造成重大损失或者恶劣影响的”要予以问责，“性质恶劣、后果严重”的要终身追究责任，但现行制度并没有回答怎样才是“重大”损失、“恶

❶ 《生产安全事故报告和调查处理条例》（2007）第 8 条、第 18 条。

劣”影响、性质“恶劣”、后果“严重”。由于调查过程的不公开、不透明，公众参与的缺失，在一定程度上影响了问责的客观性、科学性。同时，也不利于公众对事故调查过程的监督。所以，必须提升公众在重特大事故责任追究中的地位和作用。我国现行制度按照“谁授权、谁问责”的原则，体现为按照干部管理权限的同体问责。党的组织系统的领导干部由党委(党组)决定问责；政府及其相关机构的领导干部由产生它的权力机关人民代表及其常委会大会根据有关部门提出的罢免或免职、撤职建议，作出罢免或免职、撤职决定。由政府直接任命的部门干部由政府决定问责。对于党和政府体制，为更充分体现“权力来源于人民”，应适度增加异体问责的制度设计，同时增加体制外公众参与的力度。一是要明确人大在责任追究中的决定性作用。二是增强媒体的作用。三是发挥公民及社会团体的作用。特别是在程序设计中应充分考虑体制外社会舆论因素的参与，才能做出令公众和当事人接受的处理结果。为了使追责程序更加具体透明，应当完善举报人的人身等权利保障、举报人的物质奖励等配套制度，畅通公众监督、举报违法违规行为的渠道，才能为公众行使监督权、参与问责过程提供保障，作出令公众和当事人接受的客观、公正的处理结果。

在《中共中央关于制定国民经济和社会发展第十四个五年规划和二〇三五年远景目标的建议》中，明确“坚持人民至上、生命至上，把保护人民生命安全摆在首位，全面提高公共安全保障能力。完善和落实安全生产责任制，……有效遏制危险化学品、矿山、建筑施工、交通等重特大安全事故”。今后，根据经济社会发展的需要，应不断完善安全生产责任制度，夯实党政领导干部责任体系，为保障人民生命财产安全，提供更为坚实的制度保障。

二、重大行政决策问责

对重大行政决策问责的阐述，必须首先厘清“行政决策”的内涵与外延。著名政治学家王惠岩将“决策”作了广义和狭义的区分：“广义的理解把决策看作一个过程，一般包括信息、设计、决策、执行、反馈等几个基本环节。狭义的理解又有两种：一是指决策形成过程，包括信息、设计、抉择等三个环节，不包括决策的实施；二是把决策理解为决策过程中的‘抉择’即只包括‘抉择’一个环节，在它之前，是决策准备阶段，在它之后是决策实施阶段。”[1]本书采纳“广义”的观点，同时将“决策实施”纳入分析范围。所谓行政决策是指在既定的政策环境下，决策主体通过包括发现问题、分析信息、拟制方案、议程设置与方案抉择等主要步骤制定一定的政策，并付诸实施，解决发展运行中的问题，影响并制约着政策目标群体的价值、利益与行为。

“重大”二字限定了行政决策的外延。党的文件中对“决策”的要求，最早见于1994年9月党的十四届四中全会通过的《中共中央关于加强党的建设几个重大问题

[1] 王惠岩：《政治学理论》，《王惠岩文集》第一卷，中国大百科全书出版社、党建读物出版社2007年版，第388-391页。

的决定》,明确了"凡属方针政策性的大事,凡属全局性的问题,凡属重要干部的推荐、任免和奖惩""重大问题的决定,要充分酝酿、协商和讨论,并按照少数服从多数的原则表决"。1996 年第十四届中央纪委第六次全会公报,对党员领导干部"三重一大"决策提出了纪律要求:"认真贯彻民主集中制原则,凡属重大决策、重要干部任免、重要项目安排和大额度资金的使用,必须经集体讨论作出决定。"这是首次提出"重大决策"的概念。2005 年中共中央颁布的《建立健全教育、制度、监督并重的惩治和预防腐败体系实施纲要》第 6 款第 13 条提出:"加强对领导机关、领导干部特别是各级领导班子主要负责人的监督。要认真检查党的路线、方针、政策和决议的执行情况,监督民主集中制及领导班子议事规则落实情况,凡属重大决策、重要干部任免、重大项目安排和大额度资金的使用,必须由领导班子集体作出决定。"在国家层面最早出台"三重一大"的规范性文件,是 2010 年中共中央办公厅、国务院办公厅颁布《关于进一步推进国有企业贯彻落实"三重一大"决策制度的意见》(以下简称《"三重一大"决策制度的意见》),为进一步规范决策行为,防范决策风险,提出凡属重大决策、重要人事任免、重大项目安排和大额度资金运作(简称"三重一大")事项,国有企业党委(党组)、董事会、未设董事会的经理班子等决策机构要依据各自的职责、权限和议事规则,集体讨论决定"三重一大"事项,防止个人或少数人专断。严格来说,后三项是对具体事项的安排作出决定,而第一项的"重大决策"包含了各个部门、单位的决策事项。不同地区、部门根据自身情况,制定了不同的标准。如在《"三重一大"决策制度的意见》中,"重大决策"的标准是什么?结合国有企业的特点,主要指"企业贯彻执行党和国家的路线方针政策、法律法规和上级重要决定的重大措施,企业发展战略、机构调整等方面的重大决策"。2010 年《交通运输部党组关于进一步健全完善"三重一大"决策机制的指导意见》,对"三重一大"所包含的主要事项作出了相对具体的规定,主要原则是从本单位的运行和发展出发,重大决策如"本单位中长期发展规划、年度计划的研究制订,财务预决算及预算的调整,本单位重要制度的立、改、废,机构设置和调整、人员编制方案等",并要求随着党和国家大政方针及本单位发展实际不断加以完善。但这类决策具有明显的内部性特征,主要是与本部门、本单位发展大局相关事项的决策,不具有公共属性。但 2016 年印发的《地方委员会工作条例》、2019 年修订的《党组工作条例》均规定党委、党组有权对本地区、本单位重大问题作出决策。其中的一些事项与民众利益息息相关,这类决策事项便具有了公共属性。十八届四中全会提出"健全依法决策机制,明确规定重大行政决策法定程序"的要求。我国 2019 年 9 月实施的《重大行政决策程序暂行条例》(以下简称《暂行条例》)明确了重大行政决策的范围,县级以上地方人民政府重大行政决策限定于针对不特定主体的公共决策等涉及重大公共利益或者社会公众切身利益的其他重大事项,如制定有关公共服务、市场监管、社会管理、环境保护等方面的重大公共政策和措施;制定经济和社会发展等方面的重要规划;制定开发利用、保护重要自然资源和文化资源的重大公共政策和措施;决定在本行政区域实施的重大公共建设项目;决定对经济社会发展有重大影响、涉及重大公共利益或者社会公众切身利益的其他重大事项❶,如果将"重大行政决策"限定于《暂行条例》所规定的范围,"重大行政决策"具有鲜明的公共决策属性。

虽然"重大决策"在各地区、各部门、各单位的法规文件中予以落实,"重大行政决策"也纳入到了国务院的条例之中,但在传统行政法体系中,尚未见"决策"这一用语。关于行政决策的性质,理论研究并不充分❷,在学术界也存在一定的争议。目前的行政法学主体框架多以抽象行政行为和具体行政行为作为行政行为的主要类别❸,重大行政决策能否纳入其中？有学者认为:"行政决策行为兼具抽象行政行为与具体行政行为的特性,比如《国家中长期教育改革和发展规划》就具有抽象性的特点,某个重大投资项目的决策又具有具体性的特点。"❹依此标准,从学理上讲,重大决策的范围既可能是抽象行政行为,也可能是具体行政行为。但这一观点将决策扩大到了"三重一大"中的"重大决策"和"重大事项",宜只针对"三重一大"中的"重大问题决策"作为探讨对象,同时要分析抽象行政行为与具体行政行为的分类标准。二者以是否针对"特定对象的特定行为、事项"而作出行政行为的区分,核心词是"特定对象",即是否是针对特定主体的某些行为或者事项作出划分。从上述事由来看,即使是具体到每个单位的"重大问题决策",涉及的也都是本单位不特定的对象。《暂行条例》规定的事项更倾向于公共性。从这一层面来看,无论具有内部决策特征的"重大决策"或具有公共属性的"重大行政决策",都宜纳入抽象行政行为的范畴。目前,抽象行政行为尚未纳入司法审查范围。行政体制内针对重大行政决策的问责,对于规范行政行为,推进科学、民主、依法决策具有重要作用。

我国对重大行政决策问责的关注,始于党的十八届四中全会。会议通过的《中共中

---

❶ 《重大行政决策程序暂行条例》(2019)第3条:"制定有关公共服务、市场监管、社会管理、环境保护等方面的重大公共政策和措施;制定经济和社会发展等方面的重要规划;制定开发利用、保护重要自然资源和文化资源的重大公共政策和措施;决定在本行政区域实施的重大公共建设项目;决定对经济社会发展有重大影响、涉及重大公共利益或者社会公众切身利益的其他重大事项。"

❷ 早在20世纪90年代,杨海坤教授在《中国行政法的基本理论》一书中指出:"根据行政管理活动过程不同阶段和性质,行政行为可以分为行政决策行为、行政立法行为、行政执法行为、行政司法行为和行政补救行为等。"参见陈庆云:《公共政策分析》,北京:北京大学出版社,2006年版,第6页,转引自杨红:《地方政府重大行政决策程序研究——以文本分析为视角》,《甘肃政法学院学报》2013年第6期。

❸ "抽象行政行为是相对于具体行政行为的一个学术概念。行政行为依据其适用范围可以分为抽象行政行为和具体行政行为。这种区分,既是行政法学理论的一种划分,也是法律制度学认同和常用的一种划分。"参见马竞遥:《抽象行政行为的合法性审查及其制度完善》,《广东行政学院学报》2019年第1期。

❹ 具体行政行为,是指国家行政机关和行政机关工作人员、法律法规授权的组织、行政机关委托的组织或者个人在行政管理活动中行使行政职权,针对特定的公民、法人或者其他组织,就特定的具体事项,作出的有关该公民、法人或者其他组织权利义务的单方行为。简而言之,即指行政机关行使行政权力,对特定的公民、法人和其他组织作出的有关其权利义务的单方行为。抽象行政行为主要包括行政立法行为和其他抽象行政行为。行政立法行为,主要指国家行政机关依法定职权与程序,制定行政法规或行政规章的活动;其他抽象行政行为,主要指行政机关针对广泛的、不特定的人或事制定效力级次在行政法规、规章之下的其他规范性文件以及规定行政措施、发布决定和命令的行为。

央关于全面推进依法治国若干重大问题的决定》中，要求建立重大决策终身责任追究制度，对决策严重失误或者依法应该及时作出决策但久拖不决造成重大损失、恶劣影响的，严格追究行政首长、负有责任的其他领导人员和相关责任人员的法律责任。作出决策的行政首长、参与决策的领导人员及相关责任人员，无论被调离、辞职、辞退或者退休，都要终身追究责任。这一要求落实在《重大行政决策程序暂行条例》的规范制度中。

（一）重大行政决策问责的概念及特点

重大行政决策问责，是针对作出重大行政决策中的违规、失职行为或执行过程中发生的不良后果予以责任追究。从目前制度规范的角度分析，重大行政决策问责追究包括三个方面的内容：一是违反行政决策程序。表现为违反民主集中制原则，个人或者少数人决定重大事项，或者拒不执行、擅自改变集体作出的重大决定的将依法追究责任❶。二是重大行政决策失误造成严重后果或重大损失的，应当及时作出决策而久拖不决造成重大损失、恶劣影响的，应当倒查责任，终身追究重大行政决策失误者的责任。三是决策承办单位或者承担决策有关工作的单位未按照规定履行或者履行决策程序时失职渎职、弄虚作假的；决策执行单位拒不执行、推诿或拖延执行重大行政决策，或者对执行中发现的重大问题瞒报、谎报或者漏报的将依法追究责任❷。重大行政决策问责具有如下特点：

1. 责任承担贯彻“谁决策、谁负责”

早在2004年国务院颁布的《全面推进依法行政实施纲要》中确立了“谁决策、谁负责”的原则，要求“建立健全决策责任追究制度，实现决策权和决策责任相统一”❸，这符合“行为人作为意志自由的主体对自己行为负责”的基本归责原理。重大决策实行“集体决策制”。从现行制度着手分析，《国务院工作规则》、各地政府重大决策规则中都确立了政府重大决策集体决定的原则。《暂行条例》第30条规定，决策要经决策机关常务会议或者全体会议讨论，决策机关行政首长在集体讨论的基础上作出决定。而且与会人员充分发表意见后，行政首长最后表态。另外，我国党政合一的体制，政府的重大决策也要向党委（党组）汇报。而对党委（党组）决策的范围，党内法规做了更明确的规定。《中国共产党地方委员会工作条例》《中国共产党党组工作条例》对党委（党组）负责决定的事项均规定，重大决策应通过调查研究、征求意见、风险评估、合法性审查等程序，集体讨论作出决定❹。具体到不同的单位或部门，根据负责制的不同，

---

❶ 《公职人员政务处分法》(2020)第30条。

❷ 《重大行政决策程序暂行条例》(2019)第38-40条。

❸ 该原则较早出现在2004年国务院颁布的《全面推进依法行政实施纲要》中。

❹ 《中国共产党党组工作条例》(2019)第31条规定：“党组作出重大决策，一般应当经过调查研究、征求意见、充分酝酿等程序，按照规则由集体讨论和决定。”《中国共产党地方委员会工作条例》(2016)第20条规定：“党的地方委员会及其常委会议事决策应当坚持集体领导、民主集中、个别酝酿、会议决定，实行科学决策、民主决策、依法决策。”第21条规定：“党的地方委员会及其常委会应当健全决策咨询机制，重大决策一般应当在调查研究基础上提出方案，充分听取各方面意见，进行风险评估和合法合规性审查，经过全会或者常委会会议讨论和决定。”

大体有两种决策形态：一是实行党委领导下行政首长负责制的地区或者部门，涉及“三重一大”事项由党委（党组）会集体决策。二是实行行政首长负责制的地区或者部门，涉及“三重一大”事项，由党委（党组）会或党政联席会集体决策。无论采用何种决策形式，都必须按照集体领导、民主集中、个别酝酿、会议决定的要求，在充分发扬民主的基础上，按少数服从多数的原则，集体讨论决定。所以，重大行政决策的决策主体是“作出决策的集体”，由领导集体来承担责任。

2. 集体责任与个人责任兼顾

按照“集体决策、集体负责”的原则，如果只确定集体责任，不落实每位参与决策者的责任，很容易导致“法不责众”“责任区分不清”。近年来，随着制度的完善，确立了追究集体决策责任和个人决策责任兼顾的原则，发生重大决策失误时，既追究集体决策责任，也追究个人决策责任。如何明确参与集体决策的每个个体的责任？我国现行制度规定了集体决策会议记录机制，准确记录集体决策主持、动议、赞成、反对和弃权等关键信息，做到集体责任追究时“有据可查”。如《暂行条例》规定：“集体讨论决定情况应当如实记录，不同意见应当如实载明。并建立决策过程记录和材料归档制度。”[1]记录的信息、特别是决策环节的表态信息决定了对决策失误是否承担责任。《暂行条例》第 38 条规定：“决策机关集体讨论决策草案时，有关人员对严重失误的决策表示不同意见的，按照规定减免责任。”对于决策失误，除了追究负有责任的党政一把手和其他领导人员的责任，还要依法追究直接责任人员的相应责任。除了决策失误责任，还对违反程序、拒不执行决策、拖延执行等情形追究上述人员的相应责任。《公职人员政务处分法》第 10 条作出了类似规定，集体作出的决定违法或者实施违法行为的，给予直接责任人员和负有领导责任的人员以政务处分。

3. 程序责任与结果责任并重

追究重大行政决策的责任，既包括程序责任，也包括结果责任，但二者问责标准不同。程序问责是一种过程问责，不要求发生严重的后果，只要违反程序性规定，即可追究责任；而结果问责则要求发生比较严重的行为后果，才追究相应的责任。对于重大行政决策，这两种情形都会予以责任追究，体现出过程性问责与结果性责任追究相结合，扎紧了责任的牢笼。如《暂行条例》进一步明确了重大行政决策事项范围，规定了公众参与、专家论证、风险评估程序，明确“合法性审查、集体讨论决定”为必经程序，并对决策启动和决策公布、执行、评估、调整提出了要求[2]。第 38 条规定，决策机关违反本条例规定的，由上一级行政机关责令改正，对相关人员依法追究责任。该条例主要规定了决策程序，违反程序性按规定应予追究责任，而结果责任集中体现在决策失误或决策执行失误造成损失方面。如第 38 条规定，决策失误造成重大损失、恶劣影响的，实行终身责任追究。对此，《行政机关公务员处分条例》也作了相关规定。

---

[1] 《重大行政决策程序暂行条例》(2019)第 17 条、第 33 条。

[2] 《重大行政决策程序暂行条例》(2019)第二-四章。

（二）重大行政决策问责的要素

重大行政决策问责的要素主要包括问责主体、问责对象、问责事由、问责程序、问责方式。

1. 重大行政决策问责的主体

不同的制度对重大行政决策问责主体的设定也不同。在政府序列，重大行政决策的问责主体为“上一级行政机关或任免机关”，对决策承办或执行主体由决策机关问责。这集中体现在《暂行条例》中，“决策机关违反本条例规定的，由上一级行政机关责令改正”，情节更为严重的情形，虽然没有明确，但推定应仍由“上一级行政机关予以问责”；对于“决策承办单位存在违规、失职渎职等情形，决策执行单位拒不执行、推诿执行、拖延执行重大行政决策”等情形，由决策机关问责❶。而决策机关通常为承办或执行单位的上级行政机关，《行政机关公务员处分条例》规定由任免机关或监察机关❷对“负有领导责任的公务员”违反议事规则的违法行为按照管理权限给予处分❸。但也存在例外情形。对全国人大及常务委员会决定产生的国务院组成人员、地方各级人大及其常务委员会选举或者决定产生的地方各级人民政府领导人员给予处分，由国务院或上一级人民政府决定。但作出撤职、开除处分，须先由国务院或同级人民政府向同级人大或其常委会提出罢免或免职、撤职建议。对地方各级人民政府工作部门正职领导人员给予处分，由本级人民政府决定。其中，拟给予撤职、开除处分的，由本级人民政府向同级人民代表大会常务委员会提出免职建议❹。在《关于实行党政领导干部问责的暂行规定》中，明确“决策严重失误，造成重大损失或者恶劣影响的”对党政领导干部实行问责，按照干部管理权限进行❺。干部管理权限，是指中央和地方各级党委管理干部的职权范围和责任范围。我国干部管理权限一般遵循“下管一级”的原则，但也有例外情形，如跨级管理的中管、省管干部，但此类情形并不多见。一般由纪检监察机关或者组织人事部门按照权限和程序进行调查后，对需要实行问责的，按照干部管理权限向问责决定机关提出问责建议。

2. 重大行政决策问责的对象

重大行政决策问责对象是行政决策者，也包括决策执行者和承办者。对于重大公共行政决策，根据《国务院工作规则》《重大行政决策程序暂行条例》以及各地制定的重大行政决策规则，重大行政决策问责的对象包括国务院及其所属部委、各级地方人民政府及其所属政府部门等决策机构及决策执行单位、决策承办单位。而党委（党组）

---

❶ 《重大行政决策程序暂行条例》(2019)第38-40条。

❷ 2018年3月《中华人民共和国监察法》颁行后，2007年6月实施的《行政机关公务员处分条例》尚未及时修改。此处关于监察机关职责的规定，按照新法优于旧法的原则，应优先适用《监察法》。

❸ 《行政机关公务员处分条例》(2007)第19条、第34条、第39条。

❹ 《行政机关公务员处分条例》(2007)第19条、第34-37条。

❺ 《关于实行党政领导干部问责的暂行规定》(2009)第5条。

作出的重大决策的问责对象是本地区(本单位)的领导班子,而各单位"三重一大"中"重大决策"的问责对象是各单位的领导班子,包括实行党委领导下的行政首长负责制的单位以及实行行政首长负责制的单位。无论是政府机关及其部门还是下属各单位,不但会问责领导班子的集体责任,还要追究班子成员的责任。如果有涉事的直接责任者,还要追究直接责任人的责任。

3. 重大行政决策问责的事由

重大行政决策问责的事由,大体可以分为三种情形:即违反程序责任;决策失误责任、拖延决策责任;拒不执行责任、拖延执行责任。领导班子决策的程序要求是"集体领导、民主集中、个别酝酿、会议决定"的原则,由各单位按照党委领导下的行政首长负责制、行政首长负责制等责任形式而采取"党委(党组)会、党政联席会"等不同的会议形式作出集体决策。而"重大行政决策"的程序要求是"公众参与、专家论证、风险评估、合法性审查、集体讨论决定"。对于违反程序性规定、决策失误等问责,《中华人民共和国监察法》规定得很笼统,从"对公职人员依法履职、秉公用权、廉洁从政从业等进行监督检查"❶的规定来看,应包括决策职责在内。《公职人员政务处分法》第30条作出了细化,"违反民主集中制原则,个人或者少数人决定重大事项,或者拒不执行、擅自改变集体作出的重大决定的",对其进行政务处分。《重大行政决策程序暂行规定》规定,决策机关违反本条例规定(该条例主要是程序性规定),造成决策严重失误,或者依法应当及时作出决策而久拖不决,造成重大损失、恶劣影响的,都要对决策机关行政首长、负有责任的其他领导人员和直接责任人员依法追究责任。同时,决策承办单位或执行单位也要承担相应责任。决策承办单位或者承担决策有关工作的单位未按照本条例规定履行决策程序或者履行决策程序时失职渎职、弄虚作假的,决策执行单位拒不执行、推诿执行、拖延执行重大行政决策,或者对执行中发现的重大问题瞒报、谎报或者漏报的,由决策机关责令改正,对负有责任的领导人员和直接责任人员依法追究责任❷。在各地区、部门制定的规范"三重一大"的制度中,也规定了相应的追究责任的事由,如《交通运输部党组关于进一步健全完善"三重一大"决策机制的指导意见》规定,不履行或不正确履行"三重一大"事项议事规则和决策程序,不执行或擅自改变集体决定的、以个人决策代替集体决定等违反程序的情形;未提供全面真实情况而造成决策失误的、执行决策后发现失误等情形,要依据有关规定追究责任。

4. 重大行政决策问责的程序

重大行政决策的问责程序,并没有统一的规定。散见于各类问责性规范文件中。《重大行政决策程序暂行条例》规定了追究重大行政决策失误等相关责任,"对决策机关行政首长、负有责任的其他领导人员和直接责任人员依法追究责任",但如何处置当事人,并没有作出直接的程序规定。尚未构成违纪的决策失误的处置程序,在《关

❶ 《中华人民共和国监察法》(2018)第11条。

❷ 《重大行政决策程序暂行条例》(2019)第38-40条。

于实行党政领导干部问责的暂行规定》中作出了规定。对“决策严重失误，造成重大损失或者恶劣影响的”情形，按照干部管理权限，遵照如下程序予以问责[1]：纪检监察机关、组织人事部门对党政领导干部应当问责的线索按照权限和程序进行调查后，向问责决定机关提出问责建议，同时向问责决定机关提供有关事实材料和情况说明，以及需要提供的其他材料；问责决定机关应当听取被问责的党政领导干部的陈述和申辩，并采纳其合理意见；问责决定机关按照干部管理权限，经领导班子集体讨论作出问责决定，制作《党政领导干部问责决定书》并应当送达被问责的党政领导干部本人及其所在单位；组织人事部门应当及时将被问责的党政领导干部的有关问责材料归入其个人档案；被问责的党政领导干部对问责决定不服的，可以向问责决定机关提出书面申诉，但申诉期间不停止问责决定的执行。如果情节比较严重，需要处分的，根据《行政机关公务员处分条例》规定的程序处理[2]。监察机关作为专责机关的政务处分问责，应遵从《公职人员政务处分法》的规定[3]：监察机关对涉嫌违法的公职人员进行调查；听取被调查人的陈述和申辩，并记录在案；调查终结后，监察机关应当根据不同情况，分别作出政务处分决定，撤销案件，免予、不予政务处分决定，依法移送主管机关处理，并制作政务处分决定书，及时送达被处分人和被处分人所在机关、单位；公职人员对监察机关作出的涉及本人的政务处分决定不服的，可以依法提出申请复审、复核。

5. 重大行政决策问责的方式

对重大行政决策问责的处理分为三类情形：尚未构成违纪的问责、任免机关的处分、专职机关的政务处分。

《关于实行党政领导干部问责的暂行规定》对尚未达到处以纪律处分的“决策严重失误，造成重大损失或者恶劣影响”的行为，对党政领导干部处以“责令公开道歉、停职检查、引咎辞职、责令辞职、免职”的问责方式[4]，并规定了从重、从轻问责的情节。如果情节比较严重构成处分的，根据《行政机关公务员处分条例》的规定，“给予警告、记过或者记大过处分；情节较重的，给予降级或者撤职处分；情节严重的，给予开除处分”[5]。出现“在共同违法违纪行为中起主要作用、隐匿、伪造、销毁证据等情形，应加强处分；而主动交代违法违纪行为、主动采取措施，有效避免或者挽回损失”等情节应从轻处分[6]。由专职机关查处的案件，需要处以政务处分的，《公职人员政务处分法》规定对“违反民主集中制原则，个人或者少数人决定重大事项，或者拒不执行、擅自改变集体作出的重大决定的”予以警告、记过或者记大过；情节严重的，予以降级或者撤职。其中由任免机关执行的处分与由专职机关执行的政务处分，“警告、记过或者记

[1] 《关于实行党政领导干部问责的暂行规定》(2009)第12-20条，第22-23条。

[2] 《行政机关公务员处分条例》(2007)第19条、第39条。

[3] 《公职人员政务处分法》(2020)第4章、第5章。

[4] 《关于实行党政领导干部问责的暂行规定》(2009)第5条、第7条。

[5] 《行政机关公务员处分条例》(2007)第19条。

[6] 《行政机关公务员处分条例》(2007)第12条、第13条。

大过处分；降级或者撤职、开除”几类处分方式是相同的。二者的最大区别在于问责主体的不同。

需要注意的是，2019 年的《重大行政决策程序暂行条例》将党的十八届四中全会提出的“要求健全依法决策机制，重大决策终身责任追究制度及责任倒查机制”的要求落实到了具体法规条文中，明确决策“造成重大损失、恶劣影响的，应当倒查责任，实行终身责任追究”，这意味着无论责任人离职、辞职，还是退休等，一旦发现有违反规定的情形，都应追究相应的责任。

（三）重大行政决策问责制的实施

重大行政决策具有因素复杂、事关重大、影响深远等特点。通过问责制推动实现重大行政决策的科学化、民主化，规范化，是法治政府建设的重要任务。自党的十八大提出“坚持科学决策、民主决策、依法决策，健全决策机制和程序”“建立决策问责和纠错制度”以来，重大行政决策问责制度逐步趋于完善。相关内容散见于《公职人员政务处分法》《重大行政决策程序暂行条例》《行政机关公务员处分条例》等国家法律和行政法规，以及《关于实行党政领导干部问责的暂行规定》等法规中。问责主体上，确立了“行政机关、专责机关”双管齐下的问责体制；问责客体上，明确了领导干部与直接责任人员并重的追究机制；问责事由上，规定的“违反程序”“决策失误”“决策执行不到位”等基本覆盖决策各个环节；问责程序上，规范了纪前问责、处分、政务处分的程序流程；问责处置上，区分情节轻重给予不同的处理。针对问责情形轻重，情节较轻的，设计了纪前的责令公开道歉、停职检查、引咎辞职、责令辞职、免职等问责形式；情节较重的，设计了“警告、记过或者记大过处分、降级、撤职、开除的处分形式”。

但在制度运行过程中，由于问责规范分散，制度的体系化程度不高，逐步暴露了基本范畴界定不清晰、问责事由设定不严密、问责方式不衔接等问题。

一是重大行政决策仅指公共决策，抑或包括领导班子决策？

从制度演进的脉络分析，早期对领导班子决策机制的规范，与党的十八大以后重大行政决策制度处于并行状态。但领导班子对“重大问题的决策”与后来提出的“重大行政决策”是什么关系，并没有权威的阐释。从制度规范的范围来看，“重大问题决策”规范的是关于各个地区、单位、部门的领导干部对于管辖范围内的重大问题必须经集体讨论作出决定的制度。如果该领导班子负有公共管理职责，那么其职责范围内的“重大问题”，不但包括内部决策，还包括推进实施“公共决策”的事项；如果该单位或部门职责不具有鲜明的公共性，则决策更多地体现为内部决策。党的十八届四中全会提出了健全依法决策机制，把“公众参与、专家论证、风险评估、合法性审查、集体讨论决定”确定为重大行政决策的法定程序，其中“公众参与”表明决策具有公共属性。《重大行政决策程序暂行条例》明确规定重大行政决策是指公共决策，领导班子对重大问题的决策主要指领导班子集体决策。二者是两类不同属性的决策事项，各自具有不同的特点：

第一,决策范围不同。公共决策主要包括涉及重大公共利益的重大公共政策或措施,如"制定有关公共服务、市场监管、保护重要自然资源和文化资源等方面的重大公共政策和措施;制定经济和社会发展等方面的重要规划;重大公共建设项目以及涉及重大公共利益或者社会公众切身利益的其他重大事项"等。而领导班子决策一般是本地区、本单位、本部门"涉及方针政策等全局性的如中长期发展规划,财务预决算及预算的调整,党的建设、队伍建设、精神文明建设、反腐败工作"等重大事项等。第二,影响范围不同。公共决策影响范围广泛,及于行政管辖范围内的与该决策相关的所有受众;而领导班子决策在未全面实施前仅及于本单位、本部门。第三,影响后果不同。如果发生决策失误,公众决策往往引发比较严重的损失,造成不良的社会影响;而领导班子决策失误有可能对本地区产生重大影响,也可能只对本单位、本部门的职工产生影响,即使决策内容涉及推进实施某项公共决策,在尚未全面执行前,影响仍然局限于内部。为此,必须厘清重大行政决策与领导班子"重大问题决策"之间的边界,把握不同决策类型的特点,对"公共决策"和"领导班子决策"分别制定具有针对性的制度。目前,《重大行政决策程序暂行条例》已从程序角度对"公共决策"提出了程序性要求,领导班子决策的性质、范围,还需要制度作出进一步的规范。

二是明确问责性条款是仅追究公共决策违规失误责任,抑或包括领导班子决策违规失误责任。

目前,并没有统一的重大行政决策问责制度。关于决策的问责规定,散见于不同的问责规范之中。一些制度出台是在"三重一大"受到关注之初和"重大行政决策"制度强化规范之前,对公共决策问责的针对性并不强。从违反决策程序的视角分析,2007 年的《行政机关公务员处分条例》中的用词是"负有领导责任的公务员违反议事规则",应予以处分;《公职人员政务处分法》明确"违反民主集中制原则,个人或者少数人决定重大事项,或者拒不执行、擅自改变集体作出的重大决定的";《重大行政决策程序暂行规定》指出,决策机关违反本条例规定的,"由上一级行政机关责令改正,对决策机关行政首长、负有责任的其他领导人员和直接责任人员依法追究责任"。但公共决策和内部决策的决策程序严格程度不同。重大行政决策强调决策外部因素的参与、外部风险的考量,突出"公众参与、专家论证、风险评估、合法性审查"等程序性要求;而领导班子内部决策,强调对中央、上级方针政策的部署,对本部门、单位全局发展的影响,突出"民主集中制"的落实,要求集体决定。从决策失误的角度分析,《重大行政决策程序暂行规定》对"决策机关违反本条例造成决策严重失误,或者依法应当及时作出决策而久拖不决,造成重大损失、恶劣影响的",只要求"依法"追究。但对所依何法并没有明示,也没有涉及具体的处理方式。在 2009 年出台的《关于实行党政领导干部问责的暂行规定》中,所指的"决策严重失误,造成重大损失或者恶劣影响的",并未明示是重大行政决策或领导班子决策,抑或是二者都包括其中。同时,也需要明确《行政机关公务员处分条例》中"违反议事规则"的表述是针对内部决策、还是公共决策。另外《公职人员政务处分法》中"违反民主集中制原则"的适用范围也需要明示。需要注意的是,公共决策与领导班子决策失误的影响范围是不同的,造成损失大小的衡量标准,也有很大的差距,这就对问责条款的适用提出了细化的要求。所以应对决策问责条款做全面的梳理,对重大行政决策制度出台前的决策问责制度的适用范围做出解释和说明,必要时制定实施意见或规定,为实践运用提供明确的规范依据。

三是问责方式适用于公共决策,抑或领导班子决策应作出更具针对性的规定。

现行法规对"违反程序"和"决策失误""决策拖延"予以问责作出了规定,这几类情形的归责原则不同,"违反程序"是对决策过程的规范,是一种过错责任,以问责对象是否存在主观故意或过失,作为承担责任的依据。如果决策过程中违反决策议程,只要存在故意或过失,都应追究责任,此类问责不以造成严重后果为要件。而"决策失误"是一种过错责任加结果责任,要求"造成重大损失、恶劣影响",主体的行为存在主观过错,其与严重、恶劣后果之间存在直接的因果关系,是问责的要件之一。而"决策拖延"以违法为前提,以造成重大损失或恶劣影响为要件,同样涉及过错责任和结果责任。行政决策与领导班子决策过程中存在的"决策失误"或"拖延决策"的"过错"程度不同,造成的后果也就不同。公共决策事关民生公益,违反决策议程的主观恶性更大,"决策失误"引发的后果更为严重,损失涉及面更大;而领导班子内部决策事关一个部门、单位重大的、全局性问题,判断违反程序的主观恶性因具体事项而异,如果该部门掌握着国家发展命脉,不遵守决策规则而决定其发展战略、规划等,其主观恶性就大,损失和影响也更为严重;如果一个所辖事务有限的具体单位决策财务预决算调整,恶性相对小一些,损失和影响也小。但从目前的问责方式来看,并没有考虑上述区别。《关于实行党政领导干部问责的暂行规定》《行政机关公务员处分条例》《公职人员政务处分法》中,都是在笼统的事由下,规定了统一的处理方式,并没有准确反映出不同的决策类型、不同的主观恶性、引发不同的影响及后果处分方式的严厉程度。如《关于实行党政领导干部问责的暂行规定》针对决策失误引发严重后果而采取的问责方式是"责令公开道歉、停职检查、引咎辞职、责令辞职、免职",尚未构成处分,说明情节较轻。而《行政机关公务员处分条例》对"负有领导责任的公务员违反议事规则,个人或者少数人决定重大事项,或者改变集体作出的重大决定的",视情节轻重给予警告、记过、记大过、降级、撤职、开除的处分方式。《公职人员政务处分法》对违反民主集中制的擅自决策或者拒不执行、拖延执行上级依法作出的决定、命令的行为,由专责机关作出政务处分,具体方式与《行政机关公务员处分条例》中规定的方式是相同的。从性质上分析,处分或政务处分较之尚未构成违纪的问责方式更为严厉,应针对比较严重的违规违法行为;但从事由设定看,处以处分或政务处分的是违反程序性规定而采取的追责方式。反观《关于实行党政领导干部问责的暂行规定暂行规定》中,党政领导干部决策失误的事由更重大、后果也更为严重,但只承担责令辞职、免职等后果(尚不构成违纪)。可见现行制度问责方式的安排并不符合"过罚相当"的原则,应在明确区分违反"公共决策"还是"领导班子决策"事由的基础上,评估违反不同决策类型违反程序或决策失误的危害程度,作出与过错和损害相当的处罚。唯有如此,才能实现制度“惩前毖后、治病救人”的成效。

典型案例 “东方之星”号客轮翻沉事件

2015年6月1日21时约32分，重庆东方轮船公司所属“东方之星”号客轮由南京开往重庆，当航行至湖北省荆州市监利县长江大马洲水道（长江中游航道里程300.8千米处）时翻沉，造成442人死亡（事发时船上共有454人，经各方全力搜救，12人生还，442具遇难者遗体全部找到）。

经调查认定，“东方之星”轮翻沉事件是一起由突发罕见的强对流天气（飑线伴有下击暴流）带来的强风暴雨袭击导致的特别重大灾难性事件。“东方之星”轮航行至长江中游大马洲水道时突遇飑线天气系统，该系统伴有下击暴流、短时强降雨等局地性、突发性强对流天气。受下击暴流袭击，风雨强度陡增，瞬时极大风力达12~13级，1小时降雨量达94.4毫米。船长虽采取了稳船抗风措施，但在强风暴雨作用下，船舶持续后退，处于失控状态，船艏向右下风偏转，风舷角和风压倾侧力矩逐步增大（船舶最大风压倾侧力矩达到船舶极限抗风能力的2倍以上），船舶倾斜进水并在一分多钟内倾覆。

经调查组查明，“东方之星”轮抗风压倾覆能力不足以抵抗所遭遇的极端恶劣天气。该轮建成后，历经三次改建、改造和技术变更，风压稳性衡准数逐次下降，虽然符合规范要求，但基于“东方之星”轮的实际状况，经试验和计算，该轮遭遇21.5米/秒（9级）以上横风时，或在32米/秒瞬时风（11级以上），风舷角大于21.1°、小于156.6°时就会倾覆。事发时该轮所处的环境及其态势正在此危险范围内。船长及当班大副对极端恶劣天气及其风险认知不足，在紧急状态下应对不力。船长在船舶失控倾覆过程中，未向外发出求救信息并向全船发出警报。

这暴露了日常管理中存在的问题。一是重庆东方轮船公司管理制度不健全、执行不到位。二是重庆市有关管理部门及地方党委政府监督管理不到位。三是交通运输部长江航务管理局和长江海事局及下属海事机构对长江干线航运安全监管执法不到位。由于此次事件造成重大人员伤亡，社会影响大。对43名责任人被予以问责和处理。

企业方面共有9人受到责任追究，重庆东方轮船公司“东方之星”轮船长张××，给予吊销船长适任证书、解除劳动合同处由司法机关对其是否涉嫌犯罪进一步调查。覃××，中共党员，重庆东方轮船公司安全技术部副主任兼体系办主任负有主要领导责任，建议给予党内严重警告、撤职处分等。

海事管理部门共有26人被追究责任，岳阳海事局船舶交通管理中心值班长秦×，负有直接责任，建议给予留党察看一年、开除公职处分。岳阳海事局指挥中心主任李××，负有主要领导责任，建议给予党内严重警告、撤职处分。岳阳海事局党委委员、副局长杜××，负有重要领导责任，建议给予党内严重警告、降级处分。

船务管理部门共有12人受到责任追究，长江航务管理局运输管理处党支部书记、处长甘××，负有重要领导责任，建议给予记大过处分。重庆市万州区港口航务管理局船检科助理工程师、验船师王××，作为验船师，多次对“东方之星”轮进行年度检验，工作不认真细致，未发现“东方之星”轮机舱门等相关设施不按规定设置风雨密关闭装置，也未能发现重庆东方轮船公司违规擅自变更压载舱和调载舱等问题。对上述问题负有直接责任，建议按照《事业单位工作人员处分暂行规定》，给予降低岗位等级处分，吊销验船师资质。重庆市万州区港口航务管理局船舶检验科科长况××，负有主要领导责任，建议给予党内严重警告，并按照《事业单位工作人员处分暂行规定》，给予撤职处分等。

典型案例 安徽省政协原副主席韩先聪案违规决策案

1955年11月出生的韩先聪，从肥西县新仓中学的一名教师，一步步爬到省部级的高位。曾任中共安庆市委书记、中共滁州市委书记、“大滁城”建设指挥部政委、安徽省人民政府秘书长、安徽省政协副主席等职。

2014年7月12日，中央纪委监察部网站发布消息：韩先聪涉嫌严重违纪违法，接受组织调查。2016年11月15日，法院的一纸判决宣布韩先聪的政治生涯彻底结束。

福建省南平市中级人民法院以受贿罪、滥用职权罪判处韩先聪有期徒刑16年，并处没收个人财产人民币100万元；对韩先聪受贿所得财物及其孳息予以追缴，上缴国库。经查，韩先聪利用职务上的便利，为他人在土地出让、项目建设、工程承揽、人事任免等事项上谋取利益，非法收受他人财物，共计折合人民币2328万余元。韩先聪自述，自己在当市长时，觉得市委书记权力大，当了市委书记，又觉得市长的权力实。在担任滁州市委书记期间，为了使自己的权力“又大又实”，他组建了“大滁城”建设指挥部，亲任政委，推行“扁平化管理”，直接向建设项目发号施令。2008年9月至2012年2月，被告人韩先聪在担任中共滁州市委书记、“大滁城”建设指挥部政委期间，徇私舞弊，以“大滁城”建设指挥长会议集体决定的形式，违反规定，向相关企业低价出让土地使用权。韩先聪觉得行政部门按程序办事太烦琐，要求重大事项直接拿到指挥部研究定夺，以指挥部的名义“架空”集体讨论的法定形式。对有争议的问题，他不顾“一把手”末位表态的规定，抢先定调发言，即使有人提出不同意见，最终仍要按他的意志办。2010年，滁州市龙蟠小区扩建工程按程序确定了中标单位，但开会听取汇报时，韩先聪却直接否决招标结果，指定招标排名第二的公司做这个项目，闻者一片愕然。在一些商住开发项目中，他倒置规划程序，用开发商方案代替规划设计方案，并且擅自调整项目容积率。其中一个住宅项目，他接受地产老板的请托，违反程序将容积率从4.0、4.5调至6.5，使该公司少缴土地出让金8947万元。

减收土地逾期付款违约金，造成国家财产损失共计人民币2.2亿多元。鉴于韩先聪到案后如实供述自己罪行，主动交代办案机关尚未掌握的大部分受贿犯罪事实；受贿939万余元属犯罪未遂；认罪悔罪，积极退赃，受贿赃款赃物已全部追缴，具有法定、酌定从轻处罚情节，依法可以从轻处罚，遂作出上述判决。

第六章 中国共产党问责制

中国共产党问责制(以下简称党内问责制)是坚持党要管党、全面从严治党的强大利器,是落实全面从严治党政治责任的重要举措。回顾党的历史,通过党规、党纪践行党要管党、从严治党,对规范党员从政行为、净化党内政治风气发挥了重要作用。特别是党的十八大以来,通过整合问责制度,健全问责机制,出台了党内具有较高权威的《中国共产党问责条例》(以下简称《问责条例》),这是党内问责的龙头法,对开展党内问责起到了支撑和保障作用,其他问责制度不得与其相抵触[1]。党内问责制度的体系化发展,对于深入推进全面从严治党重大方略、夯实党长期执政的基础,具有重大现实意义。

第一节 党内问责制概述

党内问责具有鲜明的中国特色和明确的原则遵循。准确把握党内问责的内涵、特点、原则等,对于落实管党治党责任、规范执政行为责任,具有重要意义。

一、党内问责的概念及特点

党内问责制是指在我国政治体制框架内,执政党内部上下级之间基于授权关系,由上级对下级履责情况进行监督,如发现失职失责的情形,予以惩罚的问责制度。其特点如下:

(一)坚持问题导向

党内问责制度设计具有很强的针对性,主要聚焦管党治党中的不作为、慢作为、缓作为、不敢为、不想为、不会为等的懒政、怠政等要害问题。在《问责条例》出台之前,在党内问责领域存在着如下问题:从问责方式来看,主动提起的问责少,被动推进的问责多;从问责对象来看,追究直接责任多,追究领导责任少;干部个人问责多,党的组织问责少。究其原因,思想上对管党治党工作不重视,责任没有落到实处,导致了管党治党不力、不到位等问题的多发。为此,应当从夯实制度约束入手,2016 年出台《问责条例》,有效解决了管党治党中存在的问题。但在实施过程中,又暴露了对"保证党的路线方针政策和党中央重大决策部署贯彻落实"动力不足,增强"四个意识"、坚定"四个自信"的意识不强,管党治党两个责任缺位,"四风"和腐败问题屡禁不绝,选人用人失

[1] 《中国共产党问条例》(2019)第 27 条:"此前发布的有关问责的规定,凡与本条例不一致的,按照本条例执行。"

察、巡视整改落实不到位等问题。2019年修订《问责条例》,再一次对症定规,破解实践中存在的问题。紧紧围绕坚持党的领导、加强党的建设、深化全面从严治党、维护党的纪律权威、推进党风廉政建设和反腐败工作,进一步扎密了制度的牢笼,实现了党内问责的制度化、规范化、常态化。

(二)抓住“关键少数”

领导干部居于重要的领导岗位,担负着重要的使命职责,是事业发展的骨干和中坚力量,其言行对党内风气起着直接的引领和带动作用。党内问责只有抓住领导干部这一“关键少数”,明确其职责,令其担负起落实全面从严治党的政治责任;一旦出现推诿责任、失职失责的情况,对领导干部严厉追究责任。党的十八大以来,习近平总书记将“抓关键少数”作为重要的工作方法。从严治党,关键是从严治吏,通过明确领导干部的职责边界,严格领导干部行为底线,保证全面从严治党落到实处。

《问责条例》充分体现了这一思想,将问责对象锁定于“党组织、党的领导干部,重点是党委(党组)、党的工作机关及其领导成员,纪委、纪委派驻(派出)机构及其领导成员”“追究在党的建设和党的事业中失职失责的党组织和党的领导干部的主体责任、监督责任和领导责任”[1]。把担子压给党组织中的党员领导干部,重点是主要负责人,牢牢抓住了“一把手”这个“关键少数中的关键少数”。其他专门性法规如《关于实行党风廉政建设责任制的规定》等,均强调重点追究领导干部的责任,这对严格党的纪律、净化党的风气,起到了很强的震慑作用。

(三)推行“终身问责”

2010年修订的《关于实行党风廉政建设责任制的规定》第26条明确:“实施责任追究不因领导干部工作岗位或者职务的变动而免予追究。已退休但按照本规定应当追究责任的,仍需进行相应的责任追究。”这是关于责任终身追究较早的规定。在2016年制定的《问责条例》中,明确“实行终身问责,对失职失责性质恶劣、后果严重的,不论其责任人是否调离转岗、提拔或者退休,都应当严肃问责”。2019年修订《问责条例》时,在“调离转岗、提拔或者退休”后面增加了“等”字,这就将离职等尚未包含的情形纳入其中。终身问责是从严问责的重要体现,对党员领导干部形成了强大威慑,督促其更好地担责、履责、尽责。“终身问责”为“有责必问、问责必严”提供了最有力的制度支撑,保证问责制度能够持久发力、久久见功,做到真管真严、敢管敢严、长管长严。

二、党内问责的基本原则

党内问责的基本原则,是党的问责工作的根本遵循。结合《关于实行党风廉政建

[1] 《中国共产党问责条例》(2019)第4条。

设责任制的规定》《关于实行党政领导干部问责的暂行规定》《中国共产党问责条例》等规定,党的问责工作应当坚持以下原则:

(一)依规依纪、实事求是;失责必问、问责必严

党内问责必须严格遵循问责的原则要求。党内问责必须坚持“依规依纪”,依据党章、《问责条例》《纪律处分条例》等党内法规开展问责。党章第 44 条规定“党组织如果在维护党的纪律方面失职,必须问责”,这是问责的基本遵循。《问责条例》是党内问责制度的龙头性法规,也是各项问责规定的集大成者。《问责条例》与《纪律处分条例》等相互衔接配合,发挥了制度合力的作用。党内问责同时要坚持实事求是。该哪一级的责任,就问责到哪一级;应受到什么问责处理,就处以什么罚责。对失职失责性质恶劣、后果严重的,实行终身问责;应减免责任的就要及时减免,不应受到处分的绝不能造成冤案、错案。力求做到宽严适度、不枉不纵。党内问责还要“严”字当头。将“失责必问、问责必严”作为一条重要原则,是全面从严治党要求的具体细化,也是防止制度空转的重要制度设计。在问责过程中,只要发现了应予问责的情况,决不搞网开一面、下不为例,更不能大事化小、小事化了。只有问责严起来,才能避免出现“破窗”效应,切实维护问责制度的权威。同时,不能只对下级问责,中央及各部委党组、地方各级党委及各级党组织都要把自己摆进去,谨防“灯下黑”“手电筒”现象的发生。

(二)权责一致、错责相当;集体决定、分清责任

“权责一致”是现代民主政治的应有之义,更是中国共产党“权为民所用,情为民所系,利为民所谋”本质属性的必然要求。在实践中,存在一些领导干部将权力与责任割裂开来,只想要权,不想担责;只想出彩,不想出力。党要管党、从严治党要求领导干部必须担当起相应的责任。要按照管理权限,落实分级负责原则,层层传导压力,形成一级抓一级、层层抓落实的局面。《问责条例》通过明确问责主体和问责对象,将权责关系明确下来,实现有权必有责,有责要担当,失责要问责。所以,问责既是落实责任的压力机制、倒逼手段,也是失职失责的惩戒方式、威慑手段。同时,权责也是对等的。有多大权力,担当多大的责任;造成多大的过错,承担多大的罚责。追究党员领导干部“集体责任”时,力求“分清责任”,做到区别情况、分类处理、精准问责。党组织领导班子在职责范围内负有全面领导责任,领导班子主要负责人和直接主管的班子成员在职责范围内承担主要领导责任,参与决策和工作的班子成员在职责范围内承担重要领导责任。对党组织的问责,应当同时对该党组织中负有责任的领导班子成员进行问责。这也是“权责对等”“错责相当”的重要体现,无论是组织还是领导个人,有多大权力就要担当起多大责任,如有违反,就要追究相应的责任。

(三)严管和厚爱结合、激励和约束并重;惩前毖后、治病救人

惩治是问责的手段,而非问责的目的。习近平总书记在十八届中纪委六次全会讲话中指出："惩前毖后、治病救人是我们党的一贯方针，也是我们党加强自身建设的历史经验。日常工作中发现了问题就要真管真严。惩治，治是根本，惩是为了治。"❶2016 年出台的《中国共产党问责条例》，将"惩前毖后、治病救人"作为重要原则之一。2019 年修订《中国共产党问责条例》新增了"严管和厚爱相结合、激励和约束并重"的原则。通过悬置问责的利器，旨在强化领导干部的责任担当意识，保护干事创业的热情。既严格问责，推动责任落实，使失职失责的领导干部受到应有的制裁；又要精准问责，无过免责，保护干部的创业激情。要落实习总书记提出的"三个区分开来"的要求，区分情况，分类处理。"对于在推进改革中因缺乏经验、先行先试出现的失误，尚无明确限制的探索性试验中的失误，为推动发展的无意过失等情形可以不予问责或者免予问责；对于及时采取补救措施，有效挽回损失或者消除不良影响等情形可以从轻或者减轻问责；对党中央、上级党组织三令五申的指示要求不执行或者执行不力等情形，则规定应当从重或者加重问责。"❷对于性质恶劣，情节严重的，实行终身责任追究，即使责任人辞职、调离、提拔或者退休等，都不能逃避责任。同时，按照"严管和厚爱结合、激励和约束并重"的原则要求，对于影响期满、表现好的干部，符合条件的，按照干部选拔任用有关规定正常使用。

三、党内问责的意义

我们党以问责为抓手，扎牢不能腐的制度牢笼，坚持有责必问、问责必严，强化不敢腐的震慑，增强党自我净化的能力，这是我们党历经百年保持先进性与纯洁性的宝贵经验。严格的党内问责有利于维护党的集中统一领导，是推进管党治党的强大利器，也是推进全面从严治党的治本之策。

（一）党内问责是维护党集中统一领导的有力保障

《中国共产党问责条例》的出台，是党的历史上第一部聚焦全面从严治党的位阶比较高的党内法规，为党内问责提供了统一而权威的制度依据。《中国共产党问责条例》把担子压给党组织中的党员领导干部，把管党治党责任，传递给各级党委和纪委，分解给党的组织、宣传、统战、政法等机关。党的十八大以来，党中央要求全党增强"四个意识"、坚定"四个自信"、做到"两个维护"，全面加强党的领导。2019 年修订的《中国共产党问责条例》，进一步增强了针对性和问题意识。一是突出政治性。补充规定了以"习近平新时代中国特色社会主义思想为指导，增强'四个意识'，坚定'四个自信'，坚决维护习近平总书记党中央的核心、全党的核心地位"的内容，将"保证党的路线方针政策和党中央重大决策部署贯彻落实"作为重要任务。二是明确责任。规定"党委（党组）的主体责任，纪委的监督责任和领导责任"；增加了"权责一致、错责相

---

❶ 《习近平在第十八届中央纪律检查委员会第六次全体会议上的讲话》（2016 年 1 月 12 日），《习近平总书记重要讲话文章选编》，中央文献出版社、党建读物出版社 2016 年版，第 372 页。

❷ 《中国共产党问责条例》（2019）第 17-19 条。

当”“集体决定、分清责任”等内容。按照党中央要求全面推进从严治党,厚植党执政的政治基础的要求,《中国共产党问责条例》从制度上保障了各级党组织和党员领导干部在思想上、行动上与党中央保持高度一致。同时,以问责压力倒逼责任落实。动员千遍不如问责一次。问责制的落实,有利于各级党组织和党的领导干部服从党的领导,服从党中央和上级的各项部署,坚守使命职责,勇于担当作为,增强党的凝聚力和向心力,维护了党的集中统一领导,保证了党中央政令畅通、全党的团结一致,充分体现了党中央的领导核心作用。

(二)党内问责是管党治党的强大利器

党内问责是落实全面从严治党方略的有力抓手,也是推进全面从严治党的强大利器。修订的《中国共产党问责条例》将“全面推进党的政治建设、思想建设、组织建设、作风建设、纪律建设”作为重要内容,聚焦党的各项建设中暴露出来的党的领导弱化、党的建设缺失、反腐败斗争不力、党的观念淡薄、群众利益保障不够等失职情况,将其作为问责事由,扎紧了制度牢笼。这些问题出现的根本原因,在于一些党组织和党的领导干部未能担当起管党治党责任。《中国共产党问责条例》扭住了“责任”这个管党治党的牛鼻子,明确了党组织和党的领导干部全面从严治党中的政治责任,特别是抓住了领导干部这个“关键少数”,既追究主体责任、监督责任,又追究领导责任,把责任压给各级党组织和党的各级领导干部。《中国共产党问责条例》等党内法规对党组织和党的领导干部提出了尽职履责的要求,最重要的是党的各级组织和党的领导干部必须切实担当起管党治党责任,脚踏实地尽职守责,履行好职责范围内的管党治党责任;实现以上率下,一级管一级,切实把自己摆进去;对于触犯问责事由的情况,敢于碰硬、敢于较真,使“失责必问、问责必严”成为常态。管党治党责任是全面从严治党的本质和核心,是重中之重。通过严格问责,严厉惩治,推动全面从严治党走向深入。

(三)党内问责是推进全面从严治党的治本之策

全面从严治党,是包括“党的政治、思想、组织、作风、纪律、制度”建设的系统工程。党的十九大强调“全面推进党的政治建设、思想建设、组织建设、作风建设、纪律建设,把制度建设贯穿其中,深入推进反腐败斗争”。出台《中国共产党问责条例》是完善党的制度建设的重要举措,对党的建设具有重要的保障作用,是推进全面从严治党的治本之策。《中国共产党问责条例》对从严治党的保障,一方面体现在党组织和党员领导干部对管党治党责任的担当;另一方面体现在对失职失责的各类违规、违纪甚至腐败行为的责任追究。

现代社会的民主政治必然是责任政治。中国共产党是责任型政党,对人民负有无限的责任。对于违背责任的党组织和党的领导干部进行问责,是党代表人民行使人民当家作主权力的重要体现。《中国共产党问责条例》的施行,有助于推动“责任政治”建设。只有责任观念深入人心,有责必问成为常态,才能有助于培育“责任文化”。责任文化从领导干部视角而言,核心是“恪尽职守、勇于担责、奉公守法”;从人民的角度而言,应培养知情、监督、检举的积极性和主动性,强化主人翁意识。《中国共产党问责条例》是责任文化的重要制度载体。有助于增强党员领导干部的责任意识、担当意识,并切实转化为忠诚履职、为民服务的实际行动,营造风清气正的良好政治生态,进而增强人民对党执政的凝聚力、向心力。《中国共产党问责条例》的施行,有助于筑牢"不能腐"的藩篱。党内问责前置于司法责任、党纪处分之前,实现了关口前移,在违规、违纪刚出现萌芽状态,就处以较轻微的通报、诫勉、组织处理等,早发现、早提醒、早处理,抓早抓小,免于领导干部陷入"要么好同志,要么阶下囚"的怪圈,体现了对领导干部的关心和爱护。《中国共产党问责条例》的施行,有助于形成"不敢腐"的威慑。对失职失责的党员领导干部"有责必问、问责必严",实行"终身责任追究",形成了强大的震慑力。使领导干部言行有所敬畏,严守履职底线。《中国共产党问责条例》利器高悬,彰显了对各类腐败行为零容忍的立场,有助于从根本上、源头上遏制党内各类腐败现象,推进全面从严治党走向深入。

第二节　党内问责制的内容及其实施

党内问责制的内容集中体现在《中国共产党问责条例》这一龙头法规中。同时《关于实行党风廉政建设责任制的规定》《关于实行党政领导干部问责的暂行规定》《干部选拔任用工作监督检查和责任追究办法》等具体制度从不同方面对问责制的内容做了补充,形成了互为支撑的问责制度体系。

一、党内问责的要素

党内问责制的内容指开展问责的各项要素,主要包括问责主体、对象、事由、程序、方式等方面。

(一)问责主体

问责主体一般分为问责的建议主体(或启动主体)和决定主体(或审批主体)。《关于实行党风廉政建设责任制的规定》并没有明确区分建议主体和决定主体,但规定:"领导班子、领导干部违反本规定,需要查明事实、追究责任的,由有关机关或者部门按照职责和权限调查处理。其中需要追究党纪政纪责任的,由纪检监察机关按照党纪政纪案件的调查处理程序办理;需要给予组织处理的,由组织人事部门或者由负责调查的纪检监察机关会同组织人事部门,按照有关权限和程序办理。"[1]

---

[1] 《关于实行党风廉政建设责任制的规定》(2010)第24条;《中央纪委、中央组织部关于在查处违犯党纪案件中规范和加强组织处理工作的意见(试行)》(2008)规定,纪检机关在查处违犯党纪案件的过程中,认为需要采取组织处理措施的,应当向组织(人事)部门书面通报情况,提出建议,与组织(人事)部门共同研究提出处理建议方案,按照干部管理权限报批。其中,采取停职措施的,按照《中国共产党纪律检查机关案件检查工作条例》规定的权限和程序执行。

《关于实行党风廉政建设责任制的规定》与《关于实行党政领导干部问责的暂行规定》是相互衔接、相互补充的关系❶。对党风廉政建设方面的责任追究,优先适用《关于实行党风廉政建设责任制的规定》。对于其他情形,根据《关于实行领导干部问责的暂行规定》(以下简称"暂行规定")处理。《关于实行领导干部问责的暂行规定》第 11 条明确"对党政领导干部实行问责,按照干部管理权限进行。纪检监察机关、组织人事部门按照管理权限履行本规定中的有关职责。"应当问责的,由纪检监察机关、组织人事部门进行调查并提出问责建议,由问责决定机关决定是否提出问责。这一规定表明,问责建议权行使的主体是纪检监察机关和组织人事部门,由问责决定机关根据问责建议作出最终决定。但《暂行规定》,没有明确问责决定机关是党委和政府的哪种决策机构(党的全委会、常委会、市长办公会议、政府常务会议还是政府党组等)。《干部选拔任用工作监督检查和责任追究办法》第 4 条规定:"党委(党组)及其组织(人事)部门按照职责权限,负责干部选拔任用工作的监督检查和责任追究,纪检监察机关、巡视巡察机构按照有关规定❷履行干部选拔任用工作监督职责。"这一规定赋予了纪检监察机关、巡视巡察机构的监督职责,但在监督过程中,一旦发现应予追究责任的情形,应向同级党委(党组)报告或通报相关情况,由党委(党组)作出责任追究的决定。这说明在干部选拔任用工作中,党委(党组)的组织(人事)部门、纪检监察机关、巡视巡察机构应作为问责建议主体,党委(党组)是责任追究的决定主体。2019 年 9 月修订的《中国共产党问责条例》要求"党委(党组)应当履行全面从严治党主体责任,加强对本地区本部门本单位问责工作的领导,追究在党的建设、党的事业中失职失责党组织和党的领导干部的主体责任、监督责任、领导责任。纪委应当履行监督专责,协助同级党委开展问责工作。纪委派驻(派出)机构按照职责权限开展问责工作。党的工作机关应当依据职能履行监督职责,实施本机关本系统本领域的问责工作。"根据上述职责,问责主体有启动主体和决定主体之分。需要进行问责调查的,启动主体是有管理权限的党委(党组)、纪委、党的工作机关(应当经主要负责人审批),由其及时启动问责调查程序;问责主体是有管理权限的党组织,由其作出问责决定。可见,对尚未构成违纪的党内问责,由纪检监察机关、组织人事部门、党委(党组)共同实现问责。其中,纪检监察机关、组织人事部门在启动问责、立案调查环节,发挥了主要作用,党委(党组)是问责的最终决定主体。

在党内问责制中,《中国共产党纪律处分条例》处于兜底的地位,问责主体分为建议主体、决定主体及审批主体。根据《中国共产党问责条例》第 12 条的规定:"采取纪律处分方式问责的,按照党章和有关党内法规规定的权限、程序执行。"《中国共产党

❶ 《关于实行党政领导干部问责的暂行规定》(2009)第 6 条:"本地区、本部门、本系统或者本单位在贯彻落实党风廉政建设责任制方面出现问题的,按照《关于实行党风廉政建设责任制的规定》,追究党政领导干部的责任。"

❷ "有关规定"可参考《党政领导干部选拔任用工作条例》(2019)第 31-32 条、第 37 条;《中国共产党巡视工作条例》第 28 条、第 30 条。

纪律处分条例》明确了党组织和党员违反党章和其他党内法规,违反国家法律法规等应当给予纪律处分的情形,追究相应的责任。根据《中国共产党纪律处分条例》第4条确立的“民主集中制”原则,“实施党纪处分,应当按照规定程序经党组织集体讨论决定”。《中国共产党章程》规定,对党员的纪律处分,必须经过支部大会讨论决定,报党的基层委员会批准;情况严重的报县级或县级以上党的纪律检查委员会审查批准。对于中央委员会委员、候补委员或者地方各级委员会的委员、候补委员的处分程序更为严格❶。除了上述党组织有权做出党纪处分的建议及决定外,根据《中国共产党纪律检查机关案件检查工作条例》第42条的规定,纪检机关将案件调查报告、被调查人的书面意见和检讨材料以及调查组对被调查人意见的说明材料的复制件(包含处理建议),送交被调查人所在单位党组织。被调查人所在单位党组织应在一个月内做出处理决定。在特殊情况下,由县以上纪检机关直接做出处分决定的,事前应征求被调查人所在单位党组织的意见。可见,个别情况下,纪检机关也会成为问责决定主体。

(二)问责对象

党内问责的对象是党组织、党的领导干部。1998年11月发布的《关于实行党风廉政建设责任制的规定》着眼于党风廉政建设领域,将党政领导干部作为问责对象,并首次对领导班子的全面领导责任、正职负总责、其他成员负直接领导责任作了区分。2010年修订该《条例》,规定领导班子对职责范围内的党风廉政建设负全面领导责任,领导班子主要负责人是第一责任人,领导班子其他成员根据工作分工负主要领导责任❷。领导班子和领导干部的领导责任主要包括贯彻落实党中央、国务院以及上级党委(党组)、政府和纪检监察机关关于党风廉政建设的部署和要求,并按照计划推动落实、开展党性党风党纪和廉洁从政教育,组织党员、干部学习党风廉政建设理论和法规制度,加强廉政文化建设等❸。违反这些职责,将面临责任追究的风险。《关于实行党政领导干部问责的暂行规定》第2条将问责对象锁定于县级以上党的各级组织及政府机关的工作部门及其内设机构的领导成员。这个问责的范围明显大于《关于实行党风廉政建设责任制的规定》中关于领导班子、领导干部的规定。《干部选拔任用工作监督检查和责任追究办法》对违规选人用人问题,要求“党委(党组)负全面领导责

---

❶ 《中国共产党章程》(2017)第42条规定:“对党的中央委员会委员、候补委员,给以警告、严重警告处分,由中央纪律检查委员会常务委员会审议后,报党中央批准。对地方各级党的委员会委员、候补委员,给以警告、严重警告处分,应由上一级纪律检查委员会批准,并报它的同级党的委员会备案。对党的中央委员会和地方各级委员会的委员、候补委员,给以撤销党内职务、留党察看或开除党籍的处分,必须由本人所在的委员会全体会议三分之二以上的多数决定。在全体会议闭会期间,可以先由中央政治局和地方各级委员会常务委员会作出处理决定,待召开委员会全体会议时予以追认。对地方各级委员会委员和候补委员的上述处分,必须经过上级纪律检查委员会常务委员会审议,由这一级纪律检查委员会报同级党的委员会批准。严重触犯刑律的中央委员会委员、候补委员,由中央政治局决定开除其党籍;严重触犯刑律的地方各级委员会委员、候补委员,由同级委员会常务委员会决定开除其党籍。”

❷ 《关于实行党风廉政建设责任制的规定》(2010)第6条。

❸ 《关于实行党风廉政建设责任制的规定》(2010)第6条。

任,领导班子主要负责人和直接主管的班子成员承担主要领导责任,参与决策的领导班子其他成员承担领导责任。组织(人事)部门、纪检监察机关、干部考察组有关负责人和其他责任人员在各自职责范围内承担相应责任”❶。《中国共产党问责条例》追究“失职失责的党组织和党的领导干部的主体责任、监督责任和领导责任。重点是党委(党组)、党的工作机关及其领导成员,纪委、纪委派驻(派出)机构及其领导成员”❷。具体而言,《中国共产党问责条例》首先是针对党委和纪委的组织问责,其中主体责任是党组织对职责范围内的工作承担的责任❸,监督责任是作为党内执纪监督专责机关,在全面从严治党中履行的监督执纪问责职责。纪委要在全面从严治党中找准职责定位,强化监督执纪问责。领导责任是领导班子及领导班子成员等党员领导干部对职责范围内的工作承担的责任。主体责任、监督责任与领导责任是并列关系,党组织领导班子及其成员承担的责任必须严格履行,一旦出现失职失责,必须对其严格问责,并明确了在追究集体责任时党组织领导班子及其成员各自承担的领导责任。《中国共产党问责条例》将问责对象聚焦于各级领导干部,突出了“关键少数”,特别是“一把手”更是问责的重中之重。需要注意的是,问责对象是失职失责的党组织和领导干部,并不包括直接责任在内。将直接责任纳入问责范围,会造成问责的泛化和简单化。

针对应追究纪律处分的行为,《中国共产党纪律处分条例》规定:“本条例适用于违犯党纪应当受到党纪责任追究的党组织和党员。”❹《中国共产党纪律处分条例》中,共计27个条文,对违反各类纪律的领导责任作出了规定。领导干部作为党员的一部分,是党纪规范的重要对象。

(三)问责事由

综合党内问责的主要制度,党内问责的事由大体可以分为两类:一类是管党治党责任;一类是国家治理责任。

1. 管党治党责任

2009年《关于实行党政领导干部问责的暂行规定》(以下简称《暂行规定》)第5条、第6项规定对“违反干部选拔任用工作有关规定,导致用人失察、失误,造成恶劣影响的”党政领导干部应予问责。2010年修订的《关于实行党风廉政建设责任制的规定》(以下简称《责任制的规定》)第19条重点对领导班子、领导干部对有下列情形的予以追究责任:“对党风廉政建设工作领导不力,以致职责范围内明令禁止

---

❶ 《干部选拔任用工作监督检查和责任追究办法》(2019)第34条。

❷ 《中国共产党问责条例》(2019)第5条。

❸ 根据党的十八届三中全会通过的《中共中央关于全面深化改革若干重大问题的决定》第36条关于“落实党风廉政建设责任制,党委负主体责任”的规定,主体责任是党组织对职责范围内的工作承担的责任;而根据《中国共产党纪律处分条例》第38条以及《关于实行党风廉政建设责任制的规定》第6条对领导责任的规定,领导责任是领导班子及领导班子成员等党员领导干部对职责范围内的工作承担的责任。简而言之,就是党组织对职责范围内的工作承担主体责任,党组织领导班子及其成员对职责范围内的工作承担领导责任。

❹ 《中国共产党纪律处分条例》(2018)第6条。

的不正之风得不到有效治理，造成不良影响的；对上级领导机关交办的党风廉政建设责任范围内的事项不传达贯彻、不安排部署、不督促落实，或者拒不办理的；对本地区、本部门、本系统发现的严重违纪违法行为隐瞒不报、压案不查的；违反规定选拔任用干部，或者用人失察、失误造成恶劣影响的”等情形。上述两个制度的问责事由，都包括了“干部选拔失察”的情形，但表述略有不同，《暂行规定》的表述“违反干部选拔任用工作有关规定”与“导致用人失察、失误，造成恶劣影响的”是因果关系；而《责任制的规定》“违反规定选拔任用干部”与“用人失察、失误造成恶劣影响”是并列关系，符合其中的一种情形即可追究责任。相比较而言，《责任制的规定》并不要求“违反规定选任干部”导致用人失察等后果，所以，对领导班子、领导干部的要求更为严格。干部选拔任用是党风廉政建设的重要组成部分，《暂行条例》对干部选拔任用的规定，已经涉及党风廉政建设领域，这引发了适用上的冲突。如果适用《暂行条例》相对宽松的条款，则会导致符合《责任制的规定》的情形逃避责任的追究。所以，优先适用《责任制的规定》更为合宜。《暂行规定》似乎考察到了出台后可能面临的制度冲突，在第 6 条确立了“本地区、本部门、本系统或者本单位在贯彻落实党风廉政建设责任制方面出现问题的，按照《责任制的规定》，追究党政领导干部的责任。”

《干部选拔任用工作监督检查和责任追究办法》第 35 条追究“党委(党组)及其主要负责人或者直接主管的领导班子成员、参与决策的领导班子其他成员责任”的情形包括“民主集中制执行不到位，党委(党组)领导把关作用发挥不力，出现重大用人失察失误，产生恶劣影响的；用人导向出现偏差，选人用人不正之风严重，干部不担当不作为问题突出，干部群众反映强烈的；落实主体责任不到位，对选人用人问题和干部不担当不作为问题不处置、不整改、不问责，造成严重后果等情形”。“追究组织(人事)部门有关负责人和其他责任人员责任”的情形包括：“不按照规定的职数、资格条件、工作程序、纪律要求选拔任用干部的；不按照规定向上级组织(人事)部门报告干部选拔任用工作有关事项的；不按照规定对所属地方、单位干部选拔任用工作监督检查导致问题突出的；对反映线索具体、有可查性的选人用人问题不按照规定进行调查核实或者作出处理的”；同时，还规定了“追究纪检监察机关有关负责人和其他责任人员责任”，包括：“不如实回复拟任人选廉洁自律情况并提出结论性意见的；对收到的反映拟任人选问题线索具体、有可查性的信访举报不按照规定调查核实，或者对相关违纪违法问题不按照规定调查处理等情形”；除此，还规定“追究干部考察组有关负责人和其他责任人员责任”的情形。

《暂行规定》和《责任制的规定》适用对象都不限于党内。《暂行条例》中涉及的事故等事由“行政问责多，管党治党问责少”。《责任制的规定》只聚焦“党风廉政建设”领域。而《干部选拔任用工作监督检查和责任追究办法》的问责事由，只针对“选人用人”中出现的各种违规情形。

2015 年 7 月出台的《推进领导干部能上能下若干规定(试行)》对《关于实行党政

领导干部问责的暂行规定》事由做了补充:“落实从严治党责任不力,贯彻党风廉政建设责任制不到位;不依法办事,不按法定程序决策;抓作风建设不力;在干部选拔任用工作中任人唯亲、营私舞弊;对配偶、子女及其配偶和身边工作人员教育管理不严、约束不力,甚至默许其利用自身职权或者职务上的影响谋取不正当利益的”❶等造成重大损失或者恶劣影响的。这些事由属于管党治党的内容,已基本体现在了《中国共产党问责条例》中。《中国共产党问责条例》聚焦管党治党责任,坚持问题导向,紧紧围绕坚持党的领导、加强党的建设,推进全面从严治党。2019 年修订《中国共产党问责条例》,针对 2016 年《中国共产党问责条例》中“党的领导弱化、全面从严治党主体责任监督责任落实不到位”的内容,作了更为准确全面的表述,“党的领导弱化,‘四个意识’不强,‘两个维护’不力,党的基本理论、基本路线、基本方略没有得到有效贯彻执行,在贯彻新发展理念,推进经济建设、政治建设、文化建设、社会建设、生态文明建设中,出现重大偏差和失误,给党的事业和人民利益造成严重损失,产生恶劣影响的”“全面从严治党主体责任、监督责任落实不到位,对公权力的监督制约不力,好人主义盛行,不负责不担当,党内监督乏力,该发现的问题没有发现,发现问题不报告不处置,领导巡视巡察工作不力,落实巡视巡察整改要求走过场、不到位,该问责不问责,造成严重后果的”❷,均予以问责。围绕 2016 年《中国共产党问责条例》中“党的建设缺失”的情形细化规定为“党的政治建设抓得不实,在重大原则问题上未能同党中央保持一致,贯彻落实党的路线方针政策和执行党中央重大决策部署不力等;党的思想建设缺失,党性教育特别是理想信念宗旨教育流于形式,意识形态工作责任制落实不到位等;党的组织建设薄弱,党建工作责任制不落实,严重违反民主集中制原则、违规选拔任用干部等问题突出,造成恶劣影响等;党的作风建设松懈,落实中央八项规定及其实施细则精神不力,‘四风’问题得不到有效整治等;党的纪律建设抓得不严,维护党的政治纪律、组织纪律、廉洁纪律、群众纪律、工作纪律、生活纪律不力;推进党风廉政建设和反腐败斗争不坚决不扎实,特别是对不收敛、不收手,问题线索反映集中、群众反映强烈等”❸造成严重后果或恶劣影响的应当予以问责。

《中国共产党问责条例》与其他党内问责制度的关系如何处理?《中国共产党问责条例》最后在第 27 条明确:“此前发布的有关问责的规定,凡与本条例不一致的,按照本条例执行。”这一规定不但适用于事由,对程序、处理方式等内容同样具有约束力。

2. 公共治理责任

中国共产党作为执政党,“党的执政”是实现“党的领导权”的具体表现和运用,是“党的代表们行使国家权力、处理国家事务的活动和行为”❹。执政行为与国家权力紧

❶ 《推进领导干部能上能下若干规定(试行)》(2015)第 7 条。

❷ 《中国共产党问责条例》(2019)第 7 条。

❸ 《中国共产党问责条例》(2019)第 7 条。

❹ 张恒山:《中国共产党的领导与执政辨析》,《中国社会科学》2004 年第 1 期。

密结合在一起,“执政行为实质上是国家权力的运用过程”❶,“执政党”突出反映了党与国家政权的关系,是党成为国家治理力量的重要体现。党参与国家治理,一方面是按照“依法执政”的方式,将党的意志通过人大的法定程序转变为国家意志,将党组织推荐的人通过法定程序成为国家政权的领导人员,这是党执政的最基本的方式,也是党代表人民参与国家治理活动必须遵循的原则。从这个视角而言,“执政党领导国家政权是通过在国家政权发挥领导核心作用来实现的,而不是在国家政权之外,更不是在国家政权之上。”❷另一方面,党作为国家的缔造者,直接以治理者身份,通过组织嵌入的方式参与国家治理。如党的工作部门、党委(党组)等组织机构,以更积极、更便捷的姿态参与到国家治理之中,旨在实现扁平化治理所希望达到的高效决策、协同实施、权威监督的治理目标。

在党内问责的事由设定中,有一部分公共治理责任的内容。这些内容是行政机关和公职人员的职责范围,同时要求党的领导干部承担相应的责任,充分体现了“党政同责”。早在《党政领导干部辞职暂行规定》中明确在发生“在抗灾救灾、防治疫情、安全工作、市场监管、环境保护、社会管理”等方面管理、监督严重失职,党务领导干部同样要承担相应的责任。2009 年出台的《关于实行党政领导干部问责的暂行规定》第 5 条明确:“决策严重失误,造成重大损失或者恶劣影响的;因工作失职,致使本地区、本部门、本系统或者本单位发生特别重大事故、事件、案件,或者在较短时间内连续发生重大事故、事件、案件,造成重大损失或者恶劣影响的;政府职能部门管理、监督不力,在其职责范围内发生特别重大事故、事件、案件,或者在较短时间内连续发生重大事故、事件、案件,造成重大损失或者恶劣影响的;在行政活动中滥用职权,强令、授意实施违法行政行为,或者不作为,引发群体性事件或者其他重大事件的;对群体性、突发性事件处置失当,导致事态恶化,造成恶劣影响的;其他给国家利益、人民生命财产、公共财产造成重大损失或者恶劣影响等失职行为的”均为公共治理事项,党政领导干部都要承担相应的责任。2019 年修订的《中国共产党问责条例》第 7 条落实以人民为中心的要求,增加了“履行管理、监督职责不力,职责范围内发生重特大生产安全事故、群体性事件、公共安全事件,或者发生其他严重事故、事件,造成重大损失或者恶劣影响的;在教育医疗、生态环境保护、食品药品安全、扶贫脱贫、社会保障等涉及人民群众最关心最直接最现实的利益问题上不作为、乱作为、慢作为、假作为,损害和侵占群众利益问题得不到整治,以言代法、以权压法、徇私枉法问题突出,群众身边腐败和作风问题严重,造成恶劣影响的”等情形。这些与群众利益密切相关的领域,党委(纪委)要承担责任,行政机关的责任也不可推卸。在专项制度中,公共治理领域“党政同责”体现得更为明显,《党政领导干部生态环境损害责任追究办法(试行)》《地方党政领导干部安全生产责任制规定》专门就环境保护、安全生产领域地方各级党委及其领导成

❶ 张明军:《领导与执政:依法治国需要厘清的两个概念》,《政治学研究》2015 年第 5 期。

❷ 石泰峰、张恒山:《论中国共产党依法执政》,《中国社会科学》2003 年第 1 期。

员的责任作了全面规定。

如果情节比较严重,会涉及党纪处分。在《中国共产党纪律处分条例》中,对违反政治纪律、组织纪律、廉洁纪律、群众纪律、工作纪律、生活纪律行为的处分,作了丰富而详细的规定。同时,一些事由具有明显的公共治理特征,如"在社会保障、政策扶持、扶贫脱贫、救灾救济款物分配等事项中优亲厚友、明显有失公平的;对涉及群众生产、生活等切身利益的问题依照政策或者有关规定能解决而不及时解决,慵懒无为、效率低下,造成不良影响的;盲目举债、铺摊子、上项目,搞劳民伤财的'形象工程''政绩工程',致使国家、集体或者群众财产和利益遭受较大损失的"❶等,均要予以党纪处分。

(四)问责程序

问责程序一般包括启动、调查、报告、审批、实施等环节。《关于实行党政领导干部问责的暂行规定》中关于程序的规定,在"重大行政决策问责程序"部分已做了论述,此处不再赘述。《暂行规定》中的程序规定相对简略,只涉及了"对问责线索立案、调查、提出问责建议、作出问责决定、实施、申诉"等程序。对"引咎辞职、责令辞职、免职的党政领导干部""一年内不得重新担任与其原任职务相当的领导职务。一年后如果重新担任与其原任职务相当的领导职务,除应当按照干部管理权限履行审批手续外,还应当征求上一级党委组织部门的意见"❷。但由于程序不完备,透明度不够,也导致了实践中对干部复出颇多诟病。

《关于实行党风廉政建设责任制的规定》追究领导班子、领导干部党内廉政建设责任,"由有关机关或者部门按照职责和权限调查处理。其中需要追究党纪政纪责任的,由纪检监察机关按照党纪政纪案件的调查处理程序办理;需要给予组织处理的,由组织人事部门或者由负责调查的纪检监察机关会同组织人事部门,按照有关权限和程序办理。"❸其中,"追究党纪责任的"处理程序,主要集中在《中国共产党章程》《中国共产党纪律检查机关案件检查工作条例》中,具体内容在论述《中国共产党问责条例》的"问责程序"之后再详细阐述。

2016 年出台的《中国共产党问责条例》只规定了"问责决定应当由党中央或者有管理权限的党组织作出,以及问责决定作出后,应当及时向被问责党组织或者党的领导干部及其所在党组织宣布并督促执行。"❹在实践过程中,暴露了程序供给不足引发问责泛化、简单化等问题。2019 年修订《中国共产党问责条例》增加最多的是关于程序性的内容,这对提高《中国共产党问责条例》的规范化、精准化、科学化水平,起到了重要的推动作用。新《中国共产党问责条例》从第 9 条至第 13 条,增加了许

---

❶ 《中国共产党纪律处分条例》第 114 条、第 116 条、第 117 条。

❷ 《关于实行党政领导干部问责的暂行规定》(2009)第 10 条。

❸ 《关于实行党风廉政建设责任制的规定》(2010)第 24 条。

❹ 《中国共产党问责条例》(2016)第 8 条、第 9 条。

多细化程序的具体规定，全面规范了启动、调查、报告、审批、实施等各个环节，明确了启动问责调查和作出问责决定必须履行严格的程序。一是启动。启动问责调查程序，党委（党组）、纪委、党的工作机关应当经主要负责人审批，对同级党委直接领导的党组织及其主要负责人启动问责调查，应当报同级党委主要负责人批准。上级党组织负有监督下级党组织及时启动问责程序的职责。二是调查。应当组成调查组，依规依纪依法开展调查，查明党组织、党的领导干部失职失责问题，做到事实清楚、证据确凿、依据充分、责任分明、程序合规、处理恰当，精准提出处理意见。三是报告。调查工作结束后，应听取调查对象的陈述和申辩。经集体讨论，调查组形成调查报告，列明调查对象基本情况、调查依据、调查过程，问责事实，调查对象的态度、认识及其申辩，处理意见以及依据，由调查组组长以及有关人员签名后，履行审批手续。四是审批。问责决定应当由有管理权限的党组织作出。对同级党委直接领导的党组织，纪委和党的工作机关报经同级党委或者其主要负责人批准，可以采取检查、通报方式进行问责。对同级党委管理的领导干部，纪委和党的工作机关报经同级党委或者其主要负责人批准，可以采取通报、诫勉方式进行问责，提出组织调整或者组织处理的建议。五是实施。问责决定作出后，应当及时向被问责党组织、被问责领导干部及其所在党组织宣布并督促执行。有关问责情况应当向纪委和组织部门通报，纪委应当将问责决定材料归入被问责领导干部廉政档案，组织部门应当将问责决定材料归入被问责领导干部的人事档案；涉及组织调整或者组织处理的，相应手续应当在 1 个月内办理完毕。被问责领导干部应当向作出问责决定的党组织写出书面检讨，并在党的会议上作出深刻检查。被问责党组织、被问责领导干部及其所在党组织应当吸取教训及时整改。六是救济。问责对象对问责决定不服的，可以自收到问责决定之日起 1 个月内，向作出问责决定的党组织提出书面申诉。作出问责决定的党组织应当在 1 个月内作出申诉处理决定。问责决定作出后，发现问责有误的，应当及时予以纠正。必要时，上级党组织可以直接纠正或者责令作出问责决定的党组织予以纠正[1]。

修订的《中国共产党问责条例》体现了如下特点：第一，对各个环节提出了明确要求。如“依规依纪依法开展调查”“应当与调查对象见面，听取其陈述和申辩”“应当集体讨论形成调查报告”等。第二，明确了问责标准。如问责要做到事实清楚、证据确凿、依据充分、责任分明、程序合规、处理恰当。体现了问责的精准性、明确性的要求。第三，强化问责执行。规定问责决定作出后，应当及时宣布并督促执行，并应当以适当方式公开，推动以案促改。通过完善问责程序，推动精准问责、规范问责。

对于应当处以党纪处分的，《中国共产党章程》规定：“对党员的纪律处分，必须经过支部大会讨论决定，报党的基层委员会批准；如果涉及的问题比较重要或复杂，或给

[1] 《中国共产党问责条例》(2019)第 9-14 条、第 20-21 条。

党员以开除党籍的处分,应分别不同情况,报县级或县级以上党的纪律检查委员会审查批准。"[1]除了上述党组织有权作出党纪处分决定外,纪检专责机关根据《中国共产党纪律检查机关案件检查工作条例》的规定,须履行如下程序:一是立案。对需要立案的违纪问题,按照规定的权限和程序,实行分级立案[2]。"党的关系在地方、干部任免权限在主管部门的党员干部违犯党纪的问题,一般由地方纪检机关决定立案。对于党组织严重违犯党纪的问题,由上一级纪检机关报请同级党委批准立案,再上一级纪委在征求同级党委意见后也可直接决定立案。"[3]二是调查。立案机关组织调查组,"研究制订调查方案,并将立案决定通知被调查人所在单位党组织。"调查组着手调查,应认真听取被调查人的陈述和意见,做好思想教育工作。调查组认为被调查的党员干部确犯有严重错误,已不适宜担任现任职务或妨碍案件调查时,可建议对其采取停职检查措施。调查组应采集各类证据,有关组织和个人必须如实提供证据,不得拒绝和阻挠。证据应经过鉴别属实,才能作为定案的根据。只有被调查人的交代,而无其他证据或无法查证的,不能认定;被调查人拒不承认而证据确实、充分的,可以认定。调查组写成的错误事实材料应与被调查人进行核对,听取其意见,被调查人应在错误事实材料上签署意见。调查组应经过集体讨论,写出调查报告,并出具处理建议。三是移送审理。"凡属立案调查需追究党纪责任的案件,调查终结后,都要移送审理。个别重大复杂的案件,调查过程中,可提前介入审理。"案件经审理并报本级纪委常委会讨论后,送交被调查人所在单位党组织做出处理决定。被调查人所在单位党组织应在一个月内做出处理决定,特殊情况下,由县以上纪检机关直接做出处分决定的,事前应征求被调查人所在单位党组织的意见[4]。可见,党纪处分原则上由纪检机关负责立案调查并出具处理建议,而由党组织做出处理决定。只有特殊情况下,纪检机关才有权直接做出处分决定。

(五)问责方式

党内问责的法规中,问责方式的外延呈现出扩大趋势。在最早明确"问责"的党内法规《关于实行党政领导干部问责的暂行规定》(以下简称《暂行规定》)中,问责方式包括"责令公开道歉、停职检查、引咎辞职、责令辞职、免职"五类[5]。根据该规定,问责方式与党纪政纪处分、移送司法承担法律责任是相互独立、相互补充、相互衔接的关系。一方面,实行问责不能代替党纪政纪处分,党纪政纪处分也不能代替问责,问责后仍可依照有关规定给予被问责者党纪政纪处分;另一方面,并不是对实行问责的都要给予党纪政纪处分。在实行问责后,是否追究党纪政纪责任,应当根据党纪政纪处分

---

[1] 《中国共产党章程》(2017)第42条。

[2] 《中国共产党纪律检查机关案件检查工作条例》(1994)第16条、第17条。

[3] 《中国共产党纪律检查机关案件检查工作条例》(1994)第18条、第19条。

[4] 《中国共产党纪律检查机关案件检查工作条例》(1994)第23-28条、第32-34条、第40条、第42条。

[5] 《关于实行党政领导干部问责的暂行规定》(2009)第7条。

的有关规定执行。因此,《暂行规定》第 4 条对实行问责与党纪政纪处分以及刑事处罚的衔接做了规定,即:“党政领导干部受到问责,同时需要追究纪律责任的,依照有关规定给予党纪政纪处分;涉嫌犯罪的,移送司法机关依法处理。”❶并对“干扰、阻碍问责调查的;弄虚作假、隐瞒事实真相的”应从重问责、“主动采取措施,有效避免损失或者挽回影响的;积极配合问责调查,并且主动承担责任的”应从轻问责做了规定❷。

《关于实行党风廉政建设责任制的规定》(以下简称《责任制的规定》)中的问责方式,包括对领导班子,给予责令作出书面检查、通报批评、调整处理等❸。对领导干部,给予批评教育、诫勉谈话、责令作出书面检查、通报批评、党纪政纪处分,或者给予调整职务、责令辞职、免职和降职等组织处理。涉嫌犯罪的,移送司法机关依法处理❹。该规定对尚未构成违纪、情节较轻的问责、组织处理、党纪政纪处分、移送司法之间的层次关系,并没有做出清晰的说明。同时,《责任制的规定》明确“对职责范围内发生的问题进行掩盖、袒护的;干扰、阻碍责任追究调查处理的”情形应当从重追究责任;“对职责范围内发生的问题及时如实报告并主动查处和纠正,有效避免损失或者挽回影响的”等情形从轻或者减轻责任❺。对比《暂行规定》和《责任制的规定》,两者的责任追究方式不同,《责任制的规定》对领导干部的追究方式既包括批评教育等情节较轻的处理方式,也包括组织处理,以及党纪政纪处分,《暂行规定》规定的问责方式主要是责令公开道歉等情节较轻微的问责及组织处理❻。

《干部选拔任用工作监督检查和责任追究办法》对党委(党组)的责任追究责任规定:“情节较轻的,责令作出书面检查;情节较重的,责令整改并在一定范围内通报;情节严重、本身又不能纠正的,应当予以改组。”❼对领导干部和有关责任人员的责任追究方式,包括“情节较轻的,给予批评教育、责令作出书面检查、通报或者诫勉处理;情节较重的,给予停职检查、调离岗位、限制提拔使用处理;情节严重的,应当引咎辞职或

---

❶ 《关于实行党政领导干部问责的暂行规定》所规定的问责与党纪政纪处分、刑事处罚都是对党政领导干部追究责任的方式和手段。《中国共产党纪律处分条例》《中华人民共和国刑法》《行政机关公务员处分条例》等有关党内法规和国家法律法规对党纪政纪处分和刑事处罚已经做出了明确规定,因此,制定《暂行规定》的目的在于如何规范采取党纪政纪处分以及刑事处罚以外的其他责任追究方式对党政领导干部实行问责。在执行过程中,要妥善处理好实行问责与党纪政纪处分的关系:一方面,实行问责不能代替党纪政纪处分,党纪政纪处分也不能代替问责,问责后仍可依照有关规定给予被问责者党纪政纪处分;另一方面,并不是对实行问责的都要给予党纪政纪处分。在实行问责后,是否追究党纪政纪责任,应当根据党纪政纪处分的有关规定执行。因此,《暂行规定》第 4 条对实行问责与党纪政纪处分以及刑事处罚的衔接做了规定,即:“党政领导干部受到问责,同时需要追究纪律责任的,依照有关规定给予党纪政纪处分;涉嫌犯罪的,移送司法机关依法处理。”

❷ 《关于实行党政领导干部问责的暂行规定》(2009)第 8 条、第 9 条。

❸ 《关于实行党风廉政建设责任制的规定》(2010)第 20 条。

❹ 《关于实行党风廉政建设责任制的规定》(2010)第 21 条。

❺ 《关于实行党风廉政建设责任制的规定》(2010)第 22 条、第 23 条。

❻ 《〈关于实行党风廉政建设责任制的规定〉中的责任追究与〈关于实行党政领导干部问责的暂行规定〉中问责的关系》,http://www.ccdi.gov.cn/djfg/fgsy/201403/t20140305_114287.html,来源:中央纪委监察部网站,发布时间:2014-03-13,08:01。

❼ 《干部选拔任用工作监督检查和责任追究办法》(2019)第 39 条。

者给予责令辞职、免职、降职处理。应当给予纪律处分的,依照有关规定追究纪律责任。涉嫌违法犯罪的,移送有关国家机关依法处理。”❶可见,干部选拔任用工作中责任追究方式,主要是轻微的批评、教育等、组织处理及党纪处分。那么,“涉嫌违法犯罪的,移送有关国家机关、主要是司法机关依法处理”,是不是一种问责方式?《中国共产党问责条例》出台后,对这一问题做出了回应。

2019 年的《中国共产党问责条例》对问责方式规定得最为全面,从其龙头法的地位来看,问责方式与《中国共产党问责条例》规定不一致的,应按照《问责条例》的规定执行❷。《问责条例》第 27 条规定党组织的问责方式包括:检查、通报、改组。对党的领导干部的问责方式包括:通报、诫勉、组织调整或者组织处理、纪律处分。对失职失责性质恶劣、后果严重的,实行终身问责;“对党中央、上级党组织三令五申的指示要求,不执行或者执行不力的;在接受问责调查和处理中,不如实报告情况,敷衍塞责、推卸责任,或者唆使、默许有关部门和人员弄虚作假,阻扰问责工作”等情形,应当“从重或者加重问责”“对及时采取补救措施,有效挽回损失或者消除不良影响的;积极配合问责调查工作,主动承担责任”等,可以从轻或者减轻问责;“在推进改革中因缺乏经验、先行先试出现的失误,尚无明确限制的探索性试验中的失误,为推动发展的无意过失;在集体决策中对错误决策提出明确反对意见或者保留意见”等情形,可以不予问责或者免予问责❸。在《中国共产党问责条例》中,将纪律处分明确纳入到了问责范畴。根据《中国共产党纪律处分条例》的规定,对党员的纪律处分种类包括:警告、严重警告、撤销党内职务、留党察看、开除党籍。对于违反党的纪律的党组织,情节轻微的,由上级党组织责令作出检查或者进行通报批评;情节严重又不纠正的,上一级党的委员会可以予以改组、解散。党员受到警告处分一年内、受到严重警告处分一年半内,不得在党内提升职务和向党外组织推荐担任高于其原任职务的党外职务❹。对于有主动交代本人违纪问题、检举他人违纪违法问题、主动挽回损失等立功表现的,可以从轻或减轻处分。有“强迫、唆使他人违纪、拒不上交或者退赔违纪所得、违纪受处分后又因故意违纪应当受到党纪处分”等情形,应当从重或者加重处分❺。在问责中,组织处理与纪律处分既可以单独使用,也可以合并使用。必要时,组织处理与纪律处分并处,实行“双管齐下”,增强问责的威慑力。其他党内问责的制度中,提及“违法或犯罪移交国家机关或司法机关”的处理。《中国共产党问责条例》为何没有将“对涉嫌犯罪移送司法机关”作为问责方式?关于这个问题,中纪委已有答复:《中国共产党条例》坚持依规治党,突出党规特色,对涉嫌犯罪移送司法机关等已有明确规定的方式和程序不再重复规定。如涉嫌违法犯罪,可依照《中国共产党纪律处分条例》第 30 条“党员受到党纪追究,涉嫌违

❶ 《干部选拔任用工作监督检查和责任追究办法》(2019)第 40 条。

❷ 《中国共产党问责条例》(2019)第 27 条。

❸ 《中国共产党问责条例》(2019)第 16-19 条。

❹ 《中国共产党纪律处分条例》(2018)第 8-10 条。

❺ 《中国共产党纪律处分条例》(2018)第 17 条、第 20 条。

法犯罪的，应当及时移送有关国家机关依法处理”[1]的规定办理。因移送司法是违纪处分尚不足以对违法违规行为予以惩戒而采取的处置措施，由《中国共产党纪律处分条例》规定更为适宜。

二、党内问责的实施

21 世纪以前，党内虽然没有使用“问责”这一用语，但实质上的问责，即对违纪行为予以责任追究，伴随着我们党产生、发展、壮大的整个过程。2000 年以后，在一系列重大事件的推动下，党内问责制度逐步萌芽、发展。特别是党的十八大以后，制度构建与问责实践相互促进，制度颁行或修订数量之多、质量之高、频率之快前所未有。应形势所需，2019 年修订《中国共产党问责条例》，对问责制度的科学化、体系化、精准化起到了重要的推动作用。

在“拍苍蝇、打老虎”问责风暴的震慑下，在问责制度日趋完备的制约下，反腐败已取得了压倒性胜利。党内问责制度为净化政治生态，维护党的先进性、纯洁性发挥了重要作用。为持续深入地落实推进全面从严治党的政治责任，必须汲取经验、继往开来，奋力前行。回顾党内问责的发展历程，坚定不移地落实全面从严治党主体责任、构建严密的制度体系、抓住“关键少数”、强化制度执行等宝贵经验，值得今后继承和发扬。

（一）落实全面从严治党主体责任是党内问责的主旨

“党要管党、从严治党”是贯穿于党内问责的一条主线，内容涉及“政治、思想、组织、作风、纪律”建设的各个领域。从严治党重在落实管党治党责任，这是党内问责的主旨所在。

毛泽东始终高度重视严抓管党治党。在延安时期，针对“处决红军干部黄克功”这一事件，他指出：“正因为黄克功不同于一个普通人，正因为他是一个多年的共产党员，……不能不执行比较一般平民更加严格的纪律。”[2]这确立了“党内任何人在纪律面前没有特殊”的原则。邓小平强调责任制在管党治党中的重要性。改革开放后，邓小平曾忧心重重地说：“这个党该抓了，不抓不行了。”[3]针对党委集体负责等于无人负责的弊端，他强调“在管理制度上，当前要特别注意加强责任制。”[4]明晰责任边界，严格责任追究，这是落实管党治党责任的关键。党的十八大以来，习近平总书记丰富和发展了管党治党思想，提出“全面从严治党”“关键在严”[5]，“严”的标准体现在规矩、

[1] 《组织调整、组织处理有哪些措施？问责方式不包括“移送司法机关处理”?》，http://www.lszjw.gov.cn/djfg/fgsy/201910/t20191008_1275039.html 来源：中央纪委监察部网站，发布时间：2016-08-11。

[2] 王颖：《毛泽东在政治上如何要求党的高级干部》，《党的文献》2018 年第 3 期。

[3] 《邓小平文选》第 3 卷，人民出版社 1994 年版，第 314 页。

[4] 《邓小平文选》第 2 卷，人民出版社 1994 年版，第 150-151 页。

[5] 《习近平在第十八届中央纪律检查委员会第六次全体会议上的讲话》（2016 年 1 月 12 日），《习近平总书记重要讲话文章选编》，中央文献出版社、党建读物出版社 2016 年版，第 370 页。

规则、制度上,必须建立和完善问责制度,把管党治党政治责任落到实处。一要严格责任边界。压实各级党组织和党员领导干部的管党治党责任,党委必须担当起管党治党的主体责任,纪委担当监督责任,领导干部要切实履行领导责任。做到守土有责。二要严肃问责。习近平强调,要"以严肃问责推动责任落实,层层传导压力"❶。只有高标准,才能实现严要求。纪在法前,纪严于法,纪律和规矩是从严治党的尺子,是党员干部不可逾越的底线。甚至对领导干部要提出更严格的标准,即使没有违纪,一旦出现失职失责行为,就要进行问责。越是身居官位,问责标准越要严格。

历史和现实证明,不明确责任、不落实责任,就谈不上从严治党。"管党治党"是党内问责制的核心,以问责的威慑来落实全面从严治党主体责任,是党始终保持先进性、纯洁性的重要经验。

(二)构建严密的制度体系是党内问责的保障

古人说:"欲知平直,则必准绳;欲知方圆,则必规矩。"党内法规是管党治党的重要依据,党内法规体系是我国法治体系的重要组成部分。党内问责的制度化、法治化,使之具有规范性、强制性、普遍性、稳定性等特征,是党内问责权威性的重要保障。毛泽东在延安时期首先提出了"党内法规"的用语。1938 年 10 月,为了消除张国焘分裂党和红军、严重破坏纪律行为的恶劣影响,毛泽东强调,除了四项政治纪律(即个人服从组织、少数服从多数、下级服从上级、全党服从中央)之外,还需要制定较详细的党内法规,以统一各级领导机关的行动❷,开创了以党内法规保障党内正风肃纪的优良传统。邓小平对通过制度监督问责干部有深刻的阐述。1978 年 12 月,邓小平强调:"对于违反党纪的,不管是什么人,都要执行纪律,做到功过分明,赏罚分明,伸张正气,打击邪气。"❸党的十八大以后,习近平总书记将制度建设置于全面从严治党治本之策的高度。他指出:"建章立制非常重要,要把笼子扎紧一点,牛栏关猫是管不住的。"❹"制度不在多,而在于精,在于务实管用,突出针对性和指导性。"❺在清理、梳理既有党内法规制度的基础上,以党章为根本依据,遵循"问题导向",按照系统性、整体性、协同性的要求,修订及出台了一系列党内问责相关的法规制度。目前,形成了横向上层级较高的党内法规相互配套,组合出击的格局,如《中国共产党廉洁自律准则》《中国共产党巡视工作条例》《中国共产党纪律处分条例》《中国共产党问责条例》相

❶ 《习近平在第十八届中央纪律检查委员会第六次全体会议上的讲话》(2016 年 1 月 12 日),《习近平总书记重要讲话文章选编》,中央文献出版社、党建读物出版社 2016 年版,第 359 页。

❷ 毛泽东:《中国共产党在民族战争中的地位》,《毛泽东著作选读》(甲种本)(上),人民出版社 1964 年版,第 138 页。

❸ 邓小平:《解放思想,实事求是,团结一致向前看》,《十一届三中全会以来党和国家重要文献选编》,中共中央党校出版社 2008 年版,第 6 页。

❹ 《习近平在河北调研指导党的群众路线教育实践活动时的讲话》(2013 年 7 月 11 日—12 日),《习近平关于党风廉政建设和反腐败斗争论述摘编》,中央文献出版社、中国方正出版社 2015 年版,第 125 页。

❺ 《习近平在党的群众路线教育实践活动总结大会上的讲话》(2014 年 10 月 8 日),《习近平总书记重要讲话文章选编》,中央文献出版社、党建读物出版社 2016 年版,第 172 页。

互支撑和配合；纵向上不同层级的问责制度相互支撑和补充，如以《中国共产党问责条例》为龙头，以《关于实行党政领导干部问责的暂行规定》等层级较低的制度为补充，以专门领域的相关制度如《关于实行党风廉政建设责任制的规定》《党政领导干部选拔任用工作责任追究办法（试行）》等制度为细化的体系。实现了“有规可循、内容衔接、程序严密、功能互补”。

问责实践证明，依规治党是党要管党、全面从严治党的基本方式。将“管党治党”的各项责任制度化、规范化，才能增强制约力、威慑力，为严格的党内问责提供制度保障。

（三）抓住“关键少数”是党内问责的关键

古人云：“人不率则不从，身不先则不信。”我们党的领导干部是党员中的“关键少数”，领导干部所处的地位、担当的职责决定了他们是骨干和中坚力量，其言行对党内风气有着直接的引领和带动作用。如果领导干部能够以身作则、率先垂范，“子帅以正，孰敢不正？”如果领导干部不遵规守纪，甚至以身试法，就会带坏很多党员干部，对当地政治生态造成恶劣影响。从近年查处的大量案件来看，以领导干部居多。而在领导干部中，“一把手”“高级干部”占有相当高的比例。所以，党内问责肃纪必须抓住“关键少数”，通过压担子，让其担起落实全面从严治党的政治责任；又要对触碰底线的领导干部严格问责，决不手软。

早在国内革命战争时期，毛泽东对领导干部的重要性就有充分认识，他说：“政治路线确定之后，干部就是决定的因素。”❶对干部的违纪违法行为，要更加严格惩处。新中国成立后，“三反”运动中揭发了刘青山、张子善贪污、腐化的罪行。毛泽东说，正因为他们两人的地位高，功劳大，影响大，所以才下决心处决他们；只有处决他们，才能挽救……犯有各种不同程度错误的干部。这一事件推动了清廉政风的形成。在改革开放的年代，面对腐败现象，邓小平多次强调要从严管理干部，严惩腐败分子。1986年1月，他在中央政治局常委会上表示，越是高级干部子弟，越是高级干部，越是名人，他们的违法事件越要抓紧查处，因为这些人影响大，犯罪危害大。党的十八大以后，习近平总书记将“抓住领导干部”作为落实各项工作的“牛鼻子”。在2015年两会期间，习近平总书记就从全面从严治党的高度，第一次提出“要抓住领导干部这个‘关键少数’，从严管好各级领导干部”❷。2016年在十八届中央纪委六次全会上，习总书记再次强调抓住“关键少数”，强化监督问责。《中国共产党问责条例》充分体现了这一思想，将问责对象锁定于“党组织和党的领导干部”。还有其他专门性法规如《地方党政领导干部安全生产责任制规定》等均将问责矛头直指“关键少数”，起到了很强的震慑

❶ 毛泽东：《中国共产党在民族战争中的地位》，《毛泽东著作选读》（甲种本）（上），人民出版社1964年版，第136页。

❷ 习近平：《在参加十二届全国人大三次会议上海代表团审议时的讲话》（2015年3月5日），《习近平关于全面从严治党论述摘编》，中央文献出版社2016年版，第138页。

作用。

历史和实践证明，党内问责抓住领导干部，就是抓住了落实全面从严治党的关键力量，就能起到事半功倍的成效。必须压实领导干部这个“关键少数”的政治责任，促使其“把自己摆进去”，用刚性问责的威慑促使其严守行为底线，担当起应担当的责任。

（四）强化制度执行是党内问责的生命

“天下之事，不难于立法，而难于法之必行。”如果制度没有执行力，就成了纸老虎、稻草人，再完善的制度也形同虚设，难以发挥真正的作用。党内问责制严格的执行和落实，是其生命力的重要体现。早在井冈山革命斗争时期，毛泽东就强调严格的执行纪律。1928 年 4 月，就向全体工农红军宣布了“三大纪律”“六项注意”，后来充实为“三大纪律”“八项注意”。在党的纪律面前，毛泽东不允许高级干部有任何特殊。1954 年 8 月，中央军委发出《关于制止某些高级干部腐化堕落违法乱纪行为的指示》，毛泽东指出：“对那些明知故犯屡教不改的人，不论其职位多高，必须给以纪律制裁，对那些包庇犯有重大错误的干部的组织和个人，也要进行必要的查究。”这极大地警示了其他中高层干部。邓小平深刻地认识到制度及其执行的重要性，在 1987 年 10 月召开的中共十三大报告中指出，“必须从严治党，严肃执行党的纪律”。党的十八大以来，习近平总书记高度重视制度的落实问题，他强调：“制定制度很重要，更重要的是抓落实，九分气力要花在这上面。”❶“要强化制度执行，加强监督检查，确保出台一个就执行落实好一个。要坚持执行制度没有例外，对违反制度规定踩‘红线’、闯‘雷区’的，要零容忍，发现一起就坚决查处一起。”❷以问责倒逼管党治党政治责任的严格落地，对营造风清气正的政治环境发挥了重要作用。

历史与实践证明，只有实现党内问责规范化、法治化并严格执行，才能发挥问责制管党治党利器的作用。制度的执行力使制度带上高压电，才能有威慑力，使党员领导干部有所敬畏，督促其保持清正廉洁的作风，从而夯实党长期执政的基础。

典型案例　陕西省委原书记赵××违纪违法案件

2019 年 1 月 15 日，陕西省委原书记赵××涉嫌严重违纪违法，接受中央纪委国家监委纪律审查和监察调查。2019 年 5 月 30 日，陕西省十三届人大常委会第十一次会议 30 日表决通过关于个别代表的代表资格的报告，依法终止赵××的陕西省第十三届人民代表大会代表资格。

---

❶ 习近平：《在参加河南省兰考县委常委班子专题民主生活会时的讲话》（2014 年 5 月 9 日），《习近平关于党风廉政建设和反腐败斗争论述摘编》，中央文献出版社、中国方正出版社 2015 年版，第 129 页。

❷ 习近平：《在听取兰考县和河南省党的群众路线教育实践活动情况汇报时的讲话》（2014 年 8 月 27 日），《做焦裕禄式的县委书记》，中央文献出版社 2015 年版，第 59 页。

2020 年 1 月 4 日，据中央纪委国家监委消息，经中共中央批准，中央纪委国家监委对全国人大原内务司法委员会副主任委员、陕西省委原书记赵××严重违纪违法问题进行了立案审查调查。经查，赵××严重背弃初心使命，对党不忠诚不敬畏，毫无“四个意识”，拒不落实“两个维护”的政治责任，对党中央决策部署思想上不重视、政治上不负责、工作上不认真，阳奉阴违、自行其是、敷衍塞责、应付了事，与党离心离德，无视组织一再教育帮助挽救，多次欺骗组织，对抗组织审查，是典型的“两面人”“两面派”；违反中央八项规定精神，大搞特权活动；违背党的组织路线，培植个人势力，搞团团伙伙，纵容亲属肆意插手干部选拔任用工作，严重破坏选人用人制度；肆无忌惮聚钱敛财，收受礼品、礼金，滥权妄为，大搞权钱交易，在职务晋升、能源资源开发利用、企业经营、工程项目承揽等方面利用职务上的便利为他人谋利，并非法收受巨额财物；道德败坏，家风不正，对家人、亲属失管失教。赵××严重违反党的政治纪律、组织纪律、廉洁纪律和生活纪律，构成严重职务违法并涉嫌受贿犯罪，是党的十八大以来不收敛、不收手，问题线索反映集中、群众反映强烈，政治问题和经济问题交织的腐败典型，其行为严重污染破坏了陕西的政治生态和发展环境，性质特别严重，影响极其恶劣，应予严肃处理。依据《中国共产党纪律处分条例》《中华人民共和国监察法》等有关规定，经中央纪委常委会会议研究并报中共中央批准，决定给予赵××开除党籍处分；按规定取消其享受的待遇；终止其陕西省第十三次党代会代表资格；收缴其违纪违法所得；将其涉嫌犯罪问题移送检察机关依法审查起诉，所涉财物随案移送。

2020 年 1 月 8 日，全国人民代表大会原内务司法委员会副主任委员、陕西省委原书记赵××涉嫌受贿一案，由国家监察委员会调查终结，移送检察机关审查起诉。最高人民检察院依法以涉嫌受贿罪对赵××作出逮捕决定。2020 年 2 月，全国人民代表大会原内务司法委员会副主任委员、中共陕西省委原书记赵××涉嫌受贿一案，由国家监察委员会调查终结，经最高人民检察院指定，交由天津市人民检察院第一分院审查起诉。天津市人民检察院第一分院已向天津市第一中级人民法院提起公诉。2020 年 5 月 11 日，天津市第一中级人民法院一审公开开庭审理了第十二届全国人大内务司法委员会原副主任委员、中共陕西省委原书记赵××受贿一案。经审理查明：2003 年至 2018 年，被告人赵××利用担任中共陕西省委常委、政法委书记、陕西省人民政府副省长、中共陕西省委副书记、陕西省人民政府代省长、省长、中共陕西省委书记等职务上的便利，为有关单位和个人在工程承揽、企业经营、职务晋升、工作调动等事项上谋取利益，单独或伙同其妻等人非法收受他人给予的财物，共计折合人民币 7.17 亿余元。其中 2.9 亿余元尚未实际取得，属于犯罪未遂。天津市第一中级人民法院认为，被告人赵××的行为构成受贿罪，且受贿数额特别巨大，犯罪情节特别严重，社会影响特别恶劣，给国家和人民利益造成特别重大损失，论罪应当判处死刑。鉴于其收受部分财物系犯罪未遂，如实供述全部犯罪事实，认罪悔罪，赃款赃物均已查封、扣押、冻结在案，具有法定、酌定从轻处罚情节，对其判处死刑，可不立即执行。同时，根据赵××的犯罪事实和情节，决定在其死刑缓期执行二年期满依法减为无期徒刑后，终身监禁，不得减刑、假释。赵××当庭表示服从法院判决，不上诉。

典型案例 甘肃党组成员、副省长杨××等因祁连山生态环境问题被问责事件

祁连山是我国西部重要生态安全屏障，是黄河流域重要水源产流地，是我国生物多样性保护优先区域，国家早在1988年就批准设立了甘肃祁连山国家级自然保护区。长期以来，祁连山局部生态破坏问题十分突出。对此，习近平总书记多次作出批示，要求抓紧整改，在中央有关部门督促下，甘肃省虽然做了一些工作，但情况没有明显改善。2017年2月12日至3月3日，由党中央、国务院有关部门组成中央督查组就此开展专项督查，通过调查核实，甘肃祁连山国家级自然保护区生态环境破坏问题突出。主要有：一是违法违规开发矿产资源问题严重。保护区设置的144宗探矿权、采矿权中，有14宗是在2014年10月国务院明确保护区划界后违法违规审批延续的，涉及保护区核心区3宗、缓冲区4宗。长期以来大规模的探矿、采矿活动，造成保护区局部植被破坏、水土流失、地表塌陷。二是部分水电设施违法建设、违规运行。当地在祁连山区域黑河、石羊河、疏勒河等流域高强度开发水电项目，共建有水电站150余座，其中42座位于保护区内，存在违规审批、未批先建、手续不全等问题。由于在设计、建设、运行中对生态流量考虑不足，导致下游河段出现减水甚至断流现象，水生态系统遭到严重破坏。三是周边企业偷排偷放问题突出。部分企业环保投入严重不足，污染治理设施缺乏，偷排偷放现象屡禁不止。巨龙铁合金公司毗邻保护区，大气污染物排放长期无法稳定达标，当地环保部门多次对其执法，但均未得到执行。石庙二级水电站将废机油、污泥等污染物倾倒河道，造成河道水环境污染。四是生态环境突出问题整改不力。2015年9月，环境保护部（现为生态环境部）会同国家林业局（现为国家林业和草原局）就保护区生态环境问题，对甘肃省林业厅、张掖市政府进行公开约谈。甘肃省没有引起足够重视，约谈整治方案瞒报、漏报31个探采矿项目，生态修复和整治工作进展缓慢，截至2016年底，仍有72处生产设施未按要求清理到位。

为严肃法纪，根据《中国共产党问责条例》《中国共产党纪律处分条例》《党政领导干部生态环境损害责任追究办法（试行）》等有关规定，按照党政同责、一岗双责、终身追责、权责一致的原则，经党中央批准，决定对相关责任单位和责任人进行严肃问责。一是责成甘肃省委和省政府向党中央作出深刻检查，时任省委和省政府主要负责同志认真反思、吸取教训。二是甘肃省政府党组成员、副省长杨××分管祁连山生态环境保护工作，在修正《甘肃祁连山国家级自然保护区管理条例》过程中把关不严，致使该条例部分内容严重违反上位法规定，对查处、制止违法违规开发项目督查整改不力，对保护区生态环境问题负有领导责任，给予其党内严重警告处分。甘肃省委常委、兰州市委书记李××（时任甘肃省委常委、副省长）对分管部门违法违规审批和延续有关开发项目失察，对保护区生态环境问题负有领导责任，由中央纪委对其进行约谈，提出严肃批评，由甘肃省委在省委常委会会议上通报，本人在甘肃省委常委会会议上作出深刻检查。甘肃省人大常委会党组书记、副主任罗××（时任甘肃省委常委、常务副省长）对分管部门违法违规审批和延续有关开发项目失察，对保护区生态环境问题负有领导责任，由中央纪委对其进行约谈，提出严肃批评，由甘肃省委在甘肃省人大常委会党组会议上通报，本人在甘肃省人大常委会党组会议上作出深刻检查。三是由中央纪委监察部按相关程序，对负有主要领导责任的8名责任人进行严肃问责，给予甘肃省林业厅原党组书记、厅长，现任省政协常委、人口资源环境委员会副主任石××党内严重警告、行政撤职处分；给予甘肃祁连山国家级自然保护区管理局党委委员、局长李××撤销党内职务、行政撤职处分；给予甘肃省国土资源厅厅长蒲××行政撤职处分；给予甘肃省国土资源厅原党组书记、副厅长，现任甘肃省人大常委会环境资源保护工作委员会主任郭××党内严重警告、行政撤职处分；给予张掖市委原书记毛××党内严重警告处分；给予张掖市委副书记、市长黄××党内严重警告处分；给予张掖市肃南县委书记李××党内严重警告处分；给予武威市天祝县委书记张××党内严重警告处分。四是对其他负有领导责任的甘肃省能源局、环境保护厅、水利厅、安全监管局，张掖市肃南县政府、武威市天祝县政府，甘肃电力投资集团公司等7名现任或时任主要负责同志，由甘肃省委和省政府依纪依规进行问责。对甘肃省政府法制办等相关部门在有关法规、办法修订中放松管理要求、违反上位法等问题，进一步查清事实，严肃问责。

参考文献

[1] См.: Самощенко И. С., Фарукшин М. Х. Ответственность по советскому законодательству. М,1971. С. 35. (цитирую по: Р. Ф. Гарипов, О. И. Зазнаев. Политическая ответственность главы региона в современной России//Известия Саратовского университета. Нов. сер. Сер. Социология. Политология. 2013. Т. 13, вып. 2.

[2] Применительно-именно-к-политической-ответственности-аналогичная постановка вопроса встреч ается в следующих монографиях: Черныш А. М. Политическая ответственность в системе социали стического народовластия. Харьков: Изд-во при Харьковском государственном университете издатель ского объединения《Вища школа》,1987. С. 35—44; Буханов М. В. Позитивная ответственность политиче ской власти: поиск теоретического обоснования. М.:Б. м.,2010. цитирую по: А. В. Каменский. Политическая ответственность в случае насильственного и ненасильственного перехода власти//Проблемный анализ и государственно-управленческое проектирование. Выпуск 3. 2013.

[3] Виноградов В. -А. -Актуальные-проблемы-конституционно-правовой ответственности//Законодательство. 2002. № 10. С. 63. цитирую по: ЧЕПУС Алексей Викторович. Парламентская ответственность правительства как форма конституционной-ответственности: общая-характеристика . Юридическая наука. 2013. № 4.

[4] 马克思恩格斯全集(第 2 卷)[M]. 北京:人民出版社,1957.

[5] 马克思恩格斯全集(第 3 卷)[M]. 北京:人民出版社,1972.

[6] 马克思恩格斯选集(第 1 卷)[M]. 北京:人民出版社,2012

[7] 马克思恩格斯选集(第 2 卷)(上)[M]. 北京:人民出版社,1972.

[8] 马克思恩格斯选集(第 4 卷)[M]. 北京:人民出版社,1995.

[9] 马克思恩格斯文集(第 3 卷)[M]. 北京:人民出版社,2009.

[10] 共产党宣言[M]. 北京:中央编译出版社,2005.

[11] 列宁全集(第 6 卷)[M]. 北京:人民出版社,2017.

[12] 列宁全集(第 9 卷)[M]. 北京:人民出版社,1987.

[13] 列宁全集(第 17 卷)[M]. 北京:人民出版社,2017.

[14] 列宁全集(第 22 卷)[M]. 北京:人民出版社,2017.

[15] 列宁全集(第 33 卷)[M]. 北京:人民出版社,1985.

[16] 列宁全集(第 35 卷)[M]. 北京:人民出版社,2017.

[17] 苏联共产党代表大会、代表会议和中央全会决议汇编(第 2 分册)[M]. 北京:人民出版社,1964.

[18] 毛泽东著作选读(下册)[M]. 北京:人民出版社,1986.

[19] 毛泽东著作选读(甲种本)(上)[M]. 北京:人民出版社,1964.

[20] 邓小平文选(第 2 卷)[M]. 北京:人民出版社,1994.

[21] 邓小平文选(第 3 卷)[M]. 北京:人民出版社,1994.

[22] [古希腊]亚里士多德. 政治学[M]. 北京:商务印书馆,1981.

[23] A. 麦金太尔. 德性之后[M]. 龚群,等,译. 北京:中国社会科学出版社,1995.

[24] 约翰·罗尔斯. 正义论[M]. 何怀宏,等,译. 北京:中国社会科学出版社,2009.

[25] 罗尔斯. 正义论[M]. 北京:中国社会科学出版社,1998.

[26] 潘恩. 潘恩选集[M]. 北京:商务印书馆,1981.

[27] 杰克逊. 杰克逊文选[M]. 北京:商务印书馆,1999.

[28] 汉密尔顿. 联邦党人文集[M]. 北京:商务印书馆,1980.

[29] 斯科特·戈登. 控制国家——西方宪政的历史[M]. 应奇,等,译. 南京:江苏人民出版社,2001.

[30] 杰里·马肖. 创设行政宪制:被遗忘的美国行政法百年史(1787—1887)[M]. 宋华琳,张力,译. 北京:中国政法大学出版社,2016.

[31] 威尔逊:国会政体[M]. 北京:商务印书馆,1986.

[32] 肯尼思·F. 沃伦. 政治体制中的行政法[M]. 北京:中国人民大学出版社,2005.

[33] 霍布斯. 利维坦[M]. 北京:商务印书馆,1985.

[34] 洛克. 政府论——论政府的真正起源、范围和目的(下篇)[M]. 叶启芳,瞿菊农,译. 北京:商务印书馆,2007.

[35] J·S·密尔. 代议制政府[M]. 汪瑄,译. 北京:商务印书馆,1982.

[36] 英国民事诉讼规则[M]. 徐昕,译. 北京:中国法制出版社,2001.

[37] 卢梭. 论人与人之间不平等的起因和基础[M]. 李平沤,译. 北京:商务印书馆,2007.

[38] 卢梭. 社会契约论[M]. 李平沤,译. 北京:商务印书馆,2011.

[39] 孟德斯鸠. 论法的精神(上册)[M]. 张雁深,译. 北京:商务印书馆,1982.

[40] 高宣扬. 当代政治哲学(下)[M]. 北京:人民出版社,2010.

[41] 康德. 道德形而上学原理[M]. 苗力田,译. 上海:人民出版社,2012.

[42] 康德. 法的形而上学原理[M]. 北京:商务印书馆,1991.

[43] 马克斯·韦伯. 经济与社会(上卷)[M]. 林荣远,译. 北京:商务印书馆,1998.

[44] 马基雅维里. 君主论[M]. 北京:商务印书馆,2005.

[45] 习近平. 习近平谈治国理政[M]. 北京:外文出版社,2014.

[46] 习近平. 习近平谈治国理政(第二卷)[M]. 北京:外文出版社,2017.
[47] 习近平. 习近平谈治国理政(第三卷)[M]. 北京:外文出版社,2020.
[48] 杨春贵. 马克思主义著作选编(乙种本)[M]. 北京:中共中央党校出版社,1994.
[49] 中共中央党校教务部编. 十一届三中全会以来党和国家重要文献选编[M]. 北京:中共中央党校出版社,2008.
[50] 中共中央文献研究室编. 十八大以来重要文献选编[M]. 北京:中央文献出版社,2014.
[51] 中共中央文献研究室编. 习近平总书记重要讲话文章选编[M]. 北京:中央文献出版社,党建读物出版社,2016.
[52] 中共中央纪律检查委员会,中共中央文献研究室编. 习近平关于党风廉政建设和反腐败斗争论述摘编[M]. 北京:中央文献出版社,中国方正出版社,2015.
[53] "社会主义教育课程的阅读文件"的辅助读物. 马克思恩格斯列宁斯大林著作介绍[M]. 北京:中国青年出版社,1958.
[54] 中国社会科学院法学研究所法律辞典编委会编. 法律辞典[M]. 北京:法律出版社,2004.
[55] 世界银行专家组. 公共部门的社会问责:理念探讨及模式分析[M]. 宋涛,译. 北京:中国人民大学出版社,2007.
[56] 邓正来. 布莱克维尔政治学百科全书[M]. 北京:中国政法大学出版社,1992.
[57] 卓泽渊. 法政治学研究[M]. 北京:法律出版社,2011.
[58] 莫纪宏. 现代宪法的逻辑基础[M]. 北京:法律出版社,2001.
[59] 王若磊. 政治问责论[M]. 上海:三联书店,2015.
[60] 周亚越. 行政问责制研究[M]. 北京:中国检察出版社,2006.
[61] 曹沛霖,陈明明,唐亚林. 比较政治制度[M]. 北京:高等教育出版社,2005.
[62] 孔庆明. 法哲学新论[M]. 北京:人民出版社,2002.
[63] 周濂. 现代政治的正当性基础[M]. 北京:生活·读书·新知三联书店,2008.
[64] 李梅. 权利与正义:康德政治哲学研究[M]. 北京:社会科学文献出版社,2000.
[65] 吕世伦. 西方法律思想史论[M]. 北京:商务印书馆,2006.
[66] 谷春德,史彤彪. 西方法律思想史[M]. 北京:中国人民大学出版社,2013.
[67] 周师. 马克思的权力观研究[M]. 北京:光明日报出版社,2021.
[68] 李军鹏. 责任政府与政府问责制[M]. 北京:人民出版社,2009.
[69] 沈宗灵. 现代西方法理学[M]. 北京:北京大学出版社,1991.
[70] 莫纪宏. 现代宪法的逻辑基础[M]. 北京:法律出版社,2001.
[71] 陈国权. 政治监督论[M]. 上海:学林出版社,2000.
[72] 王惠岩. 政治学理论(王惠岩文集第一卷)[M]. 北京:中国大百科全书出版社,党建读物出版社,2007.
[73] 苗力田. 古希腊哲学[M]. 北京:中国人民大学出版社,1989.

[74] 罗文,杨纪武.云南师范大学思想政治理论课教育教学研究与理论探索[M].昆明:云南大学出版社,2010.

[75] 李泽厚.中国古代思想史论[M].天津:天津社会科学出版社,2008.

[76] 荀明俐,苗壮.责任概念的语义与特质疏解及其公共性价值[J].学术交流,2016(3):55-59.

[77] 廖启云,张玉书.先秦儒家责任思想对大学生责任意识培养的启示[J].山西高等学校社会科学学报,2016(7):88-91.

[78] 曾振宇.寻求至善:儒家"仁"论成为中国自由主义伦理基础是否可能——儒家仁学起源、演进与道德形而上学建构[J].孔庙国子监论丛,2014:198-219.

[79] 石昕晖.斯多葛派哲学的理性主义倾向[J].中州学刊,2004(9):172-174.

[80] 刘作翔,龚向和.法律责任的概念分析[J].法学,1997(10):7-10

[81] 刘文霞.康德的责任思想及其启示[J].内蒙古师范大学学报(哲学社会科学版),2016(1):23-27.

[82] 王东杰.孟德斯鸠政治自由思想探析[J].中共郑州市委党校学报,2016(6):47-50.

[83] 唐爱军.现代政治的道德困境及其出路——论马克斯·韦伯的"责任伦理"思想[J].理论参考,2018(3):49-53.

[84] 高全喜.论宪法的权威——一种政治宪法学的思考[J].政法论坛,2014(1):43-53.

[85] 刘天翔.传统儒家思想中有关责任伦理研究的评述——兼谈孟子的责任伦理及其现实意义[J].长春工业大学学报(社会科学版),2004(4):35-37.

[86] 王进."激情"的蜕化与政治的危机——对马克斯·韦伯《以政治为业》的一个解读[J].贵州大学学报(社会科学版),2018(3):28-34.

[87] 王海龙,岳志勇.权力政治与责任伦理—马克思·韦伯论政治和道德的关系研究[J].社会科学家,2003(1):53-57.

[88] 张强.政府责任模式的演变及其启示[J].华南师范大学学报(社会科学版),2004(5):28-34,157.

[89] 蔡放波.论政府责任体系的构建[J].中国行政管理,2004(4):48-51.

[90] 田思源.论政府责任法制化[J].清华大学学报(哲学社会科学版),2006(2):129-136.

[91] 张甲子.信念·责任·学术——基于马克斯·韦伯伦理观的学术透视[J].继续教育研究,2019(4):39-44.

[92] 张贤明.政治责任与法律责任的比较分析[J].政治学研究,2000(1):13-21.

[93] 钱昌照.责任伦理学研究[J].沙洋师范高等专科学校学报,2008(5):5-11.

[94] 苏绍龙.问责词源考略与我国当代党政问责制度的发展[J].中国纪检监察,2019(14):48-49.

[95] 顾杰. 论我国行政问责制的现状与完善[J]. 理论月刊,2004(12):5-9.
[96] 曹翰阳. 论人民主权思想的历史发展[J]. 现代交际,2019(3):246-247.
[97] 沈晓阳. 基于责任的正义与基于正义的责任——兼论柏拉图与罗尔斯正义观的互补关系[J]. 杭州师范学院学报(社会科学版),2005(3):52-56.
[98] 白锐. 代议制政府原理研究[J]. 暨南学报(人文科学与社会科学版),2004(9):54-59,135.
[99] 张中秋. 论西方法治的理论与实践[J]. 江苏社会科学,2006(1):113-120.
[100] 李红珍,王四达. 在权利与权力之间:古典社会契约论中的权力制约思想探究[J]. 华侨大学学报(哲学社会科学版),2016(6):16-24.
[101] 彭定光,周师. 论马克思的权力异化观[J]. 伦理学研究,2015,78(4):125-130.
[102] 张继良. 马克思的责任政府思想及其当代价值——重读《法兰西内战》[J]. 当代世界与社会主义双月刊,2012(2):46-51.
[103] 毛益民. 马克思主义权力制约监督思想研究[J]. 中共浙江省委党校学报,2011(1):91-99.
[104] 陈科霖. 列宁晚年权力制约监督思想对纪检监察体制优化的启示[J]. 廉政文化研究,2019(1):78-83.
[105] 王建国. 列宁的社会主义法治思想及其当代价值[J]. 北方法学,2019(2):106-119.
[106] 史春玉. 代议制政府作为一种混合政体——评《代议制政府的原则》[J]. 政治思想史,2020(3):182-195.
[107] 施雪华. 西方国家行政问责制度的历史发展及其动因[J]. 哈尔滨工业大学学报(社会科学版),2014(6):39-45,2.
[108] 李德. 西方发达国家行政问责制的类型及比较研究[J]. 领导科学,2015(35):20-22.
[109] 刘想树. 美国总统弹劾制度与法治[J]. 广东社会科学,2000(6):128-133.
[110] 李坤轩,李磊. 西方国家问责制的理论与实践及对我国的启示[J]. 山东行政学院学报,2013(1):14-18.
[111] 唐小波. 简论行政法理论的三种学说[J]. 政治与法律,2004(6):24-30.
[112] 赵颖. 英国的司法审查之诉[J]. 河北法学,2005(7):128-132.
[113] 宋华琳. 国家建构与美国行政法的史前史[J]. 华东政法大学学报,2015(3):39-51.
[114] 李德旺. 理念、规范与塑造历程:美国早期行政自我规制的全面解读——读杰里·马肖《创设行政宪制:被遗忘的美国行政法百年史(1787—1887)》[J]. 现代法治研究,2018(3):128-137.
[115] 林畅,施雪华. 论美国现代文官制度的形成及其核心价值体系[J]. 湖北社会科学,2009(4):42-45.

[116] 张强.政府责任模式的演变及其启示[J].华南师范大学学报(社会科学版),2004(5):28-34,157.

[117] 杨曙光.从政道德立法:美国治腐的杀手锏[J].中国改革,2007(6):68-71.

[118] 徐国利.美国《行政部门雇员道德行为准则》评析与启示[J].江苏行政学院学报,2018(3):97-103.

[119] 田必耀.人大质询与政治和谐[J].人大建设,2005(11):47-49.

[120] 赵永红.人民当家作主制度体系的由来、构成、优势与发展[J].新疆师范大学学报(哲学社会科学版),2020(3):34-45,2.

[121] 陈素慧.论责任政府及政府责任体系[J].改革研究,2010(6):19-21.

[122] 杨建军.法治国家中司法与政治的关系定位[J].法制与社会发展双月刊,2011(5):13-29.

[123] 严海良.作为法治要素的法治原则[J].金陵法律评论,2015(1):143-158.

[124] 刘小平.政治宪法及其规范性问题——英国政治宪法观的中国启示[J].当代法学,2015(5):31-40.

[125] 曾鲲,皮祖彪.论行政权责不对等[J].行政论坛,2004,(62):17-18.

[126] 蔡放波.论政府责任体系的构建[J].中国行政管理,2004,(4):48-51.

[127] 徐国利.论行政问责的责任与归责原则[J].载上海行政学院学报,2017(1):25-33.

[128] 王颖.毛泽东在政治上如何要求党的高级干部[J].党的文献,2018(3):52-58.

[129] 李海平.人性与法治中国法治道路的构建[J].长白学刊.2004(2):47-51.

[130] 任亚辉.中国传统儒家责任心理思想探究[J].心理学报.2008(11):1221-1228.

[131] 樊浩.《论语》伦理道德思想的精神哲学诠释[J].中国社会科学.2013(3):125-140,206.